U0683170

敏捷

供应链总监的10个角色

唐长虹 ◎ 编著

中国发展出版社

图书在版编目（CIP）数据

敏捷：供应链总监的 10 个角色/唐长虹编著. —北京：
中国发展出版社，2010.7
ISBN 978 – 7 – 80234 – 351 – 1

Ⅰ. 敏… Ⅱ. 唐… Ⅲ. 采购—企业管理—手册
Ⅳ. F274 – 62

中国版本图书馆 CIP 数据核字（2010）第 036390 号

书　　　名：敏捷：供应链总监的 10 个角色
著作责任者：唐长虹
出 版 发 行：中国发展出版社
　　　　　　（北京市西城区百万庄大街 16 号 8 层　100037）
标 准 书 号：ISBN 978 – 7 – 80234 – 351 – 1
经 销 者：各地新华书店
印 刷 者：北京科信印刷厂
开　　　本：720 × 1000mm　1/16
印　　　张：19.25
字　　　数：335 千字
版　　　次：2010 年 7 月第 1 版
印　　　次：2010 年 7 月第 1 次印刷
印　　　数：1—5000 册
定　　　价：38.00 元

咨 询 电 话：(010) 68990642　68990692
购 书 热 线：(010) 68990682　68990686
网　　　址：http://www.develpress.com.cn
电 子 邮 件：fazhanreader@163.com
　　　　　　fazhan02@drc.gov.cn

　　记得 2003 年，我有幸参加《国际采购与供应链管理》项目培训时，供应链以及供应链管理这些的英文词汇于我而言陌生、新奇。高密度的集训让我有机会浸润在字里行间寻找西方供应链管理的思维特征。2006 年，我第一次看到了美国人托马斯·弗理德曼在其畅销书《世界是平的》之中所描述的一种新景象：在全球化 3.0 时代，价值创造的要求已经从"自上而下的垂直方式"发展到"从左到右的水平方式"，联络和合作正在成为这个时代的标杆经营模式。——顿悟！这不正是对"供应链管理"最有力的注解吗?! 在世界变得平坦的过程中，组织架构扁平化、业务范畴扩大化、管理人员本地化等越来越深入到大大小小的企业中，互相构成一张张供应链关系网。于企业而言，学会理解就学会生存，而学会发展就能超越生存。

　　几年来，各著名公司运营总监们的全球化管理实践让我意识到三点：第一，迅猛发展的互联网信息技术，不仅向管理者提供了博学和分享的平台，也使得未来构建一个高效的供应链运作体系成为可能；第二，"定位—瞭望—寻源—定夺—就势—追踪—改善"应该成为身处供应链环节中的主管们面临管理实践中不确定性挑战时"有所为有所不为"的基础。第三，一种专职于"协调监督公司所需资源的采买、加工、传递等上下游关系，同时还要保证传递路径中总体成本最优、传递效率最高"的职位将从运营总监的职责中分离出来，成为业界新的亮点。这个职位之新不在于其名称，而在于其内涵的专业现实感非常强。换言之，在公司业务发展的必然中，众多有意义的偶然事件催生了供应链总监一职的诞生。

　　事实上，业界关于供应链总监岗位的招聘职位说明书越来越多。通过总结，我感悟到这个职位责权利的统一，然而更重要的是，这个职位所发挥的"协同、滋润、纽带"作用。于是，我用了"导航者、奠基者、执行者、促进者、护航者、筹划者、探索者、拥簇者、传播者、奉献者"等词汇来描述其职位角色，期望着能引发各位供应链管理专业人士在管理实践中的共鸣、思考、检验，进而共同营造这份职业的生命力。

我相信，做一个成功的供应链总监非一日之功，而是一个渐进过程。其中存在着必然和无数偶然，把握住那些有意义的偶然，做到有价值就是成功。正如《劝学》所言："不积跬步无以至千里。"因此，保持一种良好心态，从已有的某个"点"出发，沿着某条"线"，逐渐形成某个"面"，成长为某种"体"，在不断的创新中，"江海"可成矣。

本书在参阅了大量国内外同行的学术资料和研究成果后，落笔精简——或者寥寥数语，或者绘成了知识结构逻辑图，最后构成了十章的框架结构。基本思路是：描述"基于协调客户和供应商价值关系的核心企业之价值观落实过程——即核心企业构建高效供应链的过程"。在编排上，每一章用"名言"点睛概括、用"能力提示"表达内容层次，用"正文"描述内容，用"学习总结"回顾要点。

写作中，我感悟最深处在于：如今信息技术的发达使得我们很容易获知一些经济现象中的新概念、新知识，然而沉静下来真正地理解它、明确地表达它、准确地运用它却是件不太容易的事情，更何况经济行为实践永远走在经济理论概念的前面。因此，书中如有不妥之处还请读者一一赐教。

我认为，现实存在的意义往往是在给历史留下见证的价值，所以更希望读者以发展的眼光阅读本书。这过程犹如观赏绘画作品：第一眼被画吸引住，之后有进一步的欣赏和品位，继而萌发出收藏和创作之意。

本书从构思到完稿耗时一年半，期间本人经历了兴奋、困惑、反思、纠结等心路历程，一度想过放弃，最终能坚持下来，要感谢的是出版社编辑们极大的耐心和亲切的鼓励，感谢这几年我所结识的业界各位采购、物流、销售、运营经理们的坦诚交流（人员众多、职位常变、不便一一写明），同时也感谢研究生汪仁俊、曾铮、翟红红、许丹丹、陈彪、陈施光在本书资料收集、整理方面的尽心尽力，以及我校早期毕业生苑东明、朱利辉等对这个职位的个人见解，更重要的是感谢我家人一直以来对我的理解、宽容、关怀和激励，以及我父亲为本书的十章题目欣然题字。

我，当再接再厉……

唐长虹

北京物资学院

2010 年 5 月于北京

目录
Contents

第1章 定位

协调供应链关系，做提升企业竞争优势的导航者

道可道，非常道；名可名，非常名。

——老子

如果我们不仅能知其道、悟其道，还能顺其名、用其妙，必是何谓名其多，功"道"自然成！

1.1 供应链的历史渊源

供应链（Supply Chain）这个词汇，近年来被从事产业经济的人们津津乐道，仿佛天上又出现了一颗新星。然而，当我们沿着词语表象追根求源，发现这不过是 21 世纪的经济氛围，使得这个简单的词汇冒出了闪亮的星光。

如果仅从字面上理解，供应链是"由提供物构成的链条"，其范围涵盖了"**从供应商的供应商到客户的客户的衔接过程**"。然而，自从人类社会有生产活动，这种"自然的供应和需求"就存在，并非是从这个词语出现才有供应与需求。

进一步的搜索还发现，使得这个词语"熠熠发光"的支撑点是"竞争力"和"经济价值"元素。从哈佛大学商学院教授迈克尔·波特在《竞争论》书中提出的"价值链"理论，以及管理学大师彼得·德鲁克在《21 世纪的管理挑战》书里重提的"经济链"思想，不难看出它隐约闪烁的影子。

另外，世界上一些著名的跨国公司的成功管理实践，也在不断印证着它延绵千里的足迹。终于，在 20 世纪 90 年代的经济全球化和信息新技术产业革命的浪潮中，它响当当地由"供需链"正名为"供应链"。

随后，西方公司"流程再造"的实践中又诞生了从基于职能管理到基于流程管理的"供应链运作参考模型"（Supply-Chain Operations Reference-model，简称 SCOR 模型）。它使得企业间能够准确地交流供应链问题，以业界的最佳实践作为标杆，不断修正各自发展的目标。图 1 − 1 显示了这个模型诞生的前提，在后文的第 7 章中会对此进行详细讲述。

由此，以"流程观"为核心的供应链管理理论指导下的业绩开始见山见水。美国 AMR 咨询公司（AMR Research）于 2004 年开始发布世界供应链 25 强的年度报告，在 2007 年和 2008 年的报告中，Apple（苹果公司）、Nokia（诺基亚公司）、Dell（戴尔）、Procter & Gamble（宝洁公司）、IBM（国际商用机器公司）、Walmart（沃尔玛）等著名公司榜上有名。这种示范效应，把供应链的功效神奇放大。无论是从事经济学、管理学，甚至是心理学研究的学者，还是不同行业公司运作实践者，纷纷掩卷思考：供应链是如此包容，所见是具体的采购、生产、物流、销售和市场活动等，所不见的是供应关系中的不确定性以及供需价值的变动，它的潜力和后劲还有多大？

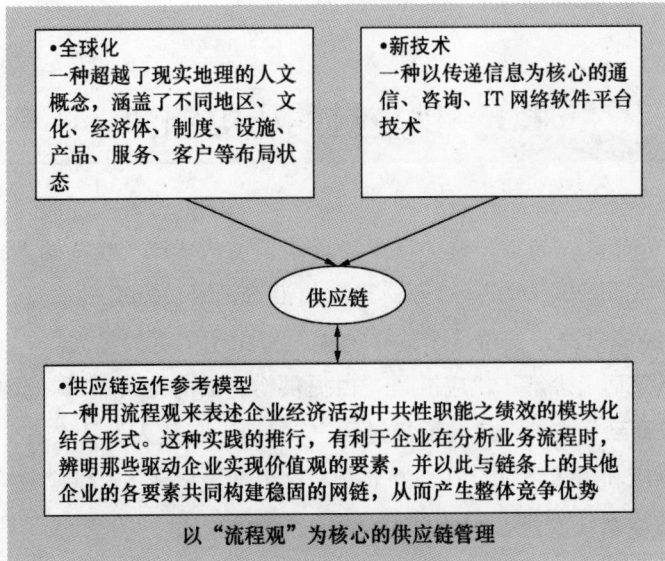

図中文字：

•全球化
一种超越了现实地理的人文概念，涵盖了不同地区、文化、经济体、制度、设施、产品、服务、客户等布局状态

•新技术
一种以传递信息为核心的通信、咨询、IT 网络软件平台技术

供应链

•供应链运作参考模型
一种用流程观来表述企业经济活动中共性职能之绩效的模块化结合形式。这种实践的推行，有利于企业在分析业务流程时，辨明那些驱动企业实现价值观的要素，并以此与链条上的其他企业的各要素共同构建稳固的网链，从而产生整体竞争优势

以"流程观"为核心的供应链管理

图 1-1　"供应链"词汇盛行的两个因素

另外，就学术教育方面，AMR 咨询公司于 2009 年对美国一些高校在供应链管理应用研究方面做了调查排名，见表 1-1 中的三个指标①所示。

表 1-1　　　　　　美国院校供应链管理研究的知名度调查排序

大　学 University	产业价值 Industry Value	项目的深度 Depth of Program	项目范围 Scope of Program	总计 Total
宾夕法尼亚州立大学 Penn State	14	19	15	48
密歇根州立大学 Michigan State University	12	16	17	45
亚利桑那州立大学 Arizona State University	10	15	12	37

---

① Industry Value：Calculated based on recruiting activity and salaries for graduates.

Depth of Program：How many students were in various programs, number of SCM faculty, and the number of SCM degree programs. This is an area where Penn State scores very high, for example, having a huge number of students, with more than 800 involved in the program. It also has 29 full-time professors focused on supply chain management.

Scope of Program：Breadth of courses offered, especially around a well balanced scope of subjects identified as needed by practitioners, with scope of academic research also being considered.

大　学 University	产业价值 Industry Value	项目的深度 Depth of Program	项目范围 Scope of Program	总计 Total
俄亥俄州立大学 Ohio State University	9	16	11	36
麻省理工学院 MIT	11	8	15	34
田纳西州大学 University of Tennessee	11	13	9	33
佐治亚理工大学 Georgia Tech	11	17	5	33
得克萨斯农工大学 Texas A&M University	9	9	12	30
锡拉丘兹大学 Syracuse University	7	12	8	27
密歇根大学 University of Michigan	9	9	8	26
罗格斯大学 Rutgers University	8	10	7	25
利哈伊大学 Lehigh University	5	7	12	24
威斯康辛大学麦迪逊分校 University of Wisconsin, Madison	7	8	9	24
马里兰大学 University of Maryland	6	9	7	22
佛罗里达大学盖恩斯维尔分校 University of Florida, Gainesville	7	5	9	21
西密歇根大学 Western Michigan University	3	6	11	20
爱荷华州立大学 Lowa State University	3	4	8	15
北卡罗莱纳州农工州立大学 North Carolina A&T State University	3	5	7	15
俄克拉荷马大学 University of Oklahoma	4	6	5	15

资料来源：*Supply Chain News*：*Let the Debate Begin*！*AMR Names Top Universities for Supply Chain Management*，http：//www. scdigest. com，July 7，2009.

实践是检验真理的唯一标准。现实存在的意义往往是在给历史留下见证的价值。沿着新经济制度学的蔓藤，"供应链"这个词将有可能成为21世纪新一轮产业革命的"软技术"，带动人们重新思考、发现、创造，凭借智慧拯救新世纪的产业发展和经济活力。

1.2 供应链管理中的主导权

1.2.1 供应链结构图

供应链里有什么？供应链管理中谁掌握着主导权？

让我们从下面这张著名的结构图说起，见图1-2。

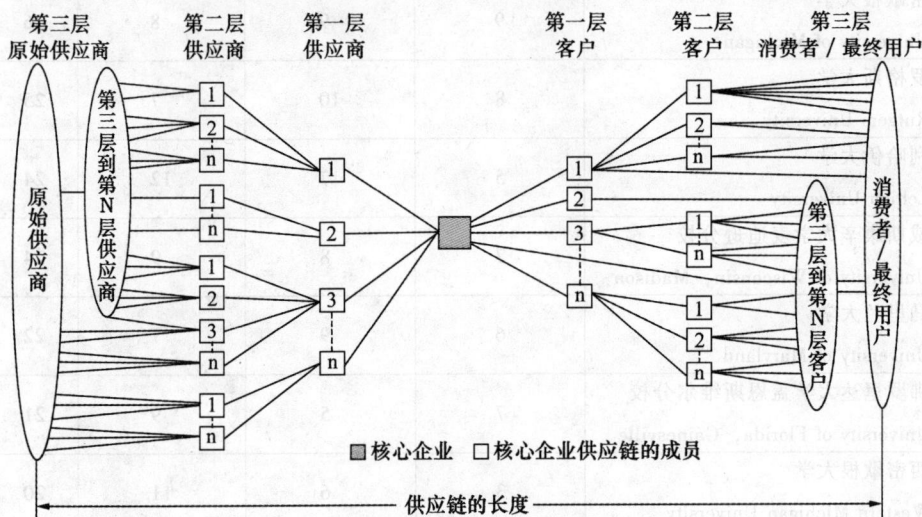

图1-2 供应链网状结构

资料来源：道格拉斯·**M**.兰伯特，《供应链管理：流程、伙伴、业绩（第2版）》，北京大学出版社2007年版。

从图1-2中可以看出，以某个核心企业为基点，贯穿着从最初获取原材料到转换成最终产品、直至交付给最终用户的整个采购、生产、销售过程，构成了该企业的供应链，该企业与链上的成员们（供应商、客户）直接或间接地打交道。

面对这张图，我们需要解释三个基本疑问。

第一，谁是核心企业？

这是一个最具有争议的话题。一般的理解是，核心企业是那些自身具有核心竞争力要素（比如财富规模、核心资源、柔性应变、研发与创新……）并能主动协调伙伴成员们一起发展的企业。换句话说，在供应链上，是这些核心企业决定了某种产品的核心价值，或者提供了最具竞争力的某种产品。

第二，谁有资格能成为核心企业？

这是一个现实的企业战略与运营实践的话题。企业的经营者都希望能与相对于自身而言的终端用户建立业务关系并拥有该业务关系的决定权，以便对网链上的成员们施加一定的影响而成为核心企业。然而，也存在这样的现象：某些著名企业不一定是供应链上的核心企业。即使这些著名企业也具有自己的品牌形象，但至多算是配合核心企业的关键伙伴们。这是因为，一条供应链的韧性强度依托于核心企业的话语权以及与其伙伴们的关系紧密度。因此，通常认为，凡是具备了整合产品"从诞生到坟墓"的能力的企业皆可成为"链主"——核心企业。而衡量供应链上的核心企业是否具有竞争力的一个重要指标，就是看其能否有效整合构成该产品的各种资源（企业群）。

第三，核心企业的网链结构到底是什么样？

这也是一个存在于企业运营管理中的现实问题。一般的理解是，如果该核心企业是制造商，处于链条的中间，其后就是经销环节，那么供应链结构正如图1－2所示。如果核心企业处于链条最初的原始位置，那么供应链基本上是沿着"推"的思路构建而成的。这里，新技术的"科技含量"往往是主要促进力，比如IT产业链中英特尔公司的供应链结构，见图1－3所示。

如果该核心企业是零售商，且处于链条靠近客户端最初的位置，那么供应链基本上是沿着"拉"的思路构建而成。这里，消费者市场的"需求表达含量"就是主要促进力，比如沃尔玛公司的供应链结构，见图1－4所示。

以上只是简单地用三种有形的网状结构描述了核心企业所在"方位"。实际上，一个核心企业的供应链"相貌"不太容易固定不变，因为这是一张存在于一个各企业不断变化的业务流程中的镜像图，链条的经纬度变化不一。有需求就会产生供应和交易，当交易成本大于制造成本时，一个新企业就此诞生。另外，如果不是出于共同发展的利益原则考虑，身在供应链中的企业，往往被那些包含着需求信息的各种订单"推—拉"着，形成上下游之间自然的供需关系，企业主们一般无暇去识别供应链结构的庐山真面目，这使得供应链"相貌"成了挂在嘴边的谈资。然而，这并不表示这些企业不去竞争供应链管理的主导权问题。换言

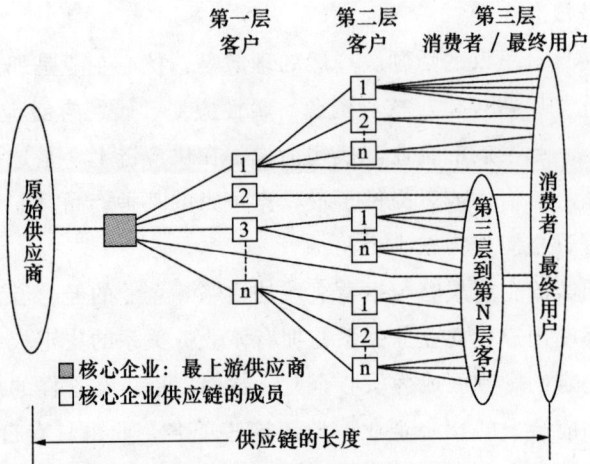

图 1-3　最上游供应商的供应链

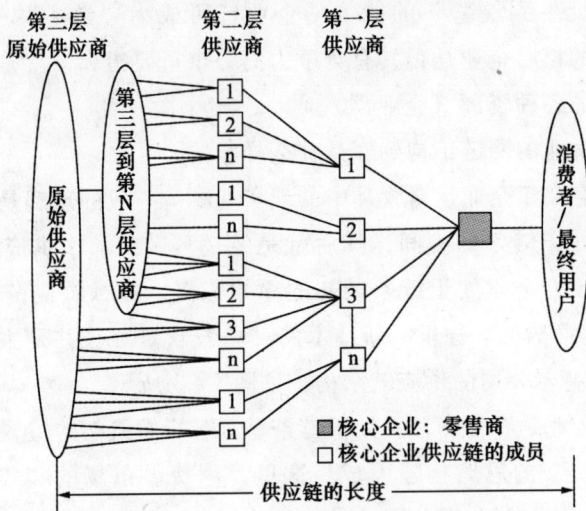

图 1-4　下游零售商的供应链

之，能拥有很好的视野和慧心去观察、思考主导供应链结构的企业，其供应链运作的效率就有了基本的保证，运作的盲目性就可以减少。

　　接下来，再谈谈影响供应链结构的两个基本因素：**产品和成员**。当然，这两个因素离不开经济制度这个"生长环境"氛围，与产业的发展进程也有关联。

　　就产品因素而言，如果该核心企业的最终产品种类和结构比较单一，那么这个网状结构就相对简单；如果产品种类繁多，而且各类产品结构层次也多，那么这个网状结构就比较复杂。再把地理环境因素放进去后，目前实践中所能看到的供应链结构大体上有两种布局模式：一种是构成该产品的各零配件及材料遍布各大洲区域、有不同文化背景的厂商中；另一种是核心企业入住一个产业园区，并通过良好的业务需求流程关系带动其供应商们都在园区内安置，便于区域内协调合作。

第一种布局模式如图1-5所示，一家美国公司生产某种产品，研发设计中心在欧洲，原材料由南美洲、大洋洲以及亚洲的某些公司提供，在亚洲地区进行生产组装和部分销售，其余成品返销美国。于是，该产品供应链的全球化运营自然就是供应链总监的必做功课。

第二种布局模式如诺基亚公司的本地化战略所实践的：建立集成的产业园区，构建本地化辐射区域化进而全球化的供应链。

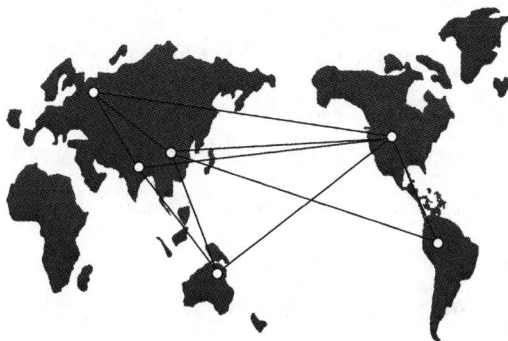

图1-5 某公司核心产品的供应链布局

案例　　　　　　　　　诺基亚在中国的星园工业区

2006年5月23日，诺基亚董事长兼首席执行官约玛·奥利拉亲自到中国宣布了一项重要的投资举措：诺基亚中国园落定北京亦庄，投资4.5亿元人民币建设诺基亚中国总部大厦，整个工程预计于2007年下半年完工。此前，诺基亚在中国的投资已经相当惊人。六年前，在北京亦庄的工业园区，诺基亚为龙头，吸引了众多世界级的手机零配件厂商和服务提供商共同组建了星网工业园。园区内，共有近20家企业入住，其中50%以上在星网建立了研发机构，从业人员达到3万人，2005年销售额超过700亿元人民币，生产的手机产品50%以上出口。

这项宣布意味着诺基亚将引领亦庄跃入一个全新的发展阶段，即从主要以制造为主的地区，转变为真正的世界级端到端商业园区。在这个园区内，目前已经形成了集技术研发、产品设计、零配件供应、物流、生产和地区总部于一体的供应链结构，并将发展成真正的世界上最大移动通讯高科技园区之一。

另外，诺基亚的官方网站也显示：诺基亚将于 2008 年 1 月 1 日起正式采用新的组织架构。在新的组织架构下，诺基亚现有的终端业务部门和平行的部门结构将被三个部门替代：终端部负责为市场提供最好的终端产品组合；服务与软件部体现了诺基亚的战略重点，即发展面向消费者的互联网服务、企业解决方案和软件；市场运营部负责管理诺基亚的供应链、销售渠道和市场营销活动。此外，诺基亚将设立企业发展办公室，来优化诺基亚的战略发展能力和增长潜力，并与首席执行官一起为各个新部门之间的整合提供运营支持。

资料来源：http：//www.nokia.com.cn。以上资料经过整理。

就成员因素而言，如果该核心企业的目的仅仅是出于自身的增值，那么这个供应链可能会极不稳定，链条的形状随时会变。这是因为现如今来自于企业外部的影响力正在逐渐增大，上下游双方的"推—拉"力量很容易使核心企业与成员们的关系发生异变。要想保持一个相对稳定的供应链系统，核心企业必须解决以下几个关键问题：

- 成员们的企业价值观（包括利润和风险观）的一致性；
- 成员们的关系紧密度；
- 成员之间的信息通透程度；
- 对于资源可持续发展的共识程度。

就目前实业界的运作实践和学者的研究来看，基于流程观思维的 SCOR 模型的内涵能直观地给出"最佳实践"的解释。比如，首先可以构建一幅供应链结构图；一条链上的各成员的业务内容，从战略层看都具有五个基本特征，包括计划、采购、生产、分发、退货；由这五个过程细化后所带来的成员之间的业务联系，自然就会展现出错综复杂的结构图。然后按图索骥，寻求达到供应链运作最佳效果（总成本低、总效率高）并持续地全局优化。

所以，再一次强调：明确核心企业的供应链"相貌"是非常重要的。这不仅可以为供应链总监的职位提供一个参考的"职业边界"（包括辨析本企业的产品供应链中哪些材料、零部件为自身所制造，哪些必须要外购以及寻找合适的供应源，并考虑主件与配件的供应关系是否协调顺畅，有哪些获取供应品的运输存储环节，有什么样背景的关税制度等等），而且为整体供应链绩效度量提供一个基础的起始网络参考。换言之，供应链结构图的"相貌"，能为供应链总监了解业务的来龙去脉、真正做好"导航"角色，起到关键的基础性作用。

1.2.2 "供应链"相关概念的描述

学者们在做文献综述时，发现"供应链管理"这个词汇第一次出现的年代是1982年。1988年，I2 Technologies 公司在得克萨斯州成立，成为开发供应链管理软件的先驱者。1995年，美国一些商学院和工程学院开设专门的供应链管理课程。2005年1月，美国物流管理协会更名为"供应链管理专业协会"（CSCMP）。当年3月，美国运营管理协会（APICS）为了满足供应链领域的教育需要，增加颁发了"供应链管理证书"。

这期间，还有不少国际性学术研究咨询机构也建立起与供应链联名的各种证书，如"采购与供应链管理"、"物流与供应链管理"等等，其学习内容都不再是单纯的采购、生产、销售、物流，而是从跨越本企业职能边界、并与上下游企业共事业务关系的角度来重新审视业绩。"全局优化"是这些证书教育强调的重点。

现在，让我们站在旁观者（观察者）的角度，用流程的思维来看看"供应链"以及"供应链管理"的非严格定义：

"供应链是核心企业与其供应商、分销商、零售商、直到最终用户连成一个整体的功能网链结构。"

在这个结构里，顾客订单、原材料供应、存储、产品生产、产品送达顾客等等环节都由"三种流"（物流、资金流、信息流）完成。其中物流从上游向下游流动，资金流从下游向上游流动，而信息流的流动则是双向的。显然，三种流贯穿了每个企业的全部活动，是一种连续的供应关系活动。

因此，核心企业的"供应链管理"要义是：**通过技术集成信息流、物流、资金流，有效整合供应链上成员们的业务活动，以确保生产出来的产品能以恰当的数量和质量，在恰当的时间被送往恰当的地点，从而实现在满足服务水平要求的同时，使整个供应链系统的成本最小化。**

显然，从上面的描述可以看出，"恰当的"、"服务水平"、"成本最小化"这几个关键词语的内涵和外延并没有给出明确的标准界限。这正如"道可道，非常道"（"常"＝恒）的意境，说明供应链不是固定不变的，变化才是常态。能看出供应链的"动态"二字，就意味着抓住了供应链管理的主导权。换言之，"标准界限"不是不可以确定，是随着核心企业的业务边界要求而定。用一个成语来形容就是"水到渠成"。

需要强调的还有一点，就是业界一直在争论的"物流"的内涵。因为"物流"职能在经济活动中是如此直观地表现为：不仅是企业内部的物料移动和控制，还是企业之间的物料移动和控制。这种跨越企业边界的职能正如营销的理念一样，必须以满足客户需求为中心，无条件地执行信息令所指达之处，于是"物流"与"供应链"似乎是同义而异语，说"供应链管理"就是"物流管理"也未尝不可。

然而，美国物流管理协会在 2003 年修改了物流定义，修改之后的定义明确地表明物流是供应链的一部分，物流管理是供应链管理的一部分。

物流是供应链管理中的一部分，该部分是用来计划、实施和控制在原始供应商和最终消费者之间如何来低成本、高效率地完成对货物、服务及相关信息正向、反向的移动及储存，以便能更好地满足客户需求。[①]

该定义或者可以这样理解：从一个单个的企业来考虑，物流通常是对物料流的管理。但当这种物料流动的"敏感性"深受供应链上的供应商和客户的"影响"时，该企业的物流战略就需要紧密地和供应链整体战略结合起来了。此时，物流经理的职责中战略性任务比重加大了。出于企业战略需要，物流经理比其他经理更多地执行供应链一体化的任务，此时改名为供应链总监，似乎也是工作范围推动的需要。

案例　　　　　　某企业"数字化供应链"的诞生

国内某大型制造型集团企业供应链总监在谈到新近创新的"数字供应链"模式时，回顾了五年来该部门的发展历程。一开始，该部门的主要任务重在开拓贸易市场，发挥营销职能的"单兵作战"能力，让企业的产品尽快占领市场并产生出资金流效应。随后，该产品的国内市场开发过渡到海外市场，国际物流的海上"空间和时间"潜能挖掘成为该部门两年多来外向物流职能的效益目标，即有效整合运筹海外物流渠道，并以此带动企业产品从终端销售到企业内部研发、生产、外部采购等环节的一体化进程。在这个阶段，该部门与其他部门和外部渠道伙伴们的不断磨合被称为"尖兵连作战"关系；为了让这个内部

---

① 资料来源：美国物流管理协会官网。

一体化的进程稳定而有效率，该企业又确定了综合物流战略新目标：让存在于业务流程中的各种信息真正发挥精确导向作用，以便各职能部门根据业务流程需要准确配合，从而实现供应链中的资金流、物流、信息"三流合一"的整体效率和效益。为此，该部门从整个企业的高度提出了"数字化供应链"运作模式，即通过构建企业内部供应链，让整个企业内相关联的子公司的业务流程处于一种"一目了然、一步到位"的"海陆空作战"状态。该部门经理的称谓也从做早期的营销经理、物流经理改成了现在的供应链总监。

上述这个案例不是虚构的，鉴于该集团企业发展的前瞻性和探索性，笔者在这里隐去其名称和行业背景特征。在这个典型的例子中，该集团企业的"物流"与"供应链"已经不可同日而语。"供应链管理"已经包含了关于集团产品从需求到供应的一体化过程，"物流管理"实际上退回到"渠道"、"管道"角色。有意思的是，出于不同的企业文化环境的理解和需要，也有人把该集团的这个供应链称为是"大物流"、"综合物流"或"复杂物流"。然而，正是鉴于业绩快速发展的实际需要，该总监已经不再为叫什么名而困惑了。他认为职位名称只是业务范畴的代名词，关键是梳通业务链条中的"经脉"。

实际上，产生"物流就是供应链"的看法，笔者认为除了不同文化之间在表述一个概念时有差异性之外，还有一个主要原因就是企业主们对"供应链的边界到底在哪里"的理解还在不断的实践中。这与经济发展的宏观阶段性特征有关联，参考图1-6所示的学术界对典型的制造型企业管理实践中的几个阶段特征描述，就可以知晓这两个概念的"历史意义"。同时，各企业自身的业务发展实践，也是对这种描述的检验并形成对供应链管理"动态"特征的系统性认识。

第一阶段：供应链是制造企业中的各内部职能的关联过程。见图中企业内部的采购职能，转换过程——内向物流、生产制造、外向物流，营销职能，财务职能，人力资源职能。

第二阶段：供应链的概念注意了与其他企业的联系。见图中采购职能与营销职能与外部供应商和客户的箭头关系。

第三阶段：供应链的概念更加注重围绕核心企业的网链关系，如核心企业与供应商、供应商的供应商及一切前向的关系，与客户、客户的客户及一切后向的关系。见图中供应商和客户都进入企业内部业务范畴，并且还分别连着供应商和客户。

总结以上的阶段特征描述，笔者可给出一个简单的结论："供应链"从来就

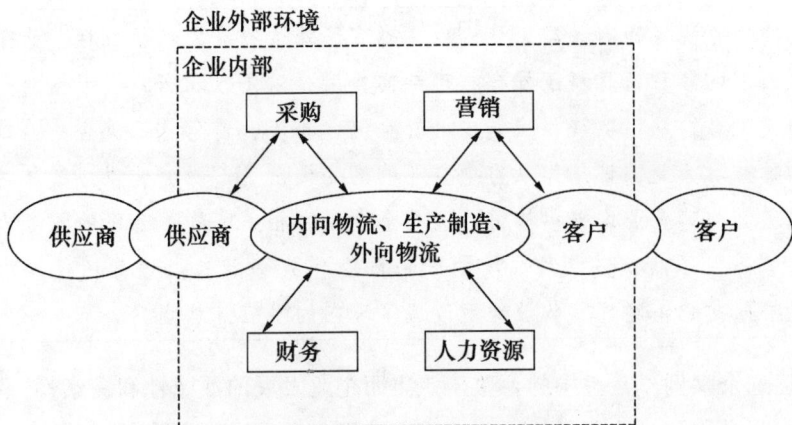

图 1 - 6　"供应链"概念的演变

存在，其稳定性随着业务边界的范畴变化而变得不确定了。

所以，如果从一开始就能认识到"供应链管理"是"对为供应链上所有实体负责的流程（并非职能）的管理，不仅要考虑到从供应商到客户的实物流动，还有贯穿供应链的信息流和资金流"，或许会在这些看似相同的概念中领悟到区别，并在实践中"走正确的路"。

1.3　供应链运营的竞争优势

1.3.1　价值观

既然"供应链是组织机构的网络结构，通过结构中的上游下游之间的正向和反向衔接，以不同的运行过程和业务活动，产生以最终用户获得产品和服务的形式表现出来的价值"那么以什么来衡量供应链的"竞争"价值呢？

波特教授在其著名的《竞争论》中描述了产生价值（表中表现为利润）的两类活动，如表 1 - 2 所示。

实际上，分析企业的发展可以看出，基本的增值活动都曾发挥过巨大的划时代的作用。比如，当市场短缺供不应求时，企业的利润曾经来自于生产制造职能的高效率；当市场供过于求时，是市场营销职能顶起大梁；内向、外向物流职能从来就是贯穿其中，默默发挥着润滑剂的作用。而支持活动（信息系统、人力资源、研究与开发、采购、财务）一直充当着直通利润源的平台作用。

表1-2 产生价值的两类活动

	基本增值活动					
	内向物流	生产制造	外向物流	市场营销	服务	利润
支持活动	信息系统					
	人力资源管理及培训					
	研究与开发					
	采购与合约					
	财务、计划等					

这当中，随着竞争加剧，降低成本和差异化战略越来越多地被企业所采用。降低采购总成本，因在价值增值中的"潜力"而逐渐被赋予了"重任"。尤其是当"采购的职能愈加集中于建立起公司内部流程与外部供应商和客户流程之间的协同关系"后，公司不再仅仅关注自己的价值链活动，而是把目标定位于**"通过与供应商和客户建立价值链并在协同中创造价值"**。

图1-7显示了核心企业在开展供应链运营时，对存在的各职能作用的"边界"进行界定的框架。

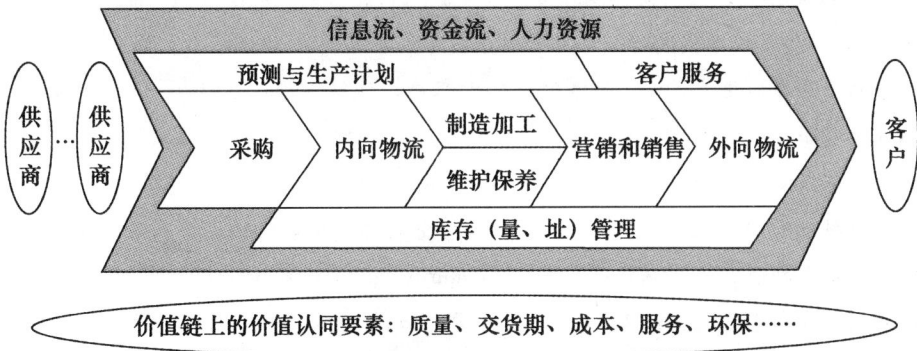

图1-7 核心企业"集成的供应链"中各职能的"边界"

随着链条上的成员之间的价值沟通，一个"广义价值链"就此诞生，于是供应链管理就是广义价值链的实践论。很自然地，供应链总监的工作更多地"奔波"在供应链成员间的价值沟通中。这里以一个现成的例子来说明一条供应链是怎样形成的。

案例　　　　　　美国赛斯纳公司如何优化供应链

1. 公司背景

美国赛斯纳（Cessna）飞机公司成立于 1927 年，总部位于美国中部堪萨斯州维奇塔市（Wichita, Kansas），全球雇员 12000 多名，是世界上设计与制造轻、中型商务飞机、涡轮螺旋桨飞机以及单发活塞式发动机飞机的主要专业厂商，目前已向用户总共交付各型飞机约 19 万架。除了为客户设计、生产最优质的飞机以外，赛斯纳公司成功的关键还在于提供卓越的售后服务。公司拥有 10 个奖状服务中心，配备全套设施以满足检验、维护的服务要求。另外，在超过 18 个国家授权了 400 多家服务站，为螺旋桨飞机提供专业的维修服务。自 1991 年起，赛斯纳成为 Textron（德事隆）跨国工业集团的全资子公司。

2. 公司供应链管理的变革

即使赛斯纳公司在商用飞机领域曾占有 50% 的市场份额，但是在某些零配件及原料的供应方面依然存在着与供应商关系紧张的局面：供应商每年涨价 3%、产品质量低劣、准点送货率仅 65%，公司采购人员的时间全花在下订单和订单的监督执行上了。

2000 年，公司总裁兼首席运营官查尔斯·约翰逊（Charles B. Johnson）率先提出，"鉴于公司成本的大部分都源于供应链系统，因此必须在战略上对其进行优化，以增强公司在质量、运输、灵活性及提供客户价值等方面的竞争力。"贯彻这个思想的策略是：将公司的物料部门变革成贯穿全公司的供应链系统跨职能部门，由公司高级副总裁、供应链管理部负责人迈克尔·卡佐克（Michael R. Katzorke）制订一套战略性的供应链管理系统。接下来，在分析公司现有的供应链系统基础上，他们还启用一种叫做"成熟路径开发"（Maturity Path Development）的工具，用它来协调供应商和本公司的战略。为此而修改了本公司的"销售、库存和营运计划"（SIOP）；提高了"满足客户要求"的标准，降低了库存周转时间等等。该部门发动全公司上下和所有供应商都要支持本公司的五大目标：

（1）全面客户满意；

（2）世界级航空器制造水平；

（3）突破营运绩效；

（4）员工最心仪的十大公司；

（5）卓越财务表现。

3. 公司供应链变革的切入点

（1）在生产管理环节，宣传生产连续（供应和生产一体化的观念，保持生产的连续性）。这意味着生产职能的发挥不仅要跨部门，而且要将供应商融合进公司的设计、加工和其他一些关键领域，使之成为公司的有效延伸。

（2）在采购管理环节，进行战略采购。这意味着要使用 IT 工具将供应商的战略与公司的战略相结合，同时开发合理的销售、库存和生产计划流程来管理供应和需求以及生产能力计划，运用质量标准和六西格玛等工具提高供应商的绩效表现等。

（3）在物料管理环节，鼓励供应商介入到降低供应链成本的活动中。将流程自动化以提高效率和降低成本。考虑替换材料，减少多余的产品特性和操作。

要使这一切变革成功，该部门工作的关键词可以用四个字来形容：价值沟通。在约翰逊看来，卡佐克和他的团队的最大功劳是将公司的供应链管理从单纯交易性的采购平台转化成为一条整合严密的供应链流程，这是公司变革的最大意义所在。

资料来源：Susan Avery 著，杨彤译，《一条供应链的炼成》，见于 http：//www.ceconline.com。以上资料经过整理。

在上面的这个例子中，一条供应链的形成关键在于内外部的价值沟通。经验告诉我们，难就难在供应商、企业自身和客户三方面的"价值观是否一致"。这当中除了价值观在传递中的偏差，以及传递中那些影响一致性的不确定性因素以外，还有企业自身在匹配供应与需求平衡时的手段和方法层面的不确定性因素，以及这种匹配是否被上下游成员们所接纳并运用的不确定性因素。而这就是供应链运营的不确定性管理——风险管理的关键！

毫不夸张地说，核心企业供应链的运营，面对的是来自于上游和下游双方面的不确定性因素。其复杂性和难度表现在：第一，不确定性永远存在；第二，取得竞争优势的要素已经不再单独发挥作用。

如何让供应链运营产生竞争优势，除了必须要事先"备份"或"知晓"某些"策略"外，更多的是要培养灵活应对的适应性能力素质。知行合一方能事半功倍。这里，简单设定供应链成员为相关联的上游企业、核心企业和下游企业。

首先，我们把上游供应商对下游企业感知程度用一个简化的模型概述。

在图 1-8 中，"认可下游企业的价值观"的内容，通常是在营销理论中有所涉及。一般而言，当上游供应商觉得下游企业的业务战略与自身具有一致性、文

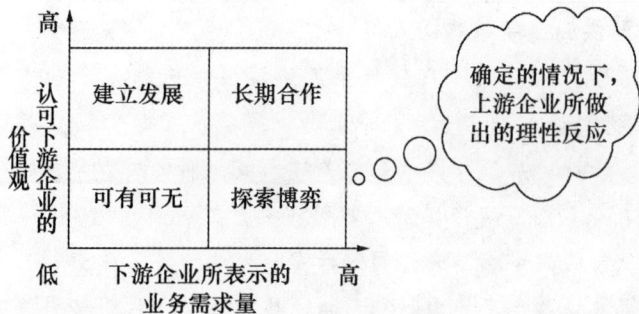

图 1-8 上游供应商对下游企业的理性感知

化背景相通、具有良好的财务业绩表现、未来具有发展潜力时，通常会把下游企业作为关系合作者。而"下游企业所表示出来的业务需求量"，无非就是在这种考虑的基础上产生具体的业务合同。于是就出现了确定情况下上游企业所做出的与下游客户关系的四种典型描述：可有可无、探索博弈、建立发展、长期合作。

其次，我们再把下游客户对上游供应商的接受程度用一个简化的模型描述出来。

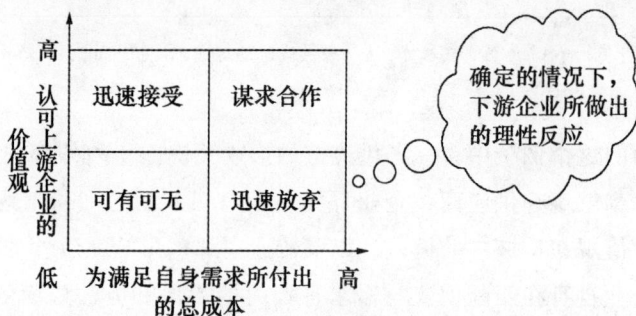

图 1-9 下游企业对上游供应商的理性感知

在图 1-9 中，"认可上游企业的价值观"的内容，通常是企业将自身的价值观与供应商的价值观进行对比后的结论。通常也会从战略一致性、文化背景相通、具有良好的财务业绩表现、未来具有发展潜力等方面考虑。然而，作为下游，更多的出发点还在于权衡自身产品的成本结构中，来自于外部的成本（采购总成本）和自己制作的成本（成本核算体系下的加工总成本，包括管理费用）之间的比例。

按照诺贝尔经济学奖获得者科斯的"企业的性质"理论，当市场的交易成本高于企业内部的管理协调成本时，企业便产生了。换句话说，企业规模扩张的边界点取决于"市场交易的边际成本等于企业内部的管理协调的边际成本时"。一旦前者的边际成本小于后者的边际成本时，企业通常会考虑从外部获取资源。这就是在图 1-9

中的横轴"为满足自身需求所付出的总成本",也可以简单地理解为是企业外包成本,或者更进一步地把这种外包成本转变为激励供应商的一种手段。尤其是在初评供应商能否入选本企业的"供应源基础库"时,这个外包成本就体现在"试探"供应商的能力与积极性两个因素中了。(本书第3章将详细描述这个过程。)

于是,就出现了确定情况下,下游企业所做出的与上游企业关系的四种典型描述:可有可无、迅速放弃、迅速接受、谋求合作。

最后,我们还要考虑身处上下游之间的核心企业的运营策略。

按照前面描述的供应链管理要义中"恰当的"、"服务水平"、"成本最小化"几个关键词所指,核心企业在"确定的情况下"与上下游关系的描述是:**先看下游再看上游,以销定购或者以购促销**。图 1-10 显示了综合上面图 1-8 和图 1-9 后,核心企业对上下游伙伴关系的理性感知。

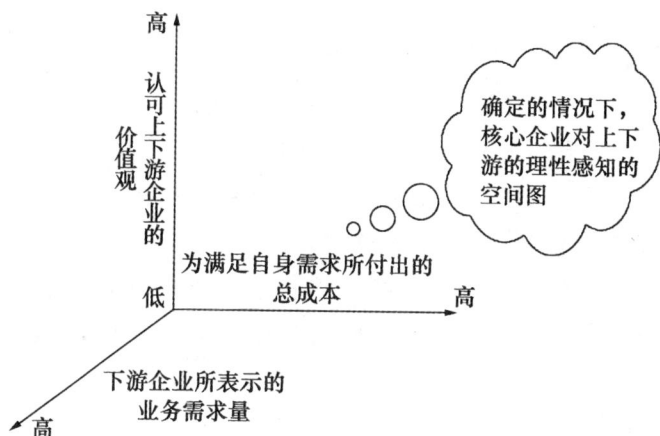

图 1-10 核心企业对上下游的理性感知

在图 1-10 中,要达到一致性犹如变换魔方求六个颜色相同的面一样,核心企业只要细致有耐心,按照某种规律,总是可以找到一个个具体的运营策略。比如一些具有某些技术能力的核心企业,在差异化战略的总体指导原则下,根据市场需求研究开发自己的新产品,不仅要收集来自客户端的需求信息,结合自身的运营能力,而且还要更多地研究对上游资源的获取途径,要让经过认证和选择的合作伙伴参与新产品开发,另外在选择供应商时,不仅仅是质量价格交货期的衡量,还要看供应商的资源供给情况。

表 1-3 概要地给出了核心企业的运营策略的四个原则建议,具体实施措施还待后面章节进一步挖掘。需要提醒的是,这些原则的建立是基于"来自下游的

需求是核心企业的立业根基"，因为客户价值高于一切。

表 1-3　　　　　　　　　　确定情况下核心企业的运营策略原则

核心企业 对上下游关系的原则		对上游供应商的理性感知	
		为满足自身需求所付出的总成本 （低—高）	认可上游企业的价值观 （低—高）
对下游客户的理性感知	下游企业所表示的 业务需求量 （低—高）	即期利益	以不变应万变
	认可下游企业的 价值观 （低—高）	随需而变	战略同盟

- **即期利益**——核心企业要根据下游企业的订单业务量，结合自身为满足这些订单所付出的总成本（采购成本＋生产成本＋物流成本），决定获取每一笔订单的利益。

- **随需而变**——核心企业根据对下游企业的价值观的认可程度，结合自身为满足下游订单所付出的总成本（采购成本＋生产成本＋物流成本），主动调整自己的供应流程（包括主动选择上游供应商），随终端需求变化而变化。

- **以不变应万变**——核心企业根据下游企业的订单业务量，以及对上游企业的价值观的认可程度，主动调整终端需求，以自身不变的供应流程应对变化的终端需求。

- **战略同盟**——核心企业根据对下游企业的价值观的认可程度，以及对上游企业的价值观的认可程度，结成一个相对稳固的"三方"关于利益、风险的战略同盟，共同引领行业或者产业的发展。

　　然而，确定的变化是一条直线上的某个点的概念，而变化的不确定性是一条射线的概念，即不确定性是永恒的。这在经济学早就有关"供应与需求"的市场理论。换句话说，供需不平衡是永恒的，平衡只是阿基米得的"那根撬动的杠杆刚好找到了支点"而已。所以，图 1-10 的原则如果放在供需的变动性增大的环境中，或者干脆从"不确定性"因素来考虑，就会衍生出动态的供应链管理系统化思路。应该说，这个思路正是目前业界在探讨的主题。概括而言，百变出新。

　　更进一步地思考，在对不确定性产生的根源没有更多的了解情况下，供应链管理实际上就跳出了"管理"二字的科学性一面，更多地向艺术性发展。抽象地看，"供应链参考模型"正是西方管理理论与企业界共为的对这种管理艺术性的尝试，即用流程的思维串起各职能要素的"艺术效果"，虽然常变常新，但万变不离其宗。深究这个模型，无疑是让人兴奋无比的。但这仿佛又是另一种形状的魔方，只不过"通解"还在西方企业的实践中而已。关于 SCOR 模型，将在第 7 章中详细解释。

这里，必须要提及美国斯坦福大学商学院教授李效良博士（Hau L. Lee）几年前在一篇论文中提到的"要关注供应和需求两个因素的不确定性"的观点。按照他的构想，可以画出具有不同特征的供应链运营策略，如图 1-11 所示。

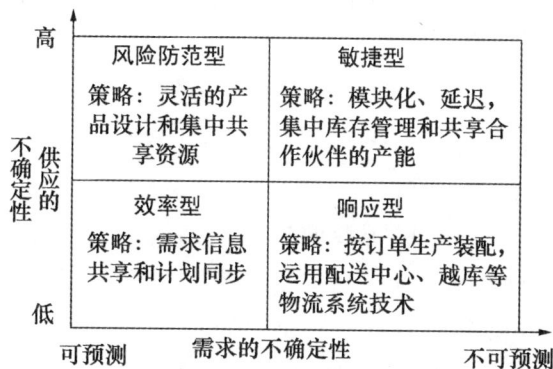

图 1-11　不确定性情况下的供应链运营策略

李教授在文中强调，横轴的需求不确定性与产品需求的可预测性相关。创新性产品（比如便携式移动产品、高端计算机、游戏机、集成电路和大规模定制产品）的生命周期短，经常受到客户和市场流行趋势的影响，其需求具有较高的不可预测性，而功能性产品（比如食物、普通日常消费品）的需求相对稳定。纵轴的供应不确定性与提供产能的制造工艺技术相关。从供应流程层面看，制造工艺和技术成熟，供应商管理良好，则供应的稳定性强（不确定性低）；制造工艺和技术尚处于早期开发阶段，变化非常快，供应商在数量和经验方面都非常有限时，供应的变化性强（不确定性高）。

由这两个因素可以描述成四类背景下的供应链，身处这些背景下的企业的供应链运营策略，不计其数，可以从世界排名 500 强的实践中寻找最佳实践经验。

- **效率型供应链**，其特征是供应和需求两个因素都是稳定的。上下游需求信息与生产和供应计划同步共享。适合于功能性的日常用品。
- **风险防范型供应链**，其特征是供应不确定性高而需求不确定性低。对于核心企业而言，可以让设计柔性化，上游实行 VMI（供应商管理库存），以降低供应不稳定的风险。主要针对供应变动的功能性产品。

- **响应型供应链**，其特征是供应不确定性低而需求不确定性高。对于核心企业而言，可采用面向订单制造或大规模定制的流程，在产品设计上采用模块化方式，并在生产中充分应用延迟策略，将产品出现差异化的时间尽可能地推迟到供应链的后端；适合于供应稳定的创新性产品。

- **敏捷型供应链**，其特征是供应和需求两个因素的不确定性都是高。对于核心企业而言，可采取集中库存管理和共享合作伙伴的产能降低供应风险。适合于供应变动的创新性产品。

根据这个具有探讨性的模型，笔者尝试着寻找出目前世界上著名企业实践的运行轨迹。比如，效率型供应链的典型代表是 20 世纪 70 年代的日资企业，如丰田、日产等汽车企业。风险防范型供应链的典型代表是 90 年代的石油化工类企业，如埃森哲、壳牌等企业。响应型供应链的典型代表是 2000 年后零售行业中的 Walmart 以及服装行业中的 ZARA 等公司。敏捷型供应链的典型代表是 2006 年前后的 IT 以及电子消费品行业中的 Dell、IBM、Nokia、Apple 等企业。当然，随着经济和技术的发展，这些著名企业在这张模型图中的位置是不稳定的，动因正是"不确定性"。

所以，要回答"以什么来衡量供应链的竞争价值"，核心企业要充分考虑来自于上下游两个方向的"确定的与不确定的"因素，从而建立起既符合自身的价值观，又能沿着供应链传递给战略伙伴们，并让他们能接受的运营战略。

1.3.2　要素论

构成竞争优势的要素，在一些教科书中被简单地归结为质量、价格、成本、服务、信息等，并且经常把通过实施贯彻这些要素的能力说成是核心竞争力。

在本书中，笔者认为：**核心竞争力是一个组织在长期经营中形成的，客户认为有价值而竞争者很难或者无法模仿的力量或能力。**

竞争优势的说法源自于核心竞争力，就单个企业而言，竞争优势主要表现在一些与企业生存或发展有关联的要素上，比如产品特色、技术、服务质量、凝聚力、人才、市场控制力、资源垄断等。供应链的竞争优势，实际上看的是核心企业的组织协调力量。因此，核心企业在打造自身的供应链结构时，应该把自身的核心竞争力确定下来。

对于核心企业而言，追求自身的核心竞争力，实际上就是在带动供应链的竞争优势。如果要把追寻"供应链的竞争优势"作为一个目标赋予核心企业，那么首先应令其了解哪些要素曾经在哪些时代产生过竞争优势。图 1-12 显示的是随着时间进程，在管理实践层面总结出来的竞争优势要素论。

可以看出，在 20 世纪 80 年代中期以前，强调制造技术是产生竞争优势的基础，成本、质量、配送等要素分别成为"成本最小化"和"价值最大化"运营模式下的竞争获胜要素；随着信息技术的特征引入，柔性、响应、信息等要素逐渐成为"价值最大化"运营模式中的佼佼者；随着经济全球化的趋势，当企业的业务规模边界互相融合形成战略伙伴关系的供应链后，协调、整合力以及环保等要素就会纷纷登场，成为新一轮竞争优势的"领头羊"。

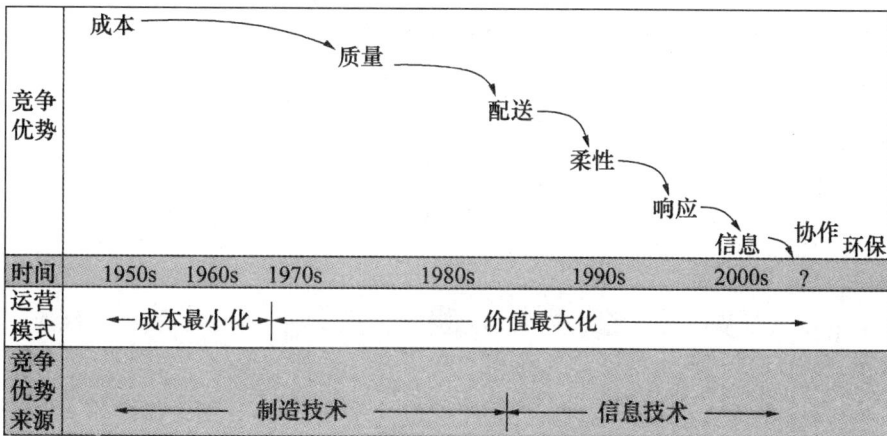

图 1-12 管理实践产生竞争优势的要素变化

资料来源：DAVIS、AQUILANO、CHASE, *Fundamentals of Operations Management 4e*, The McGraw-Hill Companies, Inc. 2003.

例如，著名的戴尔计算机公司，推行"有效整合"供应链伙伴，网上接受订购，之后迅速调配零部件组装成最符合时尚潮流的计算机。这种运营模式体现出来的竞争优势就是对供应链成员的有效控制力。

又如，著名的诺基亚公司，其供应链竞争优势体现在其综合考虑了质量、成本、环保、协调等因素，推行"星网模式"来构建其供应链伙伴关系。

诺基亚每年要生产约 1.5 亿~2 亿部的手机。一部手机用到的零配件有几千个，模块则有数百个，为了组织众多供应商以满足巨大的零配件需要量，诺基亚想出了"主动召集供应商和自己毗邻而居"并创建"星网模式"，把原来需要空运、海运等方式才能实现的原料和零部件的采购变得简易，节省了高端运输成本，库存成本几乎降至为零，从而最高效地保证生产，提高自己的产能。

这种做法是让经过选择认证的、遍布全球、相对分散的30多家知名供应商，聚集在位于自身位于北京的手机装配工厂周边，形成一个"以我为主"的工业园园区，这样可以最大限度地缩减供应链中的库存成本和渠道环节，环保节能，不怕打价格战。通过出色的供应链管理，诺基亚获得了竞争优势。[①]

再如，2006年前后的香港利丰集团从"买办货代—无疆界生产—虚拟生产—整体供应链管理"模式[②]。在这个例子中，利丰供应链管理的竞争优势内涵被总结如下：

- 以顾客为中心，以市场需求的拉动为原动力；
- 强调企业的核心业务和竞争力，并在供应链上定位，将非核心业务外包；
- 供应链上各企业紧密合作，共担风险，共享利益；
- 利用信息技术优化供应链的运作；
- 不断改进供应链的各个流程；
- 缩短产品完成时间，使生产尽量贴近实时需求；
- 降低在采购、库存、运输和环节之间的成本。

由此，任何一个核心企业，在谈其"供应链运营的竞争优势"时，要根据所处行业的特征以及行业市场的态势，有效整合企业内外一切竞争要素，顺应潮流而存。

供应链运营的竞争优势，是目前乃至今后十年或者更长一段时间内，理论与实践共同关注的经济事件。供应链总监一职，如何专职于从供应链关系中获取"供应链竞争优势"，也将成为21世纪经济环境下管理实践的热门话题。

1.4 供应链总监的角色描述

面对上述关于供应链的基本知识以及供应链运营的种种不确定性难题，笔者认为，一个专业性的职位必然要诞生，这个职位的主要职责应该是"有意识地协

[①] 资料来源：http://www.nokia.com.cn。
[②] 资料来源：利丰研究中心编著，《供应链管理：香港利丰集团的实践》，中国人民大学出版社2003年版。

调企业内外部资源，让企业在动荡的市场环境中具有稳定的竞争力"。

鉴于目前各公司已经有供应链经理、供应经理、商务经理等职位，再考核了各企业中的各主管官（比如，首席执行官 CEO、运营总监 COO、采购总监 CPO、物流总监 CLO、信息总监 CIO 等）的职位和专业职权职责特征后，笔者认为，尽管现存的某些"总监"的职责描述或多或少包含了这个新职位的工作内容，然而"贯彻执行供应链系统思想、协调企业内外部资源"的作用如动力系统的"润滑油"——如此重要以至于当稍微缺失时会导致各种仪器故障直至系统报废——应该单独从目前这些总监的传统角色职责中分离出来，于是笔者赋予这个职位一个新的名称——供应链总监（Chief Supply Chain Manager）。

概括地说，这个职位的根基还是在于专业分工的细化。这与经济全球化浪潮中企业寻求自身的发展壮大密切相关。正如美国人托马斯·弗理德曼在其畅销书《世界是平的》中描述的 10 个铲平世界的力量所述，企业组织在权衡自身实力与意愿时，不再一味地求"全"（什么都是自己做），而是"做不一样的、有选择地做、要做就做最核心的"，剩下的就去寻求"企业意愿"的志同道合者，这就是"外包"的原动力。

然而，在与其他企业沟通"企业意愿"过程中又会产生新的不确定性，如何从战略和运营的角度预防、规避、消除不确定性，就需要供应链总监们"主动地"担负起跨越本企业边界去组织协调链条上一切事物的职责。

在图 1－13 中，"丁"字形箭头方向就代表着"主动性"的方向，可表述为：为保持本企业的核心竞争力，而让"自制"或"外包"之间的中心线向左或是向右"平稳滑动"。需要说明以下两组概念：实力与意愿，自制与外买。

- **实力**——企业所具备的产能、资金、人才、技术等资源要素的规模。
- **意愿**——企业自身主动进行产品制造或提供服务时的态度、意志力、**决断力**等自主性导向。
- **自制**——核心企业具有核心能力，能够自己生产制造产品或者提供服务。就是说该企业掌握着核心的技术关键、有产能、有资源等。
- **外买**——核心企业主动放弃非核心部分，转向企业外部寻求其他有效资源以补充或者完善自身的整体优势。外买的内涵很广，英文通常用"Outsourcing"这个词汇，而在中文翻译中习惯译成"外包"。本质上，企业真正外买的目的在于寻求资源，而这又可以分为外协与外购。外协是指企业根据自身设计需要（内部标准），提供图纸等技术资源，寻找能完成所需的提供者，是定制需求的满足。外购是指企业直接在市场中采购上游企业的完成品。一

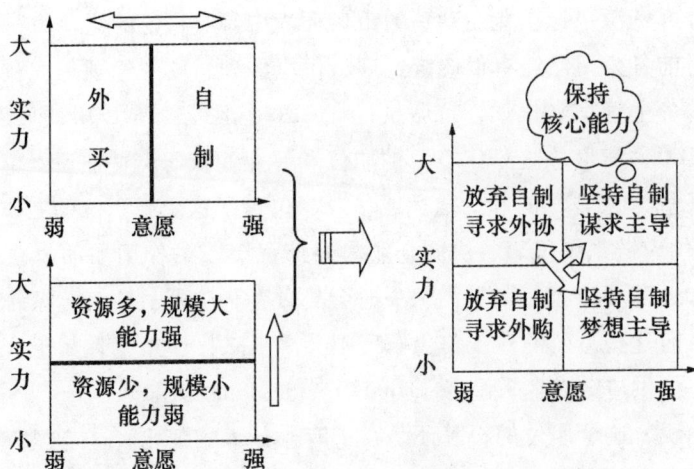

图 1-13 核心企业"自制"与"外买"的范畴界定（一）

般是按照已存在于行业、企业的成品（外部标准）来满足需求。

而图 1-14 则显示了随着全球化运营的浪潮，"外包"演变成了一种整合外部资源的战略，与企业保留的核心能力共同构成企业"核心竞争力"的过程。用弗里德曼在《世界是平的（第 2 版）》里所描述全球化 2.0 版本的说法："我的公司在全球竞争中处于何种地位，它有哪些机遇可以利用？我怎样通过我的公司同他人开展合作？"——这是企业划定自己核心竞争力的必经阶段。

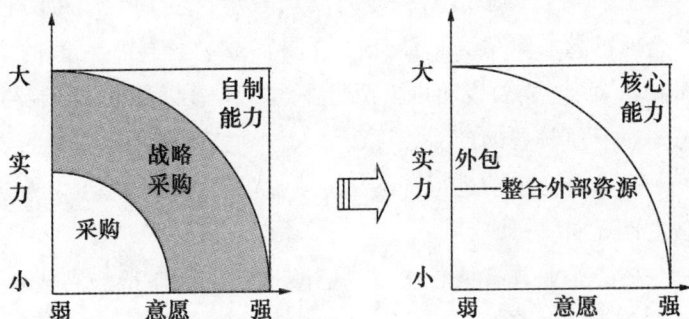

图 1-14 核心企业"自制"与"外包"的范畴界定（二）

如果企业的核心能力只在于品牌，或者说只保留了品牌设计能力，那么，寻找某些具备一定品质、符合企业技术要求的 OEM 厂商们，来完成加工制造成型的环节，之后直接或者间接地按照特定市场销售出去，不仅已经成为某些核心企业的战略思路而且已经变成了某些知名企业的供应链实践。

如果企业的产成品必须由上游企业提供零部件等资源共同完成，那么直接到市场中采购上游企业的完成品（Finished Goods）为己所用，与上游企业结成稳定的供应源关系，是企业保持核心竞争力的重要途径。

图 1-15 显示了这种思考的结果，即：一个具有实力和意愿的核心企业，它的核心竞争力就是一定程度的外包加自身核心能力的组合。

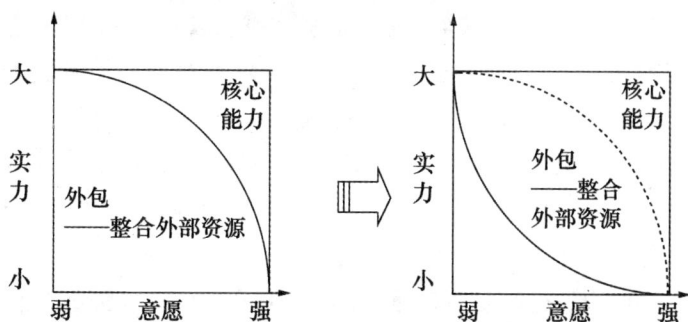

图 1-15　一个核心企业的核心竞争力形成：外包＋核心能力

总之，不管是外协还是外购，当外围厂商遍布全球时（也就是全球化布局越来越成为一个核心企业的运营战略时），运营总监的职责中将更多地表现在要关注供应链的优化（一体化）问题，随着这种专注所花时间的机会成本增多，比如协调上下游关系、协调产品资源、协调传递资源中的合理消耗的成本等，一个具体的能专注于"协同、滋润、纽带"的专业职位就应该诞生，这就是供应链总监职位。

笔者根据目前或多或少出现在业界的招聘职位说明书，用了"导航、奠基、执行、促进、护航、筹划、探索、拥簇、传播、奉献"等词汇，从 10 个方面来描述这个今日隐约可见、明日雨后春笋的新角色。

1.4.1　供应链总监应该是提升企业竞争优势的导航者

这个职位应该是位于首席执行官之下，把协调供应链中的供应关系视为一种专业职能，与目前的众多的总监（采购总监、运营总监、财务总监、信息总监、营销总监、行政总监等）或者副总裁等传统职位平级。但是他更多的是协调运营总监在执行跨组织跨区域的资源获取方面的工作，视降低组织整体获取资源的成本为己任。因为资源不仅仅局限在物料等有形的实物，还表现为时间、技术、关系、文化等等无形的服务。IBM 首先把这个职位名称定为首席采购官，主管战略采购。

有意思的是，世界零售巨头沃尔玛，其供应链总监职位背景是基于物流经理经验。2008 年供应链管理排名第一的苹果公司，2009 年初原运营总监在乔布斯休病假期间被赋予了首席执行官之责权，掌管苹果公司的全球化竞争策略。美国的某些学者明确把这个职位叫做供应链总监。

在 2009 年 6 月，IBM 全球企业咨询服务部基于其对 25 个国家约 400 名供应链主管们进行的面对面访谈结果，发布了《2009 全球首席供应链官调查报告：智慧的未来供应链》。参加此次调查的供应链主管们认为，他们中的大多数人仍然履行着诸如分销和物流（77%）、需求/供给规划（72%），以及采购（63%）等传统的职能。但其中的一些人正在向首席供应链官的位置上升，在如今日益多变的市场中掌控着复杂的全球供应链的战略实施。

另外，由于供应链已经变得更加复杂、更具全球化，承担更大的压力，受访主管们普遍认为，他们必须让供应链变得更加智能化，从而可以作出风险预测，而非被动地应对各种风险。——可以认为，业界已经形成了供应链总监这样一个群体；并且，面对动荡的全球化经济浪潮，这个群体意识到战略性"智能化导航"的重要性。

由此可见，名称的改变，意味着这个名称下的"官"，其首要任务是在公司高层中从战略的角度专事智能化"导航"。理解供应链、把握住供应链运营的方向，就等于把握住企业自身的竞争优势方向。正如老子所言："**道可道，非常道；名可名，非常名。**"事实上，如果，供应链总监们不仅能知其道、悟其道，还能顺其名、用其妙，必是何谓名其多，功"道"自然成！

1.4.2　供应链总监应该是规划企业战略目标的奠基者

实施战略性"专业导航"的职责，就要善于分析供应链上下游的不确定性。从经济学意义上看，需求与供给从来就是在波动中寻求平衡，不仅过程不确定，那些影响这种平衡的因素也是不确定的。一般而言，对于下游不确定性的分析与对策，在目前的许多企业中主要是赋予营销总监或者物流总监（如果物流这个职能来自于企业自营物流业务）。对于上游不确定性的分析与对策，大型公司一般是赋予采购总监。

纵观近十年跨国公司的运营模式，在全球化 1.0 版本向 2.0 过渡的进程中，企业间互为供应商，企业的供应商的供应商互为供应商，机会和风险随着业务跨界在不断变化。为战略采购而分析供应市场时，仅有采购不懂物流显然是不够的。而仅知道生产不懂采购、物流、销售等，也会在供应风险面前头破血流、步履蹒跚。因为风险存在于供应链各个环节。为应对风险，某些大型贸易型公司把采购总监更名为供应链总监，实际上是赋予了他关注"物流"落实"采购订单"指令的职责；而某些大型物流公司把物流总监更名为供应链总监，目的在于通过物流的"渠道"作用，带动资源的获取（战略采购）、加工、销售等多环节的一体化效率。于是，我们看到，物流是供应链的渠道，采购是供应链的商务关系，信息是供应链的指挥官。

叫什么名称不重要，关键在于：首先是为企业规划供应战略，提供来自于供应链上游的市场信息资料，尤其是把握这些信息资料背后所隐藏的供应机会和风险，并对其做出符合企业供应目标的判断；其次是配合企业已定战略更经济地落实资源获取。没有这份精心准备的资源库，一旦下游发生变更，企业在频繁地采取应急采购与应急物流等活动中，就会因盲目而付出更大的成本。

然而，"瞭望"供应资源，需要的是打破常规思维，从不同的角度对于变化的因素给出相对稳定的范畴界定。正如古希腊哲学家亚里士多德的名言："**思维是从疑问和惊奇开始的**。"如果供应链总监们不仅能善于捕捉供应市场的机会与风险，而且还能洞悉其对企业目标的影响度，必然能造就"坐观风云变，运筹化险夷"的境界。

1.4.3　供应链总监应该是宣扬企业价值文化的执行者

企业文化是一个组织生存发展的根本，组织中任何一个员工都有义务宣传并执行企业文化，作为高层官员更是义不容辞。然而，企业的文化价值观不是在业务关系中与供应商多开几次会议、多做几次广告就能树立的，应该从初选供应商时开始就切切实实地遵从企业价值观。企业设定的评选因素不仅要体现对供应伙伴关系的利益导向，更重要的是建立起买方的"反向营销"之道，即通过向上游传播企业自身文化，视上游企业为接受本企业订单的客户，采取买方主动，把握买方主导，变被动为主动。如果能主动保持与上游供应商的信息沟通，或者主动"理解"上游企业价值观，或者让上游企业"理解"、"遵守"甚至"参与"本企业的价值观，那么，供应链的共同效益就会有更好的体现。

然而，正如荀子所说："不积跬步，无以至千里；不积小流，无以成江海。"建立供应商基础（清单），健全评选供应商的流程制度，并随时监管维护，体现的是买方采购工作的一种"有所为有所不为"的管理思想。通过评估流程，把供应商们的"出与入"变成一种基于企业战略的制度约束，也就相当于建立起供应商测评考量的基础，这有利于节约"交易成本"，有益于让供应链上的伙伴们保持价值观一致。

所以，如果供应链总监们把买方的"反向营销"看成是用价值观寻找供应源、有效地向供应商们传达企业的价值观，以此带动伙伴们向共同的目标前行和发展，那么峰回路转、左右逢源的前提必然是寻缘并随缘！借用中国宋代文人辛弃疾的感悟："**众里寻他千百度，蓦然回首，那人却在，灯火阑珊处。**"目标会在寻找中不经意间出现，仿佛偶然实则必然！

1.4.4 供应链总监应该是规范企业供应流程的促进者

企业文化不是空中楼阁，需要有战略去实施，以形成自身的做事原则。然而"事"也有做的机理和程序，用一个相对稳定的政策和制度去规范业务流程，是企业做大做强的根基。越来越多的企业认识到，业务流程的制订和完善，仅靠计划部门是远远不够的，需要各个部门的协调配合。

简单地说，看透企业组织结构需要注重三个关键词：职能、部门、流程。"职能"是某些相关的活动的集成，"部门"是某些职能的表象显示，是职能的执行单位，而"流程"是贯穿了企业整个职能部门的某些活动的灵魂线条。静态看，企业是一个个职能部门的构成；动态看，企业就是一系列流程在运行。诚然，流程不是一成不变的，它随着业务范畴变化而扩大或缩小。企业里最能体现管理意志力的地方就是流程改善的过程。"是流程就职能部门而变？还是职能部门随流程而变？"——这仿佛哈默雷特的名句"是生还是去死"一样说不清楚，但确实是一个问题。这是近十年来企业"业务流程重构"的聚焦点，在西方管理理论中，"流程观"稍微占据上风，日本企业的持续改善管理之风也验证了"流程观"。

"流程观"强调，无论流程怎么变，严格来说管理目的只有一个：要匹配流程所经历的两端——供应与销售的平衡，寻求供、产、销的稳定性。这就包括了供应的稳定性（与上游的供应行为有关联）、制造的稳定性（与生产设施环境—工艺技术路径有关联）、销售的稳定性（与适应外部需求—渠道选择有关联）。所谓职能部门的绩效是流程"水到渠成"的结果。这犹如集体跳绳活动，一旦绳子甩动起来，但凡冲进和冲出绳中的人，必须保持一个稳定的节奏，同起同落。无论在跳的过程中玩什么彰显个性的花样，节奏一定是稳定的。节奏变了，如果一个人没有跟上，那么绳子就会打在参与者身上，跳绳活动就会立刻停下来，需要重新启动。企业流程好比这根绳，供应链总监好比摇绳的人，保持绳子的节奏要从手腕力度和臂力开始，这就是掌握选择供应源的主导权问题；还要让进出摆绳中的人知晓绳子的节奏，这就要规范招标步骤乃至整个企业的管理措施的制度化建设。只有这样，才能高效率确定供应源，宽而有度、严而不恤，任凭上下游变化多端，始终能保证绳中的大家伙儿步调一致。用唐代文人元稹在回首情感历程的感慨来形容供应链总监们的这份沧桑，正是："**曾经沧海难为水，除却巫山不是云。**"

1.4.5　供应链总监应该是维护企业合同关系的护航者

企业的发展壮大从来就不是件容易的事，自企业诞生之日就被打上了"需要与被需要"的烙印。靠着与上下游伙伴们天然的产品供需关系而生存的企业们，无一例外地要与伙伴们协商、谈判，最终签订反映出一定期限、价格、品种、数量、质量的合同，表示已经建立起某种契约关系，其有效性体现了不同的文化背景下的法律约束力。换句话说，合同的建立本质上是从法律角度以书面协议来确定当事人之间风险和利益的分配。这份协议体现出当事人之间的一种具有法律约束力的关系。尤其是当伙伴们的地理位置跨越了国界，订单的签订、货物的运输必须按照国际贸易术语进行贸易的时候，如果不熟悉这些条款背后的文化和法律含义，前期辛苦建立的供应商基础可能就会在一两件小事中功亏一篑。

然而，随时关注并协调上下游伙伴们之间的利益纷争，巧妙地"谈定"与上下游供应商和客户的合同关系，并监督维护这份代表着各自利益的合同达到双赢，确实是需要供应链总监们在细节上下工夫的。有道是："**东边日出西边雨，道是无晴却有晴。**"生意场上没有永远的输家和赢家，理应和字为先、诉讼为后。

1.4.6　供应链总监应该是调配资源渠道效益的筹划者

视资源为企业战略管理内涵的年代始于 20 世纪 80 年代。当时的资源学派认为，企业是由独特的、可以增加企业外部机会或减少威胁的、有价值的资源和能力相结合的组织形式，因此，企业要最大限度地注重开发和培育新的有关未来的外部环境机会的资源和能力，才能有可能延续其竞争优势。

从运营的角度看，构成一个企业运营的输入资源涵盖了原料、技术、时间、资金、信息、人才等要素，资源渠道则意味着用什么样的衔接方式让这些要素发挥应有的作用。一般意义上的渠道通常表现为物理形式，如运输渠道——包含着运输工具与方式（空运、海运、陆运）以及各种存放点（转运场、周转库）。渠道还可以表现为虚实结合的互联网和电话（信息软件、基站、光纤、电缆）等。这些渠道本质上是企业业务流程的动态表象。因此，在流行的"以销定供一体化"供应链中，经常要对"原材料、零部件、成品的库存量和渠道的设定、配送网络体系的构建、运输路径的选择与优化"等问题给出解决方案并作出决策判断。另外，这些资源的输入—转换—输出所涉及的环节可能是从供应端到销售端的所有职能部门，"如何按照企业总体战略思路，有效地开发利用、调配外部环境的资源，发挥渠道的时间、空间效益"是企业供应链总监面临挑战最多从而必须要解决的问题。因此，供应链总监们不容忽视供应链专业素养的培养，让自己尽可能地具备专业知识和专业"协调"能力。

古人云："**水火之性，相灭也。善于之者，陈釜鼎于其间，煮之灶之，而能两全其用。**"如果供应链总监们不仅能深晓资源流动的效益与效率，而且还能根据组织战略目标，设计出有益于供应链上的成员们获取利益的结构蓝图，必能达到存储有效、货畅其流！

1.4.7 供应链总监应该是创新企业客户价值的探索者

企业本质上是追求价值的一种组织形式，而不应该仅仅是追求利润。企业价值并不仅仅是由其自身的利润大小来决定，其中还包含着对公众（客户）的社会利益和责任因素。正如前面所述，只有当企业的价值观与客户价值观一致时，企业的可持续发展才能有基础。难就难在这种一致性上。如果仅用企业的投资回报率和税后利润来衡量企业的实力，而忽略了其诞生的本意——用产品和服务满足客户需求后获得生存及发展，那么这个企业早晚都会"跌倒在自己的优势上"。

客户需求本质上体现的是客户价值观，英文中有一句名言："Value is in the eye of beholder（价值在旁观者眼中）。"回顾Cassell's英语字典（1995）中强调经济交换的"客户"定义——客户是采购者，以及强调沟通的美国生产与存货控制协会（APICS）字典（第8版）的定义——客户是那些获得产品、服务或信息的个人或组织，可以得出一个结论：对购买者的了解和沟通越密切，越能为企业带来战略价值（而非一般意义上的财务价值）。这就是上面这句英文背后的深刻含义："客户价值决定企业价值。"

纵观世界上无所不在的企业广告，其基本用意无不是在唤起客户的潜在需求，以便从客户的眼中定位自身价值并最终获得价值。2009年8月，阿里巴巴公司大楼上挂着的横幅——"亲爱的，我愿意，你愿意吗？"就是这种沟通愿望最露骨的含蓄表现。

客户在哪里？一般概念上是在企业的下游——承接本企业产品或服务的那些企业或个人。然而，对于供应链总监们而言，如果把本企业向上游传递的订单理解成是本企业产成品最初的"使者"，那么那些承接本企业订单的上游供应商，为什么不是本企业的客户呢?! 从上游看下游，上游企业是通过营销广告在"卖产品"，而从下游看上游，这些营销广告的真正用意是在"买订单"呀！因此，既然"上游供应商在买下游企业的订单，下游企业在买上游供应商的产品和服务"，双方均应为对方的客户，那么"以对方为镜，保持客户价值得以从上到下进行传递"，这就是前面谈到的价值链的意义所在。原来，所谓的商业纠纷和分歧，都是起源于"不识庐山真面目，只缘身在此山中"！

所以，在供应链总监们的眼中，供应链首先应该是客户价值链。长期伙伴关系强调的是沟通、互为客户，任何有利于双方价值的创新都能带来彼此共赢的价值。面对上游，要熟悉供应商们的感知，敢于把供应商作为客户对待，或者说不以买方的强势咄咄逼人，也不以买方的弱势而唯唯诺诺；面对下游，要知晓客户们的感知，善于激发并满足客户的潜在需求。这样才能以不断改善、不断创新上下游伙伴们的"客户价值"带动自身的良性发展。借用法国人罗曼·罗兰在《母与子》中的措辞来总结："**创造，或者酝酿未来的创造。这是一种必要性：幸福只能存在于这种必要性得到满足的时候。**"

1.4.8　供应链总监应该是推动可持续性发展的拥簇者

回顾前面图1-12中谈及的管理实践层面总结出来的竞争优势要素论，可以清晰地发现，在那些使得供应链中价值最大化得以延续的各种要素（价格、成本、质量、配送、柔性、响应、关系、环保）中，无论是直接与供需合同有关的要素，还是与全方位的信息沟通和协同以及与对可持续发展有关的要素，都折射出供应链总监们的知识层面在不断扩大。因此，构建该职位的专业理论平台和个人实践能力是非常重要的。

正如弗里德曼在《世界是平的（第2版）》中所说的，21世纪进入全球化3.0版，这个版本的主要动力是个人的能力——个人的全球化参与能力（1.0版本的动力是国家，2.0 版本的动力是公司——笔者注），由此这个世界将更进一步微型、进一步趋于平坦！大大小小的公司也会在全球范围内亲密无间地合作。

因此，了解一下驱动这个世界变得平坦的 10 个因素，尤其是电子技术的发展所带来的商务变革（工作流软件、上传、外包、供应链、离岸经营、业务联盟等）以及无疆界合作与竞争所导致的资源环境变化等，供应链总监们就能从中获得新的职业发展机遇和动力。

让视野透过每一桩业务活动沿着新技术发展的脉络前行，让思维环顾每一项业务经营所赖以生存的资源环境而清晰冷静，这是供应链总监们即将面临的最大挑战。互联网经济造就了那些"头尾兼顾、头尾呼应"的中小企业的生命力，犹如"长尾"滋润自养、逆风飞扬；同样，互联网时代也将成就如鱼得水的供应链总监们。不妨重温《礼记·中庸》名言："**博学之、审问之、慎思之、明辨之、笃行之。**"在供应链管理领域里，用于学术，博问而善学——术可成；用于实战，决断于慎辨处——功可至。

1.4.9 供应链总监应该是增进企业内外共识的传播者

要实施供应链合作关系从而形成一条稳固的供应链，必须要认识到成功要有"三共"：利益共享、信息共知、风险共担。其中，利益共享是供应链上伙伴们的目标，信息共知是构建伙伴关系的基础，而风险共担是伙伴们维持长久关系的黏合剂。这意味着上下游企业之间管理思想与方法的共享、资源的共享、市场机会的共享、信息处理的共享、先进技术引进的共享以及风险的共同面对。

IBM 发布的《2009 全球首席供应链官调查报告》中指出了人们普遍关注的两个问题。第一，"供应链管理透明性"。70%的受访者认为，他们所面临的首要挑战是庞大而且分散的数据以及缺乏数据分析的能力。由于过于忙碌，改善数据可视性问题的行动始终难以推进。第二，"如何利用供应链的可视性与灵活性来管理风险"。60%的受访者认为，在过去的 10 年中，诸如有毒食品和玩具以及最近全球经济的大幅度下滑等风险不断地向人们发出挑战。伴随着贸易伙伴的萎缩，这些风险将加剧供应链的动荡。

"如何促使供应链变得更快、更好、更经济"，需要供应链总监们具有"普及"、"分享"供应链流程管理的责任和义务。古语说得好："**欲致鱼者先通水，水积而鱼聚。**"面对"可视性和灵活性"的双重挑战，供应链总监们的首要工作就是重视战略伙伴关系之间的信息共享程度和深度，从信息技术入手，让业务流程标准化，再让标准流程自动化，尽可能地弱化那些产生风险的隐患。因此，需要了解满足需求的"学习曲线"、搭建标准化流程的思路、建立准确而充分的数据库、使用有效预测工具、组建商业计划学习型团队、实施采购联盟策略等。总之，分享——应该成为供应链总监的一项基本人格素质。

1.4.10 供应链总监应该是贯彻企业运营策略的奉献者

很显然，以上对供应链总监的角色描述，偏重于创新理念和专业知识结构，能否转换运用于各自的职场，取决于个人能力在不同文化背景的组织中的发挥，这就是运营管理上谈及的"执行力"议题。

笔者用图 1 - 16 来构建做一名成功的供应链总监所应具备的三个维度及内涵：专业理论知识、个人能力、职场经验。

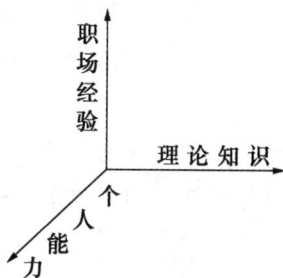

图 1 - 16　衡量供应链总监的三个维度

其中，职场轴显示的是这个角色用能力把知识应到的行业（企业）职场中形成职位经验之积累过程；知识轴显示的是这个角色所应接受的专业知识，是从事这个职业的专业背景之积累过程；能力轴显示的是这个角色把所学专业知识转化为在业务流程中的各种技能，是能做好这个职业的基本素质之积累过程。本书最后一章将展示这三个要素所应包含的具体内容。

另外，任何一名供应链总监都可以通过这三个维度，来构建自己工作内涵的"点—线—面—体"。这是一张任意形状的立体图，是知识为先、能力为后、职场为辅，还是职场需要、能力促进、专业知识形成？可谓是起点各异，路径多多。

这还是一张衡量工作价值的检验图：用平衡观看，左右逢源、统筹兼顾是一种度量；用流程观看，上下顺应、把准方向又是另一种度量。没有最好、只有更好，因为价值本身是弥漫在企业供应链管理氛围中的文化取向和影响力，是由无数有意义的偶然而积累，其间做到有价值就是成功。透过这张图，我们可以抽象地看到供应链总监们在供应链运营实践中创新、奉献、决断、协调等工作特征。正所谓"路漫漫其修远兮，吾将上下而求索"，供应链总监们任重而道远！

>> 本章学习总结

供应链本质上是价值链的实践观。在这个链条上，以满足需求为导向，传递着客户价值，物流在信息流指引下从原始供应商到终端客户充当着管道作用，资金流是这个管道上的逆向开关，伴随着信息流从终端到原始供应商。三流合一，效率倍增。

从事供应链管理的总监们，梳理着各自的供应—制造—销售流程，跨越各职能部门的边界，造就资金、信息、物流三要素的平衡，犹如杂技高手，技艺超群。

本书赋予了供应链总监们十个方面的角色描述，"扮演"这些角色所对应的专业知识要领将在本书后面的章节展开。图1-17显示了本书章节结构。

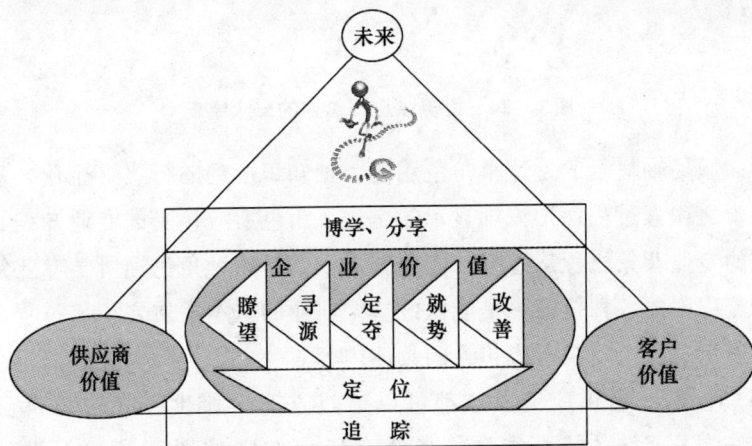

图1-17　本书章节结构

第 2 章 瞭望

分析供应链机遇，做规划企业供应战略的奠基者

思维是从疑问和惊奇开始的。

——亚里士多德

如果，我们不仅善于捕捉供应市场的
机会与风险，而且还能洞悉其对企业
目标的影响度，必能"坐观风云变，
运筹化险夷"！

- 了解供需之间的博弈
  1. 什么是需求、什么是供应
  2. 供需均衡的机理与管理挑战
- 理解供应风险/机会以及供应策略
  1. 建立供应市场的"风向标"体系
  2. 针对目标产品的供应策略选择

2.1 需求与供应的经济学根基

需求与供给是经济学家最常用的两个词，是使市场经济运行的力量，它们决定了每种物品的产量以及出售的价格。从供应链运营的角度看，有需求就会诞生供应和交易，当交易成本大于制造成本时，一个新企业就此诞生。供应链上的企业就是在"满足下游需求"的驱动下向上游传递着"自身需求"，从而形成了相对于下游的"供给市场和渠道"。因此，也可以把"需求与供应"看成是供应链上的企业们构建相互关系远近、深浅的要素，更进一步地，是企业们分析供应链机遇构建其供应战略的基础。

正是由于"下游企业的需求将影响该企业进入供应市场的方式，而供应市场的不确定性也会影响该企业的需求内容"这种企业运营中两面性问题的存在，因此有必要再次回顾经济学中关于"需求与供应"最本质的描述，以便在实践中"发现供应机会、应对供应风险，建立匹配供需的目标和方法"。

2.1.1 需求及其需求理论

1. 需求的定义

经济学家一般将需求定义为"消费者在某一特定时间内按既定的价格对一种商品愿意并且有能力购买的数量"。要理解需求的定义，主要看以下几点。

（1）消费者：通常指的是来自于供应链的终端——个体消费者。当完全竞争市场中的个体消费者需求汇集成市场需求依照"需求曲线"而发生作用时，这就给市场中的组织（厂商）提供了按照"供给曲线"运作的机会。而供应链中相对于上游的下游企业如果充当了这个经济学意义上的"消费者"角色，那么作为"组织型的消费者"，就需要更多地运用"产品规格、交付时间与地点、提供者信用"等要素去明确地"表达并整理需求"。（详见本书第3章）

（2）愿意并且有能力购买："愿意"代表着个体主观性，是欲望、意愿的代名词。当市场中的个体消费者有意向去接受某种价格条件下的商品时，这就表明他有支付能力（有足够的货币购买）。所以，如果没有预期、预计的量以及如果没有支付能力，就不是有效需求，仅仅是一种意愿而已。需求＝需要＋有支付能力，需求量＝需要＋现实的有支付能力的货币量。

当市场中的"组织型的消费者"想获得自身"愿意并有支付能力的需求量"时，势必要与上游供应源"交换需求"（详见本书第 3 章），这里也包含"规格、数量"的含义。

（3）在某一特定时间：个体消费者的需求是有时间要求的，延期满足其需求等于是在变相消磨其"意愿"程度。对于"组织型的消费者"，延期满足就等于是在消耗其"利润目标"。所以，在与上游供应源"交换需求"时，还应该包含"期"的含义。

2. 需求的表示方法

在经济学意义上，通常用"函数、曲线、弹性、定律"等数学语言来表达需求。

（1）需求函数——用代数公式计量商品需求量与影响需求量的各种因素之间的关系。

需求量 Q_d 是价格等自变量的函数：

$$Q_d = F (P、I、P_r、P_c、w、u、n)$$

其中 Q_d 是因变量，P、I、P_r、P_c、w、u、n 是自变量（分别表示：价格、可支配收入、替代品价格、互补品价格、购买者偏好、购买者预期、购买者数量）。

尽管影响需求量的因素复杂多样，但商品自身的价格是决定需求量最重要的因素，因此，通常假定影响需求量的其他因素不变，只研究需求量对商品自身价格的依存关系，所以，需求函数一般可简写成：

$$Q_d = F (P)$$

尽管需求函数大多数都是非线性函数，但我们通常还是用线性需求函数来表示，一般写成：

$$Q_d = A - BP（A 为常数，B 为斜率。斜率为负，表示反比例关系）$$

（2）需求曲线——用几何图形解释商品需求数量随价格变化而发生变化的规律。如图 2 - 1 所示。

图 2 - 1 显示出：

● 需求量变动——价格与需求数量成反比例关系；

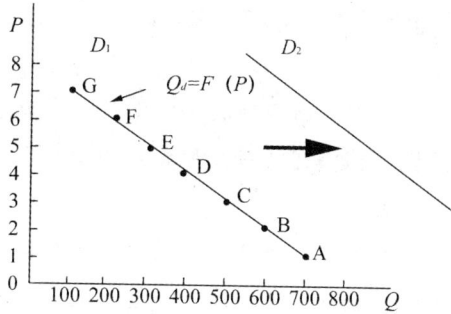

图 2 - 1 某商品的需求曲线及其移动

- 需求变动——当购买者偏好发生变化或者可支配收入增加时，尽管价格不变，需求曲线右移（表示需求增加）。

需要特别说明的是：需求量变动与需求变动是两个概念。

需求量变动是指其他因素不变，价格与需求数量成反比例关系。

需求变动是指价格水平一定，由于价格以外的其他因素使得需求量发生了变化。如果对商品的需求量增加了，则称之为该商品的需求增加，表现为需求曲线向右移动。反之，如果对商品的需求量减少了，则称之为该商品的需求减少，表现为需求曲线向左移动。

这里列出几个主要的影响需求曲线移动（需求减少或增加）的因素。

- 市场规模：不同的市场规模会产生不同的需求量。比如就某些高档轿车、高级公寓、高档酒店等产品而言，大城市和县级城市之间存在市场规模差距，从而使得需求量也明显不同。

- 消费者的收入水平：消费者的收入水平影响商品需求量变化的情况。就一般商品而言，商品的需求量随着消费者收入水平的提高而增加。比如当人们的年收入从 5 万元增加到 50 万元时，对汽车而言就产生了收入效应，对各种汽车的需求都会增加。这就会导致需求曲线发生移动。但对于吉芬商品，需求量随着消费者收入水平的提高反而减少。

- 相关商品的价格及其可获得性。商品之间的关系一般有两种：一种是替代关系（一种商品价格变化会引起另一种商品需求量同方向变动。比如羊肉价格提高时，对牛肉的需求会增强），具有替代关系的两种商品可以互相替代满足消费者的同一种愿望。另外一种是互补关系（一种商品价格变化会引起另一种商品需求量反方向变动。比如汽油价格提高时，对汽车的需求会下降），具有互补关系的两种商品共同满足消费者的同一种愿望。

- 消费者的偏好：个人的偏好包含很多文化和历史的因素。它可以反映人的心理和生理的需要，也可以反映人为因素造成的需要，当然也包含了很多文化和宗教的原因。当消费者对某种商品的偏好程度增加时，该商品的需求量就会增加，反之亦然。

- 消费者的预期（包括收入、支出、价格等）：当消费者预期某种商品的价格在将来会上升时，就会增加对该商品的购买量。当消费者预期自己的收入会提高时，也会增加对某些商品的购买量。类似的还有消费者对支出和政府的税收政策的预期等，这些都属于心理因素。

总之，市场需求曲线移动的原因在于以下因素发生了变化：收入、爱好、替代品价格、互补品价格、人口构成、信息、获取信贷的难易程度、预期、天气等。

（3）需求弹性——用变动幅度比例值表明由于价格与需求数量各自变动所反映出的产品需求市场敏感性。如图 2-2 所示。

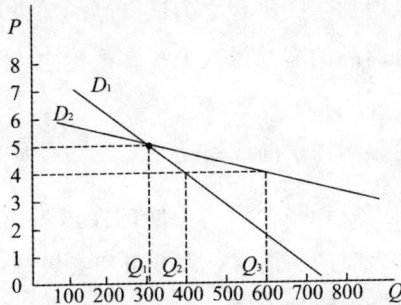

图 2-2　两种不同商品的需求曲线（斜率表示弹性）

需求曲线 D_2 比 D_1 更平缓，代表更高的需求弹性。即在同样的价格变化幅度内，D_2 线的需求数量变化幅度大于 D_1 线的需求数量变化幅度。

一般把价格变化的幅度带来的需求变化的幅度之比值称之为需求弹性。

弹性为 1，价格变化幅度等于需求变化幅度，表明所购买产品具有敏感性。弹性大于 1，表明所购买产品的敏感性强；弹性小于 1，表明所购买产品的敏感性弱；弹性为 0，表明所购买产品没有敏感性。

（4）需求定理——在其他条件（影响需求的诸多因素）不变的情况下，商品的需求数量和价格呈反比关系，即当 P 上升时，Q 下降。主要原因在于：①替代效应——当一种物品的价格上升时，人们会用其他类似的物品来替代它，比如当牛奶涨价时，可以多喝豆浆，于是对牛奶的需求量就会减少；②收入效应——在工资福利等不变的情况下，当一种物品的价格上升而又没有可替代产品时，人们的购买力实际上在减小（变穷了）。比如工资水平不变，而房价飞速上涨使得人们的实际收入明显降低，必然导致购房需求量减少。

但是，也有特殊的商品不符合需求定理。

- 吉芬商品：某些低价商品，当价格下跌时需求反而会减少，而价格上涨时需求也频繁增加。
- 炫耀性商品：当这种商品的价格提高时，需求增加，价格下降时，需求减少。比较典型的是名贵的跑车、珠宝首饰等。
- 某些珍贵、稀少的商品：这种商品越是高的价格，相应的需求越大。比如古董古玩。

2.1.2　供给及供给理论

1. 供给的定义

经济学家一般将供给定义为"在某一特定时期内，经营者在一定价格条件下愿意并且能够出售的商品总量，其中包括新提供的商品量和已有的存货量"。同样的道理，要理解供给的定义，主要看以下几点。

（1）经营者：通常指的是相对于供应链终端的单个产品生产者或者服务提供者。在完全竞争市场中，当单个生产者的供给汇集成市场供给而按照"供给曲线"发生作用时，也就相当于对市场需求作出了判断和响应。而供应链中相对于下游的上游企业，作为"组织型的经营者"，就需要更多地把供应目标与企业的战略发展目标结合起来，分析供应风险，运用供应战术，设计立足于市场的供应链渠道（详见本书第6章）。

（2）愿意并且能够出售：这里的"愿意"代表着经营者的主观性，也是意愿、意向的代名词。当市场中的生产者预计、愿意或打算供给的数量在某种价格条件下出售了，这就表明他有能力（拥有足够的生产条件）变现意愿。所以，如果没有预期、预计的量以及如果没有出售可能性，就不是有效供给，而仅仅是一种供给意愿而已。供给＝供给意愿＋能够售出的条件，供给量＝预计的有现实生产能力的实际售卖总量。

（3）在某一特定时期：供给也是有时间要求的，这主要是源于产品有生命周期。经营者在一定时期以某种价格供给某种商品，可能是因为这种产品正处在成长期需求旺盛，还可能是因为该产品快要升级换代了。所以，在向下游企业传递"市场供应"的概念时，还应该包含"期"的含义。

2. 供给的表示方法

与需求相对应，在经济学意义上，供给也通常用"函数、曲线、弹性、定律"等数学语言来表达。

（1）供给函数——用代数公式计量商品供给与影响供给量的各种因素之间的关系。

供给量 Q_s 是价格等自变量的函数：

$$Q_s = F（P、P_f、T、w、n）$$

其中 Q_s 是因变量，P、P_f、T、w、n 是自变量（分别表示价格、投入资源的价格、技术、供应商预期、经营者数量）。

尽管影响供给量的因素复杂多样，但商品自身的价格是决定供给量最重要的因素，因此，通常假定影响供给量的其他因素不变，只研究供给量对商品自身价格的依存关系，所以，供给函数一般可简写成：

$$Q_s = F（P）$$

尽管供给函数大多数都是非线性函数，但我们通常还是用线性供给函数来表示，一般写成：

$$Q_s = C + DP$$（C 为常数，D 为斜率。斜率为正，表示正比例关系）

（2）供给曲线——用几何图形解释商品供给数量随价格变化而发生变化的规律。如图 2－3 所示。

该图显示出：

• 供给量变动——价格与供给数量成正比例关系；
• 供给变动——价格不变，而其他因素引起经营者增加供给，则供给曲线右移（表示供给增加）。

需要特别说明的是：供给量变动与供给变动是两个概念。

供给量变动是指其他因素不变，价格与供给数量之间成正比例关系。

供给变动是指价格水平一定，由于价格以外的其他因素使得供给量发生了变化。如果对商品的供给量增加了，则称之为该商品的供给增加，表现为供给曲线

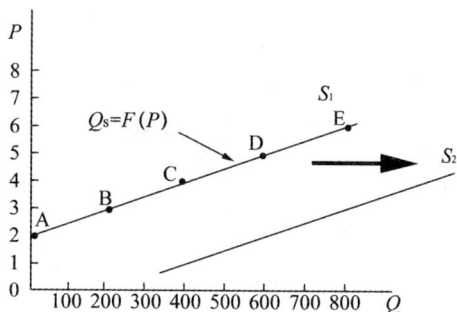

图 2-3 某商品的供给曲线及其移动

向右移动。反之，如果对商品的供给量减少了，则称之为该商品的供给减少，表现为供给曲线向左移动。

这里列出几个主要的影响供给曲线左右移动（供给减少或增加）的因素。

- 生产成本：作为销售方的企业提供商品的目标是获得利润，生产成本是影响利润的一个重要方面，因而也影响着供给。相对于市场价格，某商品的成本越低，生产者会提供大量的产品以获取最大化的利润。反之，对于企业来说某商品的成本相对于市场较高时，生产者会提供较少的产品。

- 投入资源的价格：能源、劳动以及机器等投入商品的价格是构成生产成本的一部分。近些年来，随着人工成本的增高，越来越多的企业引进自动化和机械化，以降低成本。

- 技术水平：技术水平的进步会提高劳动生产率，从而在一定程度上降低了单位时间内企业的劳动成本。电子采购的兴起在一定程度上降低了企业在采购方面的成本。

- 生产企业对未来的预期：如果生产企业认为未来的需求前景是乐观的，商品的价格会上升，那么就会增加供给。反之则降低供给。

- 政府政策：政府的外贸政策、税收政策，劳动法规、政府管制，环保法律等也会对企业的供给产生不同时期不同程度和范围的影响。

总之，市场供给曲线移动的原因在于以下因素发生了变化：投入品价格、技术、自然环境、获取信贷的难易程度、预期、天气等。

（3）供给弹性——用变动幅度比例值表明由于价格与供给数量各自变动所反映出的供给市场敏感性。如图 2-4 所示。

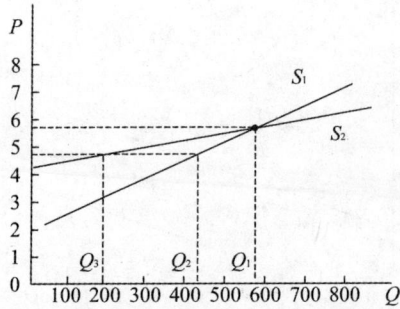

图 2 - 4 两种不同商品的供给曲线（斜率表示弹性）

供给曲线 S_2 比 S_1 更平缓，代表更高的供给弹性。即在同样的价格变化幅度内，S_2 线的供给数量变化幅度大于 S_1 线的供给数量变化幅度。

一般把价格变化的幅度带来的供给变化的幅度之比值称之为供给弹性。

弹性为 1，价格变化幅度等于供给变化幅度，表明所供给产品具有敏感性。弹性大于 1，表明所供给产品的敏感性强；弹性小于 1，表明所供给产品的敏感性弱；弹性为 0，表明所供给产品没有敏感性。

（4）供给定律——在其他条件（影响供给的诸多因素）不变的情况下，商品的供给数量和价格呈正比关系，即当 P 上升时，Q 上升。

注意，在劳动力市场供给曲线就不规则，当工资提高到一定水平后，工人愿意提供的劳动随着工资的增加反而减少，边际效用理论可以解释这个现象。

2.1.3 供需均衡的机理与管理挑战

在经济学的理论中，一个主要假设就是价格的不断变化会使得需求与供给趋于平衡。比如需求过剩价格就上升，供给过剩价格就下降。最终通过市场的自发作用，总能达到均衡。

1. 均衡

均衡（Equilibrium）的最一般意义是指经济事物中有关的变量在一定条件下相互作用而达到的一种相对静止的状态。如矛与盾、供给与需求、作用力与反作用力等。

（1）经济均衡：经济系统中各种对立的、变动的力量处于一种力量相当、相对静止的状态。供求均衡是经济均衡的集中体现。

（2）供求均衡：市场上的供给和需求这两种相反的力量处于势均力敌和相对稳定状态。从而使市场上的商品价格和数量的最后变动趋势表现为零的状态。或者简言之，供给曲线和需求曲线相交于一点，该点为供求均衡（或称市场均衡）

（3）均衡价格：供给量和需求量相等时的市场价格为均衡价格，或供给曲线和需求曲线相交时的价格。

商品的均衡价格是如何形成的呢？如图2-5所示。

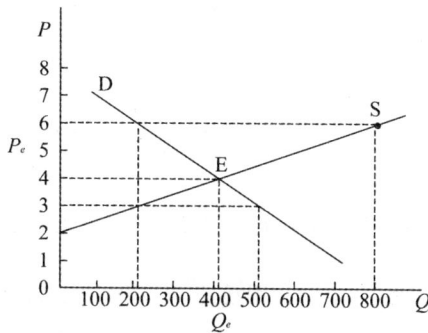

图2-5　均衡价格的决定

在不存在任何外力干预（政府或垄断企业）的条件下，通过商品市场上需求和供给这两种相反的力量相互作用及其价格波动自发形成的。这可以从两个方面来解释。

当市场价格高于均衡价格时，市场出现供大于求的商品过剩或超额供给的状况，在市场自发调节下，一方面会使需求者压低价格来得到他要购买的商品量，另一方面，又会使供给者减少商品的供给量。这样，该商品的价格必然下降，一直下降到均衡价格的水平。

当市场价格低于均衡价格时，市场出现供不应求的商品短缺或超额需求的状况，同样在市场自发调节下，一方面需求者提高价格来得到他所需要购买的商品量，另一方面，又使供给者增加商品的供给量。这样，该商品的价格必然上升，一直上升到均衡价格的水平。由此可见，当实际价格偏离时，市场上总存在着变化的力量，最终达到市场的均衡或市场出清。

2. 供求定理

完全竞争市场上，在其他条件不变的情况下，需求变动分别引起均衡价格和均衡数量的同方向变动；供给变动分别引起均衡价格的反方向变动和均衡数量的同方向变动。最终的实际价格趋向于供求相等的均衡价格。

当供给不变时，需求变动会引起均衡价格和数量同方向变动（如图2－6所示）；当需求不变时，供给变动会引起均衡价格反方向变动，均衡数量同方向变动（如图2－7所示）。

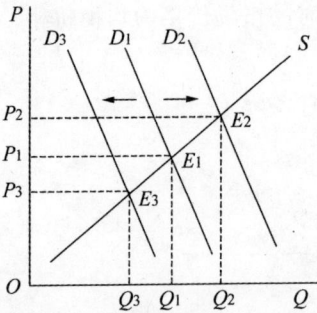

图2－6　需求的变动和均衡价格的变动　　　图2－7　供给的变动和均衡价格的变动

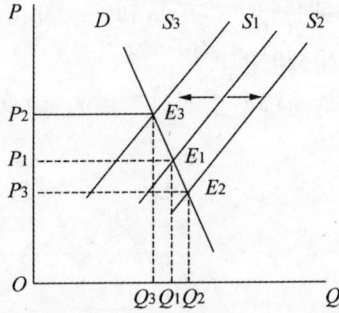

如果需求和供给同时发生变动，很难在上面的图中确定出商品均衡价格和均衡数量是上升还是下降的变化。于是就要判断是需求的变化幅度大还是供给的变化幅度大。但基本规律还是：当需求的变化幅度大于供给的变化幅度时，价格变化由需求变动主导（上升或下降），当需求的变化幅度小于供给的变化幅度时，价格变化由供给变动主导（下降或上升）。

3. 供应链总监面临的挑战及其应对

在回顾了完全竞争市场的需求与供应的作用原理后，对于供应链总监而言，一方面可以理解市场价格变化的来龙去脉之机理，另一方面也可以利用一些管理工具和手段来监控那些"影响需求曲线和供给曲线发生变动的诸多因素"，并从中界定出对企业决策目标是供应机会还是供应风险的因子。

凡是存在供应与需求不均衡，或者说不匹配，就会产生"收入损失"和"资源浪费"两种现象。

- 当供不应求，缺乏耐性的需求可能会流失导致整个收入损失。
- 当供过于求时，会产生资源库存以及库存成本。

所以，那些影响着供应与需求方面的确定性因素，一旦"不确定地发生作用"时，在供应链上就形成了企业的"供应机会与供应风险"。而这又为供应链总监的"瞭望"提供了很好的理由。即如果没有很好地观察、识别、判断这些因素所产生的预期后果，那么后面所做的一切措施就无异于是"迫不得已的忙碌"而已！

比如，某项技术创新技术会提高某些供应商的生产效率，进而会提高某商品的供给水平从而降低价格，这对于需要该商品的买方而言就是一次供应机会；然而，如果该技术创新在申请专利保护后，有可能会改变市场的完全竞争格局，导致该商品价格不降反而上升，这对于需要该商品的买方而言就是一次供应风险。

思考

如何从影响需求曲线和供应曲线变动的因素中发现其对运营的影响？见图2-8所示。

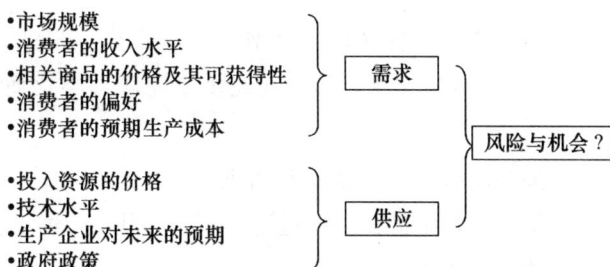

- 市场规模
- 消费者的收入水平
- 相关商品的价格及其可获得性 ⎫ 需求
- 消费者的偏好
- 消费者的预期生产成本 ⎭
                                        ⎫ 风险与机会？
- 投入资源的价格
- 技术水平 ⎫ 供应
- 生产企业对未来的预期
- 政府政策 ⎭

图2-8 思考直观图

可见，供应链上伙伴之间的供应与需求的关系本质，实际上还是那些使得供需均衡的各种因素所决定的。这里简要介绍的完全竞争市场的供需变化规律，是要为其余的市场状况（比如垄断竞争、完全垄断市场）提供一种基本的分析对比基础。作为供应链总监，此时的任务是：从分析供应市场的机会与风险出发，运用运营管理思维让供应与需求能按照既定目标匹配。

然而，在企业管理实践中真正达到完全匹配，困难极大。除了调整价格以外还需要借助更多的管理工具，来应对以下市场方面的挑战。

- 挑战一：在完全竞争型市场（比如消费类电子行业），供应源的市场价格变化会随着竞争的激烈程度而起伏很大，产品同质，竞争者数目众多，自然会产生削减价格的竞争局面，产品生命周期缩短，带来的新品差异化，自然会在短时间内提升新品价格。那么用什么方式把控这种供应机会？
- 挑战二：在垄断型竞争市场（比如重型机械行业），产品的技术独特和需求独特（定制），没有替代品，如何把控由于需求差异化而导致的供应风险与机会？
- 挑战三：在寡头垄断市场（比如石油行业），由于控制了关键资源以及门槛难度等供应特征，特定的供应渠道，没有可替代性。如何预测由于供应差异化而导致的供应风险？

不妨把这些挑战的形成用图2-9表示如下：

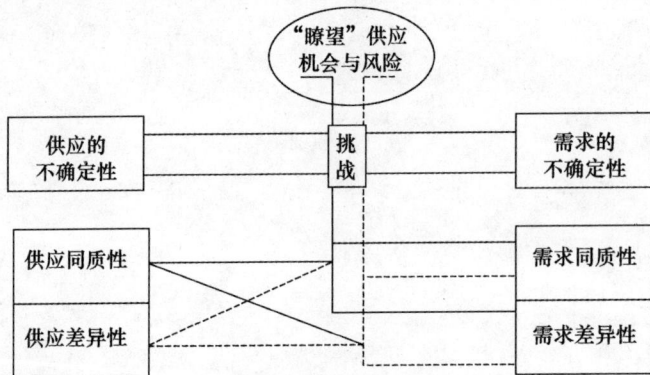

图2-9 供应机会与供应风险的根源

在图2-9中，从供应链下游企业的角度看市场的竞争性，可以看出以下两点。

- 不管需求是同质的还是差异的，由于供应的同质性，会促进供应源之间的竞争。这对供应链的下游企业而言，供应机会（成本降低的有利之处）在增多，但是供应风险也潜藏其中（质量、交期、维护关系等）。
- 不管需求是同质的还是差异的，由于供应的差异性促进供应源之间的竞争性减弱，这对供应链的下游企业而言，供应风险（产品独特所形成的渠道单一化）在增多，但是供应机会也潜藏其中（稳定的质量与价格关系）。

那么，面对供需不确定性所带来的风险，供应链总监的战略性"专业导航"作用应该如何发挥呢？

虽然目前的管理实践中，对于下游的不确定性分析与提供对策的职责，许多企业主要是赋予营销总监或者物流总监（如果物流这个职能来自于企业自营物流业务）。对于上游的不确定性分析与提供对策的职责，大型公司一般是赋予采购总监。然而，当全球运营和供应链结构复杂性增大时，在"物流是供应链的渠道，采购是供应链的商务关系，信息是供应链的指挥官"的指导原则下，独立出来的供应链总监，理所当然地要担负起以下职责。

- 为企业规划供应战略提供来自于供应链上游的市场信息资料，尤其是把握这些信息资料背后所隐藏的供应机会和风险，并对其做出符合企业目标的判断。
- 配合企业已定战略更经济地落实资源获取工作。因为，如果没有这份精心准备的资源库，一旦下游需求发生变更，企业在频繁地采取应急采购与应急物流等活动中，就会不知不觉地付出更大的运营成本，最终削弱了竞争优势。

2.2 建立供应市场的风向标体系

所谓"风向标"，通常指的是能预先提供变化的预告和明示。建立供应市场的风向标体系的目的，在于提供一种管理思维工具，帮助供应链总监把握供应链上游的机遇与挑战。

一般而言，在管理实践中，分析市场环境的典型方法有 PEST 分析法和"五力模型"分析法。

2.2.1　PEST 分析法

PEST 分析法主要是从四个方面（政治、经济、社会、技术）分析和界定企业所面临的外部市场环境受到影响的程度。这种方法侧重宏观层面，是形成企业战略的基础。

PEST 分析[①]是战略咨询顾问用来帮助企业检阅其外部宏观环境的一种方法。尽管不同行业和企业根据自身特点和经营需要所分析的具体内容会有差异，但一般都集中在政治（Political）、经济（Economic）、技术（Technological）和社会（Social）这四大类影响企业的主要外部环境因素方面。表 2-1 是一个典型的 PEST 分析的要素细分表。

表 2-1　　　　　　　　　　　　　　　　PEST 分析的要素

政治（包括法律）	经济	社会	技术
环保制度	经济增长	收入分布	政府研究开支
税收政策	利率与货币政策	人口统计、人口增长率与年龄分布	产业技术关注
国际贸易章程与限制	政府开支	劳动力与社会流动性	新型发明与技术发展
合同执行法 消费者保护法	失业政策	生活方式变革	技术转让率
雇用法律	征税	职业与休闲态度 企业家精神	技术更新速度与生命周期
政府组织/态度	汇率	教育	能源利用与成本
竞争规则	通货膨胀率	潮流与风尚	信息技术变革
政治稳定性	商业周期的所处阶段	健康意识、社会福利及安全感	互联网的变革
安全规定	消费者信心	生活条件	移动技术变革

面对这个分析表，应该思考：怎样从中判断出供应市场的风险与机会？

---

① 资料来源：http://wiki.mbalib.com。

2.2.2 迈克尔·波特的"五力模型"分析法

美国哈佛大学的迈克尔·波特教授于 20 世纪 80 年代提出的"五力模型"分析法从竞争力的角度，建立起一种"立于自身经营为中心、抓住其他几个影响企业经营的要素"的竞争思维方式，为制订企业竞争战略提供了一个框架模型。

1."五力模型"的意义

（1）假设前提是"基于竞争性"，表现为：要有比较全面的整个行业的信息；同行业之间的竞争关系重于合作关系；在固定的行业规模下夺取自身市场份额最大化。

（2）五种竞争力量的抗争中蕴含着三类成功的战略思想：总成本领先战略、差异化战略和专一化战略。

（3）给管理者提供了一种理论思考工具。

2."五力模型"分析法简介①及其具体操作

该模型可以有效地分析客户的竞争环境，形成竞争战略。

五种力量分别是：供应商的讨价还价能力、购买者的讨价还价能力、潜在竞争者进入的能力、替代品的替代能力、行业内竞争者现在的竞争能力。五种力量的不同组合变化最终影响行业利润潜力变化。

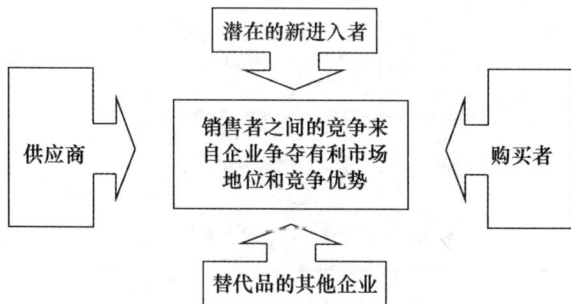

图 2-10　迈克尔·波特的"五力模型"分析法

在管理实践中，一旦该模型的假设前提发生变化，就会有很多"不确定性"

---

① 资料来源：http://wiki.mbalib.com。

的过程和结果。比如"竞合"情景和"供应链"情景。

（1）"竞合"情景：随着技术进步、产业融合与行业进程加快，企业之间不再是一味地恶性竞争，而是在合作中的良性竞争，即一起把蛋糕做大后每个参与者的份额也会随之扩大。

（2）"供应链"情景：核心企业在坚持核心能力（差异化）基础上的定向外包（关系专一而长远），构成链条之纷争或者说是关系之谋和。

然而本书不在这里探讨该模型运用的局限性，更多的是想强调该模型对理解供应市场的风险与机会的贡献，它至少体现为：可以站在购买者的角度理解供应市场结构和存在的五种力量，判断出特定供应市场（供应商们）的竞争激烈程度，以及相对于同一市场中的其他购买者，该购买者的竞争力有多强。即根据供应市场的这种力量，有针对性地设置调查要素以及提出希望得到回答的问题表格，之后得出竞争程度判断。

具体操作过程如图2-11和表2-2所示。

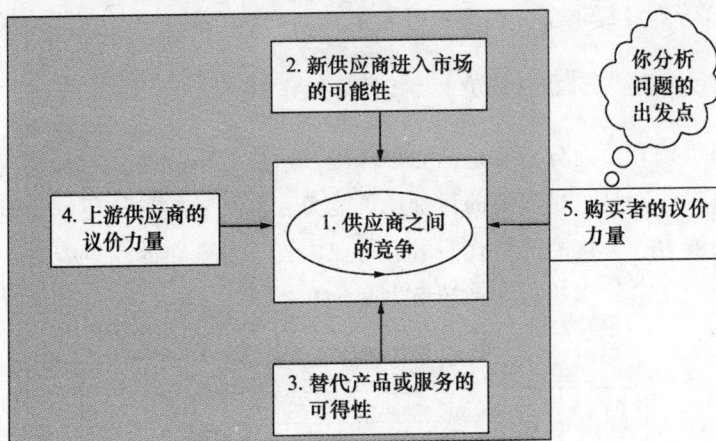

图 2-11　供应市场中的五种力量

表 2-2　　　　　　　　　供应市场竞争程度分析判断方法

五种力量	调查要素	问题设置（举例）	回答	判断
1. 供应商之间的竞争	数量	·市场中同类产品的供应商是否非常少	是/否	
	规模	·是否由少数供应商占有了市场中的大部分份额	是/否	
	经营策略	·主要供应商之间产品差异化程度是否很低，供应速度是否很慢 ·主要供应商的产能是否被充分利用	是/否	

五种力量		调查要素	问题设置（举例）	回答	判断
2. 新供应商进入市场的可能性		数量	·近期进入市场的供应商数目是否很少	是/否	
		资金	·如果进入，需要的初始投资是否很多 ·是否难于获得外部资金支撑	是/否	
		经营策略	·在本市场中规模经济效应对企业盈利是否很重要 ·是否低成本经营	是/否	
		技术专利	·进入市场是否涉及被保护的专利 ·是否需要特殊的协议或授权	是/否	
		转换成本	·是否使用稀缺材料或由少数供应商控制的原材料 ·是否容易转换上游供应源	是/否	
3. 替代产品或服务可得性		数量	·同一市场中，是否没有替代产品或很少	是/否	
		资金	·替代技术是否很昂贵	是/否	
		难度	·替代产品和服务技术难度是否很大	是/否	
4. 上游供应商的议价力量		数量	·相对于本供应市场的供应商而言，数量是否众多	是/否	
		稳定性	·是否难于从其他市场获得更上游的资源	是/否	
		转换效率	·转向其他上游供应商是否容易 ·成本是否很高	是/否	
5. 购买者的议价力量	其他购买者	数量	·本市场中是否拥有大量其他购买者	是/否	
		转换成本	·更换本市场供应商是否需要很大的转换成本 ·是否很难到替代市场采购	是/否	
		忠诚度	·本市场中，其他购买者是否为供应商的忠诚客户	是/否	
	本企业	数量	·本企业是否为市场中一家相对较小的购买者	是/否	
		吸引力程度	·相对于本市场中的供应商，本企业是否具有特殊的吸引力	是/否	
		规模	·本企业在本市场总采购量中的份额是否在下降	是/否	

资料来源：国际贸易中心（ITC）编著，中国物流与采购联合会（CFLP）译，《如何进行供应市场分析》，中国物资出版社2005年版。以上资料经过整理。

以上分析说明：通过对供应市场的五种力量进行分析和判断，基本上可以概括出本企业近期"所处于的供应市场的供给与需求状况，包括竞争状况"，或许还能够进一步对市场的短期及长期变化趋势作出正确的预测。

现在，假设我们已经通过上述分析得出供应市场是一个"完全竞争市场"，那么在这个市场中，本企业所面临的供应机会与风险有哪些呢？

2.2.3　POCKET 分析法

POCKET 分析法是联合国国际贸易中心的《采购与供应链管理》学习模块体系中介绍的一种介于宏观和微观层面之间的用来分析供应市场机会与风险的具体监控方法。这种方法最主要的特点在于，根据各种以往的和正在发生的事件对企业经营目标的影响程度，做出机会/风险的判断，从而为以后的供应策略形成依据。笔者认为，这种方法可以作为供应链总监在"瞭望"供应市场落实其职责的一种思维工具，因此这里借助一份资料①，加注了笔者的理解，用五张表格（表2－3至表2－7）简要综合地介绍其分析步骤。当然，这种分析法也需要在实践中灵活取舍。

第一，结合 PEST 法和"五力模型"的思路，按地理区域对市场进行细分，主要从六个方面关注特定供应市场的供应风险与机会。

- P：Political Legal Socio-cultural（政治、法律、社会和文化）。
- O：Outbound Logistics（出口物流）。
- C：Competition levels（竞争水平）。
- K：Key inputs to the supply market（供应市场的关键投入资源）。
- E：Economic and infrastructure（经济与基础设施）。
- T：Technology（技术）。

这也是该方法得名的由来。每个方面的细分要素表见表2－3。

表2－3　　　　　　　　　　　POCKET 分析法的细分要素

P	O	C	K	E	T
政治稳定性战争的威胁	物流渠道（海陆空）	供应商数量	原材料与零件	经济政策与汇率变动	技术能力与创新

① 资料来源：国际贸易中心（ITC）编著，中国物流与采购联合会（CFLP）译，《如何进行供应市场分析》，中国物资出版社2005年版。笔者对其中资料进行编辑整理，简要给予分析说明。

P	O	C	K	E	T
政府间的关系	运输设施与安全性	总供给与总需求	劳动力	经济周期	对技术的选择
商务法律环境	商品保险	买方的议价力量		政府的商业发展政策	产品生命周期
环境、道德和腐败	单证适用条件			贸易政策与法规	技术复杂程度
劳资关系	供应的连续性			全球化水平下出口趋势	技术成本及使用成本
文化、宗教、语言、时区	商品检验与测试			金融银行	技术的可持续性

第二，收集现实中那些属于POCKET各方面的资料（事件），筛选出需要特别关注的那些事件，初步判断将带来怎样的供应风险和机会（见表2-4）。

第三，就每个需要关注的事件，再给出"最乐观、最可能、最悲观"的假设情景界定，以评价具有"风险与机会"的事件在多大程度上影响供应（见表2-5）。

表2-4　　　　　某产品在某地区的供应风险与机会的确认

研究日期	信息来源 （具有可信度的新闻报道等）	被认为可能具有风险与机会的事件 （要关注的事件）	风险 （-） 机会 （+）	事件重要性 1/2/3 （由低至高）
某年某月某日	《经济期刊》某月某日	·近期本地区发生了劳资冲突问题尚未解决	-	3级
		·新贸易政策将有利于本产业投资	+	2级
		·本地区货币贬值X%以促进出口，通货膨胀得到基本控制	+	3级
某年某月某日	《世界金融环境》某月某日	·随着贸易的增长，本地区港口变得更加拥挤	-	3级
		·本地区主要的增长产业为银行业、制造业	+	1级
某年某月某日	《行业观察》某月某日	·最近已经有X家公司在本地区建立了生产本产品的新工厂	+	3级
		·随着需求的增长，尤其是汽车制造业的增长，本地区的钢材价格预计在年末将有所增长	-	3级

研究日期	信息来源 （具有可信度的新闻报道等）	被认为可能具有风险与机会的事件 （要关注的事件）	风险 （−） 机会 （+）	事件 重要性 1/2/3 （由低至高）
某年 某月 某日	《技术发展》 某月某日	·本地区某公司发明了一种生产某产品的节约能源的新方法	+	3级
某年 某月 某日	《贸易时报》 某月某日	·本地区 X% 的出口量通过出口商代理	+	1级
…	…			

表 2−5　对某产品在某地区的供应风险/机会事件影响供应的情景评价

研究日期	信息来源	六个方面	被认为可能具有风险/机会的事件 （要关注的事件）	风险机会	事件重要性	对被关注的事件 可能影响供应的情景评价		
						最好	最可能	最坏
		P	近期本地区发生了劳资冲突问题尚未解决	−	3级	问题得到解决，可以尽快签订全面的劳动合同	部分问题得以很快解决，但某些产业仍不时出现停工	劳资冲突继续发生于本地区各产业，导致广泛停工
		O	随着贸易的增长，本地区港口变得更加拥挤	−	3级	政府改造港口计划被迅速实施，港口运作正常化	港口改造因预算争论而被拖延	经常发生严重的拥挤，尤其是在高峰季节
		C	最近已经有 X 家公司在本地区建立了生产该产品的新工厂	+	3级	这 X 家工厂迅速满负荷开工，使得本地区供应能力增加了 X%	由于物流技术水平问题引起的延期，这 X 家工厂经过一年才达到设计产能	受技术条件问题的影响，这 X 家工厂在可预见的未来时间内无法满负荷生产
		K	随着需求的增长，尤其是汽车制造业的增长，本地区的钢材价格预计在年末将有所增长	−	3级	汽车制造业的需求保持稳定，价格在本年内只上升 X%，之后保持稳定	需求持续温和增长，钢材价格在今后 1~3 之内每年增长 X%	受出口刺激，汽车制造业大幅度扩张，促使钢材价格在今后 5 年内每年将上涨 X%

研究日期	信息来源	六个方面	被认为可能具有风险/机会的事件（要关注的事件）	风险机会	事件重要性	对被关注的事件可能影响供应的情景评价		
						最好	最可能	最坏
		E	本地区货币贬值X%以促进出口，通货膨胀得到基本控制	+	3级	本地区货币持续相对贬值，通货膨胀继续受到控制	在未来数年内，货币贬值的影响将被通货膨胀率的轻微上升抵消	本地区货币保持固定汇率，通货膨胀率再度大幅上升
		T	本地区某公司发明了一种生产某种产品的节约能源的新方法	+	3级	新技术被证明非常有效，并被迅速扩散应用到本地区其他厂家	新技术产生了正效益，并逐渐被其他厂家采用	因投资成本太高，新技术只被少数厂家采用

第四，确定出"风险与机会"的情景评价对企业近期供应目标（质量、交期、成本、响应）的影响程度（见表2-6）。

表2-6　　　　　被关注的事件对近期供应目标的影响判断

研究日期	信息来源	六个方面	被认为可能具有风险/机会的事件（要关注的事件）	风险机会	事件重要性	对被关注的事件可能影响供应的情景评价			对各供应目标的影响程度（H/M/L/N）*			
						最好	最可能	最坏	质量	交货期	总成本	响应
		P	近期本地区发生了劳资冲突问题尚未解决	-	3级	问题得到解决，可以尽快签订全面的劳动合同	部分问题得以很快解决，但某些产业仍不时地出现停工	漫长的劳资冲突继续发生于本地区各产业，导致广泛停工	H	H	H	L
		O	随着贸易的增长，本地区港口变得更加拥挤	-	3级	政府改造港口计划被迅速实施，港口运作正常化	港口改造因预算争论而被拖延	经常发生严重的拥挤，尤其是在高峰季节	H	H	H	L

研究日期	信息来源	六个方面	被认为可能具有风险/机会的事件（要关注的事件）	风险机会	事件重要性	对被关注的事件 可能影响供应的情景评价			对各供应目标的影响程度（H/M/L/N）*			
						最好	最可能	最坏	质量	交货期	总成本	响应
		C	最近已经有 X 家公司在本地区建立了生产该某种产品的新工厂	+	3级	这 X 家工厂迅速满负荷开工，使得本地区的供应能力增加了 X%	由于物流技术水平问题引起延期，这 X 家工厂经过一年才达设计产能	受技术条件问题的影响，这 X 家工厂在可预见的未来时间内无法满负荷生产	M	H	H	L
		K	随着需求的增长，尤其是汽车制造业的增长，本地区的钢材价格预计在年末将有所增长	−	3级	汽车制造业的需求保持稳定，价格在本年内只上升 X%，之后保持稳定	需求持续温和增长，钢材价格在今后 1~3 年之内每年增长 X%	受出口刺激，汽车制造业大幅度扩张，促使钢材价格在今后 5 年内每年将上涨 X%	N	H	H	L
		E	本地区货币贬值 X%。通货膨胀得到基本控制	+	3级	本地区货币持续相对贬值。通货膨胀继续受到控制	在未来数年内，货币贬值的影响将被通货膨胀率的轻微上升抵消	本地区货币保持固定汇率，通货膨胀率再度大幅上升	N	L	H	N
		T	本地区某公司发明了一种生产某种产品的节约能源的新方法	+	3级	新技术被迅速扩散到本地区其他厂家	新技术逐渐被其他厂家所采用	因投资成本太高，新技术只被少数厂家所采用	N	L	H	M

*注：H—高级，M—中级，L—低级，N—可忽略级。

虽然，任何假设都可能发生，也可能不发生。但是，穷尽典型的假设条件，是分析潜在供应源市场风险与机会的桥梁，为最终应对未知的结论提供解决方案的思路。情景评价就提供这样的一种思考：该事件"如果按照最好、最坏、最可能情景发生，会有……的结果"。这有利于决策者了解三种情景对供应目标（质量、交期、总成本、响应）可能产生的影响。

由于不同情景之间的差别可能很大（意味着不确定性大），也可能很小（意味着不确定性小），因此，对每个供应目标的影响程度如何，最终还是要看决策者对不同风险和机会发生概率的判断以及为了获取高收益而承担风险的意愿。所以说只有通过情景评价，才可以得出"对各供应目标的影响程度（H/M/L/N）"。

情景评价的过程，实际上也体现了不同风格的决策者对待风险的决断能力。通常，善于利用风险的决策者，承受风险的能力强，更愿意在挑战高收益的同时面对高风险。当然，稳妥型的决策者，则倾向于在风险小的时候作出决断。

第五，累积在六个方面关注的事件所存在的风险/机会对供应目标的影响，做出影响"风险/机会程度"矩阵（见表2-7）。

通过对那些需要关注的事件的上述分析过程，可得出事件对供应目标的总风险/总机会的判定值。这说明，对供应市场风险/机会的关注，需要留心那些与供应有关的事件以及具有对这些事件的职业敏感度。

表2-7　　　　　　　事件的风险/机会对供应目标的影响程度

六个方面	被认为可能具有风险/机会的事件（要关注的事件）	风险机会	该事件重要性	对各供应目标影响程度的判断（H/M/L/N）=（3/2/1/0）				事件对供应目标的总风险判定（－）	事件对供应目标的总机会判定（＋）
				质量	交货期	总成本	响应		
P	近期本地区发生了劳资冲突问题尚未解决	－	3级	H 3	H 3	H 3	L 1	H ≈3	
O	随着贸易的增长，本地区港口变得更加拥挤	－	3级	H 3	H 3	H 3	L 1	H ≈3	
C	最近已经有X家公司在本地区建立了生产某种产品的新工厂	＋	3级	M 2	H 3	H 3	L 1		M ≈2
K	随着需求的增长，尤其是汽车制造业的增长，本地区的钢材价格预计在年末将有所增长	－	3级	N 0	H 3	H 3	L 1	M ≈2	

六个方面	被认为可能具有风险/机会的事件（要关注的事件）	风险机会	该事件重要性	对各供应目标影响程度的判断（H/M/L/N）=（3/2/1/0）				事件对供应目标的总风险判定（－）	事件对供应目标的总机会判定（＋）
				质量	交货期	总成本	响应		
E	本地区货币贬值 X%以促进出口，通货膨胀得到基本控制	+	3级	N 0	L 1	H 3	N 0		L 1
T	本地区某公司发明了一种生产某种产品的节约能源的新方法	+	3级	N 0	L 1	H 3	M 2		M ≈2
	某种产品在本地区的供应风险/机会总综合等级							H ≈3	M ≈2

第六，建立供应风险/机会矩阵，形成具有等级的供应市场的风向标体系，以备结合企业的低成本、差异化、专一化等战略进一步采取防范措施（见图 2-12）。

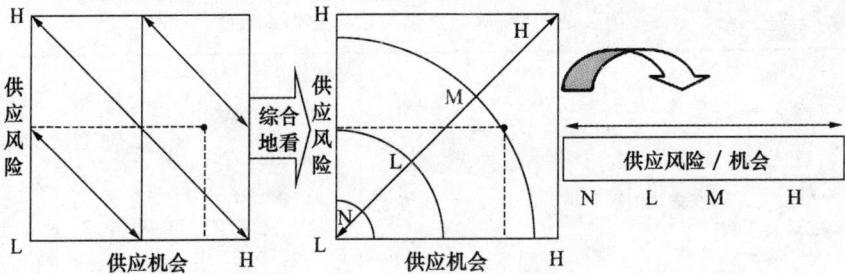

图 2-12 供应风险/机会矩阵的综合等级的形成

上述六个步骤，就是 POCKET 分析的主要原理和步骤。其中比较关键的一点就在于把供应市场的风险与机会用矩阵给出了 H/M/L/N 等级。也可以这样来描述这个过程：风险意味着不确定性，它存在于各种事件中。面对供应链上游的不确定性，针对某些需要分析的产品供应市场，从六个方面归集事件，并对与这些产品有关的某些关键事件做出三种情景假设，用于观察其对产品供应风险/机会的影响程度，最终形成该产品的供应风险/机会矩阵。

监控这些关键事件的进展，预测产品受其影响而在供应风险/机会矩阵中的变化路径，可以采取积极的（或者保守的）应对措施，即减少风险利用机会。

- 可以分析那些企业内部对供应市场依赖性强（不能缺货）的、采购价值大的"价值产品"（即一旦供应市场任何变动可能使企业利益起伏很大的产品）的供应风险/机会变化情况。
- 可以分析那些需要特殊定制产品（即一旦供应市场变动，企业基本上就会面临生存问题的产品）的供应风险/机会变化情况。
- 可以分析针对特殊群体需求的专有产品（即满足特殊群体需求特征的产品）的供应风险/机会变化情况。

至此，可以认为随着这种思维方法的实施，一个供应市场的风向标体系就已经构建起来了，其表现形式就是具有等级划分的供应风险/机会矩阵。

2.3 针对目标产品的供应策略选择

俗话说得好：无风不起浪，起浪必有险。船行大海中，三尺浪险就能翻船。十尺巨浪就是海啸，不仅是船只，就连海岸上的建筑物都难免一损。然而，在风浪中航行，做水手要熟悉水性，做船长要总揽全局，做冲浪高手要擅长推波逐浪……无论怎样，懂水性、有平衡技术，巧知浪的形成机理是应对一切风浪危险之道。同理，做供应链总监，要在明确的目标下把握细致的分析工具，带领一个效率极高的团队做出供应战略选择。

2.3.1 一般性产品供应策略

图 2 - 13 显示了一般决策者从不同角度（产品采购金额、产品定制程度、品种专一程度、对企业价值影响程度）划分的采购产品类型，目的在于找出需要具有管理优先权的采购产品的共同特征，以便更好地做出供应战略决策。

显然，图 2 - 13 中主观划分出的甲类要优先分析其供应市场的风险/机会。然而，此时千万不要忽略这类产品各自的产品生命周期阶段。因为，即使都是甲类品，技术变化快的产品（电信消费品）与变化慢的产品（家具品）在市场上

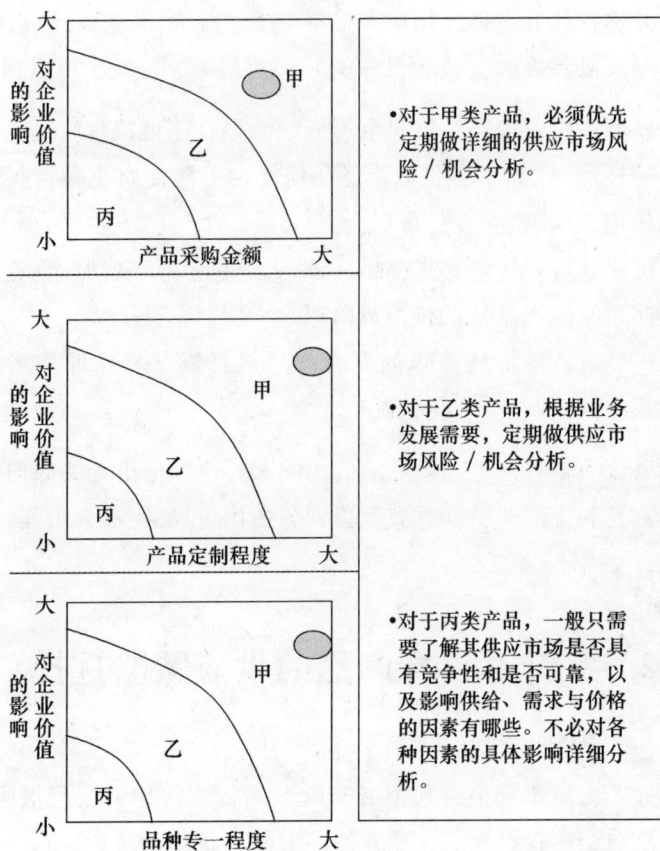

图 2－13　一般决策者从不同角度划分的采购产品类型

的竞争程度有着很大的差别，这对于供应链下游企业的采购部门意味着，要根据变化确定出应对风险、利用机会的供应策略的总体原则。

2.3.2　结合波特企业竞争性战略分类与产品生命周期的供应策略

这里不妨回顾迈克尔·波特教授关于企业竞争性战略的划分：低成本战略、差异化战略、专一化战略①。

· 低成本战略：企业在提供相同的产品或服务时，通过在内部加强成本控

---

① 资料来源：http：//wiki．mbalib．com。

制，在研究、开发、生产、销售、服务和广告等领域内把成本降低到最低限度，使成本或费用明显低于行业平均水平或主要竞争对手，从而赢得更高的市场占有率或更高的利润，成为行业中的成本领先者。

- 差异化战略：将公司提供的产品或服务差异化，形成一些在全产业范围中具有独特性的东西。比如设计或品牌形象、技术特点、外观特点、客户服务、经销网络及其他方面的独特性。
- 专一化战略，专注于某个特殊的顾客群、某产品线的一个细分区段或某一地区市场。

这些总体战略的实施，一旦与采购供应部门的职能目标结合起来，就可以形成针对目标产品的方向性供应策略，见图2-14所示。

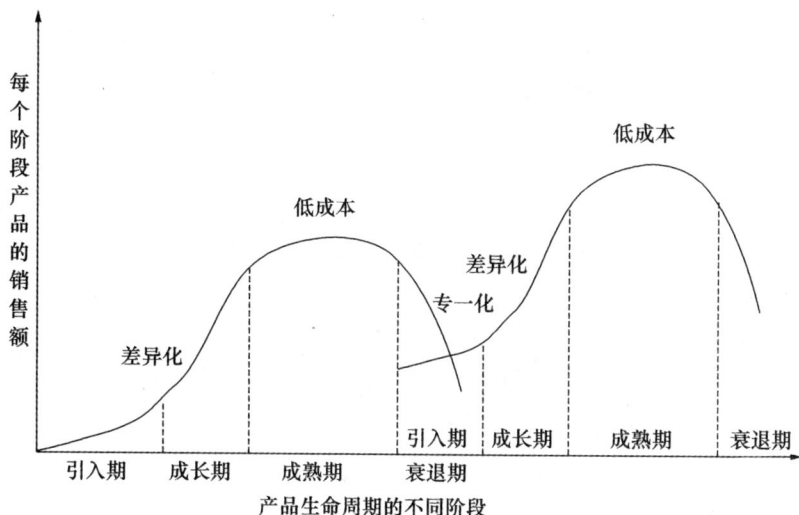

图 2-14　产品生命周期不同阶段的供应策略

一般而言，处于引入期的产品，通常显示出市场盈利的不确定性，风险大于机会。企业的创新或者差异化战略效益能否在产品成长期迅速见效，则要看企业"跑马圈地扩大市场领地"的能力如何了，此时的市场是垄断竞争，风险小于机会。当产品成长到成熟期时，企业为了保持市场份额，通常更容易使用低成本战略。成熟期的产品通常会遭遇市场完全竞争，风险大于机会。进入到衰退期的产品，企业如果考虑用专一化战略使用更新换代、升级创新等策略，或许又会把产品带入新一轮的生命周期。风险与机会就在这种周而复始的循环中交替变换。

于是，处于供应链下游的采购供应部门在制订供应策略时，必须要关注随着产品生命周期的变化而改变工作的重点。

（1）在引入期，风险来自于或许要为上游企业的产品创新而增加额外的费用（比如，本企业为了成功向市场推出某种新产品而确定需要的新原材料或其他投入品，而这也是供应商的创新产品）。因此，要注意控制未知的"功能成本支出"，或者让增加的功能成本小于产品创新所带来的功能增加值。

（2）在成长期，由于获利机会增长很快，需求也会迅速增长。供应源是否有能力保证原材料的不间断供应则是采购部门面临的主要供应风险。所以，保证供应源的可获得性以及质量的稳定性和一致性是供应策略中的关键问题。

（3）在成熟期，由于产品的同质性所导致的供应源价格竞争，供应机会就存在于这些成熟产品的价格变化中，风险存在于"变换供应源后反而带来供应总成本增加"。所以，供应策略的侧重点在于如何利用价格竞争机会获得总成本最低，同时又能保障质量和交期的实现。

（4）在衰退期，采购供应部门需要仔细地缩减供应合同以避免产品库存积压的风险。

2.3.3 采购品定位矩阵及其供应策略

对于供应链总监而言，不管实施上述哪一种总体战略，尽管也做了产品的甲乙丙分类，考虑了产品的生命周期阶段，最后"瞭望"的结果或者说贯彻落实的最好办法，是面对供应市场从企业的采购行为开始，分析涉及"寻源所消耗成本的一切活动"，把所有拟"采购产品的总支出及其各产品所占的比重值"按照80/20法则进行数据处理。

1. 采购品定位矩阵的建立

把所有采购产品的价值额度按照其支出额度从大到小做一个排序，重新界定出"ABC"类，再结合上述"供应市场的风险/机会等级"原理，就可以构建出一个全新的坐标图——"采购品定位矩阵"，见图2-15所示。

在这个矩阵中，不同象限的名称来源并非是注重物品的自然物理性能和功能特征，而是注重物品支付额对企业财务运营价值的影响这个角度。（第3章将描述这种影响的内部原因——整理需求。）

（1）常用品是那些在采购产品总价值中品种数目繁多、供应源也多，累计总价值在总支出价值中只占20%的"日常消耗品，通常是标准规格品"。这类产品

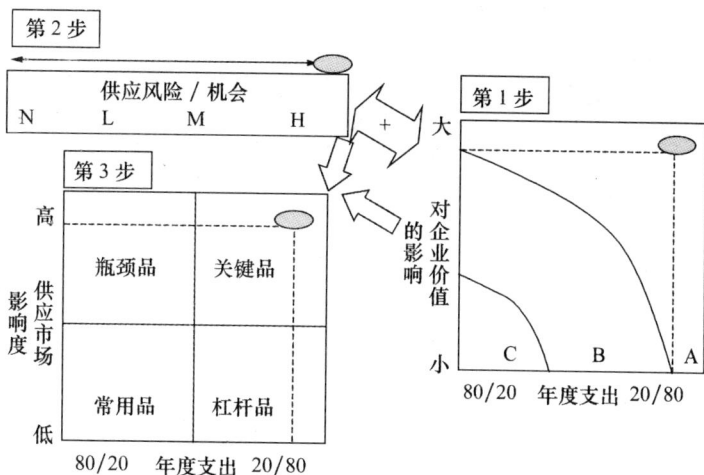

图 2－15　采购品定位矩阵的形成机理

的供应特征是：按照外部已有的标准采购，以节省供应过程中不必要的那些不确定性因素所引出的额外成本为主。

（2）杠杆品是那些在采购产品总价值中品种数目稀少、供应源多，累计总价值在总支出价值中占到80％的"**高价值品，通常是标准规格品**"。这类产品的供应特征是：利用一套标准的供应流程迅速地降低同质（标准规格）产品的价格／成本，但是要注意运行供应流程的成本支出。

（3）瓶颈品是那些在采购产品总价值中品种数目繁多、供应源不多，累计总价值在总支出价值中只占20％的"**独特消耗品，通常是非标准规格品或是定制品**"。这类产品的供应特征犹如瓶子的颈口、关卡，不能有丝毫堵塞，因为是"供应能力在决定生产能力"。

（4）关键品是那些在采购产品总价值中品种数目稀少、供应源不多，累计总价值在总支出价值中占到80％的"**高价值独特品，通常也是非标准规格品**"。这类产品的供应特征是：维护稳固与供应源的长期合作关系，促使双方在业务交往中从总成本、总效率中受益。

2. 采购品供应策略

本章仅针对以上被总支出的资金额度大小所约束的四类"采购品"，从运营层面给出其"关于供应策略"的简洁描述，见表2－8所示。后面章节再一一描述这个矩阵的其他功用。

表 2-8　　　　　　　　　　四类采购品的供应策略概况

	常用品	杠杆品	瓶颈品	关键品
供应源数量	1	N/1	1/2	1
供应源关系	长期合同	定期合同	定期合同	长期合同
供应源特征	保持效率	价格优势	积极支持	合作意识
供应指标考核侧重面	响应/可得性	价格/流程	可得性/质量	流程/可得性/总成本
实施关键点	拥有库存	招标采购	友好协商	优化流程
人员特征	通才熟用	专才专用	擅长关系	理性创新

在表 2-8 中，特别需要解释四类采购品供应策略中关于供应源的数量目标。

(1) 常用品，供应源数量目标趋向于"1 个"，源于过多过杂的同质供应源会带来不必要的"挑选成本"，因为总价值不高，所以要尽可能地避免"挑选成本"。最理想的情况是固定一家具有多品种且质量有保障的、库存量有保障的、积极响应需求的供应源，并签订长期合同。

(2) 杠杆品，供应源数量目标趋向于"N 个或者 1 个"，主要是源于两种情况。由于产品的同质化，需要尽快利用一种有效的方法确定出"价格最优者"；此时，理论上说具有 N 种选择，即 N 家供应源都可能是定期合同的拥有者。但如果同质产品的价格差异不大，而转换供应源的成本又很大的时候，则尽量固定一家供应源，以避免不必要的成本流失。

(3) 瓶颈品，供应源数量目标趋向于"1 个或者 2 个"，源于非标准品的供应市场上，所能提供该类产品的供应源数量本来就有限，采购方的需求价值又小，常有可能被供应商"边缘化"，于是常态下供应源有可能就只有 1 家。但是本公司需求价值小，不等于同行其他公司需求价值小。于是要尽量保持这 1 家供应源，但是为了防止断货的风险，应该做好备份。在运营实践中，买方应自觉做这类供应源友好的守信用的客户。

(4) 关键品，供应源数量目标趋向于"1 个"，这纯粹是出于长期战略的考虑。一方面要考虑稳定那些给出价格优惠条件的供应源的积极性，另一方面，为防止同行企业之间抢夺供应资源的过度竞争，必须要与"1 家"供应源建立长期战略合作伙伴关系，协调价值观、共同开发市场获得彼此的成长。然而，供应链管理实践中，世界各大企业目前也只是做到了尽可能减少同种产品的供应源数目，也还是有"备份"做法，这取决于其全球运营中更多的不确定性因素。所以，这里的"1 个"是理想的目标，是努力的方向。

正如冲浪运动讲究"巧妙地避免浪积累后的瞬间压力之能，而借助浪落下时的滑力之势"的道理一样，这个采购品定位矩阵仿佛那块冲浪者使用的冲浪板，能有效地帮助供应链总监理清对不同采购产品的管理次序（优先权原则：哪些优先投入精力、哪些适当放一放）。

- 明确对供应市场中某些供应源的特征要求（详见第 3 章）。
- 明确获取报价落实供应源时的方法与选择标准（详见第 4 章）。
- 明确与供应源谈判沟通时的策略侧重（详见第 5 章）。
- 明确合同执行过程中的管理监控要点（详见第 5 章）。
- 明确货物在物流渠道中期量控制特征（详见第 6 章）。
- 明确对供应链业绩考核时的指标体系侧重（详见第 7 章）。
- 明确在运用电子采购工具时的侧重（详见第 8 章）。

不能否认，面对供应链上游，每个企业规划供应策略的出发点是有很大差别的，这与现实遇到的各种情景有着密切关系。另外，由于自然环境或者经济环境所引发的供需不匹配的变化速度之快，供应策略也是在不断调整之中而完善的。所以，不妨把上述方法（分析工具）视为一种管理习惯加以学习和培养，以增加更多"赢得供应链"的机会。

2.3.4　案例

以下摘选了两个公司在应对供应链风险方面的运营策略经验。客观地说，即使没有看到上述原理的具体运用，在实践中防范风险、利用机会的各种供应战术的机理是相通的。因此，整理后列于此处，作为一种参考和借鉴。

案例　　　　　　泰瑞达的"供应链风险管理"

总部位于美国波士顿的自动测试设备公司泰瑞达（Teradyne）已有 46 年的历史，该公司的主要业务是为芯片厂商和测试厂商提供检测设备。它所生产的系统中包含多达 5000 种零件，有些设备的配置选项可能多达 150 个。而且其生产的测试设备应用广泛，覆盖数据处理、消费、通信、工业、汽车和航空/国防等领域。

由于临近半导体供应链的终端，变化莫测的下游客户（芯片厂商和测试厂商）需求让它不得不跟随着产业供应链的上下波动而波动。为保持供应的敏捷

性，泰瑞达考虑了来自于技术、供应商及部件选择上的风险因素，以及可能导致风险的环境因素、技术因素以及绩效因素，在许多方面提前采取行动。正如该公司 ATE 业务的供应链经理 Bob Kenney 指出："我们常常要在最后关头才知道能否获得客户的订单，在这样飘忽不定的市场环境中，我们必须精简供应链流程，保持快速响应和灵敏的制造能力。"

……

公司的多年的经验表明：一套"敏捷的供应链风险管理模式"正在引领着公司快速成长。这个模式的运作核心在于"提早制订设计外包决策"，因为这影响着公司达到产品成本目标的能力、产品上市的时间、公司进行量产的能力以及产品的可靠性。为此，公司从以下几个方面持续地开展"大刀阔斧的调整和改革"。

（1）为了达到公司总体成本目标，需要从产品成本构成入手。

剥离公司许多资产，改变成本结构使之更加适应市场的变化；增加测试仪的模块化程度，大幅提高生产的灵活性。

（2）将大量部件制造业务外包，仅保留对设计和关键元件采购的控制权。

为降低采购成本，增加了从中国等发展中国家的市场采购元器件的比重，并选择在印度开发软件；据统计，其半导体与电路板测试业务大约有 58% 已经外包，计划在未来两年内将外包比例进一步提高到 96%，产品涉及最后的装配和设备测试。

（3）精简供应商，让供应链变得敏捷而有效率。

从供应目标要求出发，首先把供应商数量从 80 家缩减到 50 家，并与保留下来的供应商建立更深层次的战略合作关系。此外，投资流程管理软件，以监控其业务所处状态和风险情况。

（4）制订产品部件采购计划，预测采购流程风险。

由于产品成本中 70% ~ 80% 的部分是在做设计的时候就定下来的，因此需要在做产品设计的时候，提早确定可能有哪些意外情况会发生，同时设法制订一个能够标志风险程度的产品部件采购计划。通过"颜色编码系统"来预测、识别风险，并制订风险规避或消除方案。

——绿色代表"万事大吉"；

——黄色代表"有风险出现的苗头，但是公司已经有解决方案了"；

——橙色代表"要达到目标，公司就必须制订降低风险的计划。"

——红色代表"公司已确认了问题所在，但是还没有着手制订降低风险的计划或风险规避方案。"

比如，假设公司打算制作一种印制电路板，根据估计将达不到成本目标。于是供应部门制订了一个降低成本风险的计划：将这种电路板的原材料放在低成本地区生产以实现成本目标。一旦制订了减缓风险的方案，标志的橙色就会变成黄色。

泰瑞达"供应链风险管理"模式的形成也是经历了许多波折，公司负责供应管理的副总裁兰佐尼（Jack Lanzoni）解释说："我们真正关注的是在危机未发生之前进行风险管理。因为产品的开发周期非常长，所以，我们要为新产品的开发打造一个风险管理流程……"

波折一：供应部门的介入

一开始，泰瑞达的设计部门只关心产品的功能，而不问成本是多少。这与公司的供应管理部门产生了某种对抗关系。供应部门认为，虽然公司的原材料成本曲线已经比最高点下降了40%，但是距离成本目标尚差30个百分点。如果按照设计部的流程做下去，成本目标永远不可能实现，公司期望的投资回报也不可能实现。供应部门希望能尽早参与到产品的设计过程中。但是设计部的人千方百计阻挠，因为他们担心供应程序可能会妨碍他们制订计划，令产品达不到他们想要的功能要求。

波折二：变革产品设计

设计部门提出：虽然供应管理部门能够提早参与到产品的设计过程中，但常常是在设计部做出技术选择之后。于是，供应部门制订了一个表明有能力达到成本目标的策略计划，包括更换供应商、利用多方供应、将生产转移至低成本地区、改变制造方法等等。

波折三：进一步的职能变革

公司决定让供应管理部门在设计部做出技术选择之前就参与到产品的设计过程中，让这两个部门共同制订成本目标并为此共担责任。两个部门经理每周都共同主持一个工作回顾会议，主题是：供应与设计部形成互动能够提前实现成本目标。但是，在执行中又必须牵扯到生产、财务、营销等部门的目标事宜。

波折四：成本目标的共识

于是，由供应管理部、设计部、生产部、财务部及营销部所派出的代表组成一个团队，共同制订原材料成本目标，从而使销售成本（COGS）控制在预期数额之内。公司预测了产品在其整个生命周期的平均售价，并据此得出它的销售成本。大家达成共识：一旦受市场因素的影响，如果产品的平均售价要低于原来的预期，那么公司就会同时对原材料的成本目标做出调整。即：团队共同的目标在于：并不一定是达成原材料的成本目标，而是要达成商品销售成本的目标。

波折五：寻求设计的解决方案

鉴于产品成本中70% ~ 80%的部分是在做设计的时候就定下来的，因此针对设计环节的各个因素，供应管理部门将关注的重点从商品管理转向对解决方案的管理，即把注意力集中在特定商品所能提供的解决方案上，而不是商品本身。于是，供应部与设计部结成了联盟，形成公司做产品设计的模式。

经过这些波折，十多年来，泰瑞达持续地对供应链进行调整，如今已经能够主动出击，应对市场变化，并保持身手敏捷。

案例　　　　　　强生公司"保证供应链不中断"

为保证供应链不中断，强生公司（Johnson & Johnson）在供应链风险管理过程中，特别重视发展供应商并与之共同执行战略。在确定供应商伙伴关系时，公司强调要亲临供应商的工厂去掌握大部分的资讯，并通过监控供应商在以下六个方面的业绩表现，确信自身有能力解决供应链上的风险，力求将供应链中断的可能性降到最低。具体做法是：首先确定关键供应商的名单，然后从六个方面考察这些供应商的流程生命力。

（1）运作能力：流程的运作情况、流程能力以及运作的稳定性，应对紧急情况的预备状态（灾难发生时，供应商依然有能力继续运作）。考核问题包括：供应商有没有两个具有同等生产能力的基地？如果没有，那它名下有没有合资企业或与其他供应商有合作关系？如果有灾难性事件发生，供应商的准备工作做得怎么样？

（2）质量：是否利用诸如六西格玛这样的流程优化工具确保部件的质量合格，同时，确保供应商严格按照产品的规格来生产部件。

（3）财务活力：供应商的财务可靠性。

（4）设计和技术专业知识：供应商的技术支持能力、可制造性及信息技术相关的设计支持。

（5）可靠性：供应商值得信赖，并且能严格遵守配送时间。

（6）战略与领导力：供应商在公司的发展方向及上述问题的处理上，管理层是否自上而下地制订了愿景、使命和承诺，并提供相关的支持。

资料来源：William Atkinson，《供应风险可以除》，载于《Purchasing》，2003 年 9 月 16 日，见于 http：//www.ceconline.com。以上案例经过整理。

>> **本章学习总结**

分析供应链上下游的不确定性问题，必然要从经济学意义上重新思考"需求与供给"定律，不仅理解是哪些因素会影响供求平衡，而且要界定出由这些因素所导致的事件在影响供应目标方面的风险与机会程度。这是一个温故知新的过程，也是推陈出新的过程。

在供应链的实践中，核心企业出于创造经济价值的目的，一般习惯从营销的角度来观察市场，分析自身的完成品的市场需求，研究营销渠道。然而，当客户的需求变动频率加快并开始分散的时候（个性化增多），必然带动资源市场"随需而动"。供应市场分析成为目前供应链下游企业采取主动的新思维。然而，"瞭望"供应资源，需要的是打破常规思维，从不同的角度对于变化的因素给出相对稳定的范畴界定，建立适合本企业文化特色的防供应风险的"风向标"体系。

PEST 方法偏重于市场面的宏观分析，波特"五力模型"注重对市场中竞争力量的强度判断，POCKET 方法则关注供应市场存在的潜在风险与机会。这个方法改变了人们习惯把风险与机会对立起来的角度，而是从"合二为一"的角度，把定性问题尽量"量化"，形成供应风险/机会矩阵的等级。

当这种等级化的风险/机会引入到企业为采购产品做决策时，一个"采购品定位矩阵"就此诞生。于是从管理优先权的角度，区分出四类目标产品（常用品、杠杆品、瓶颈品、关键品）的供应策略。执行这些策略，防范风险利用机会，在实践中把握供应链机遇，真正发挥"物流是供应链的渠道，采购是供应链的商务关系，信息是供应链的指挥官"的作用。这就是：做到了就有价值！

本章内容的核心点见图 2－16 所示。

六个方面 POCKET	被认为可能具有风险／机会的事件	风险机会	该事件重要性	三种情景评价对各供应目标影响程度的判断与确定				重要事件对供应目标的总风险判定 (-)	重要事件对供应目标的总机会判定 (+)
				质量	交货期	总成本	响应		
该产品在该地区的供应风险／机会总综合等级									

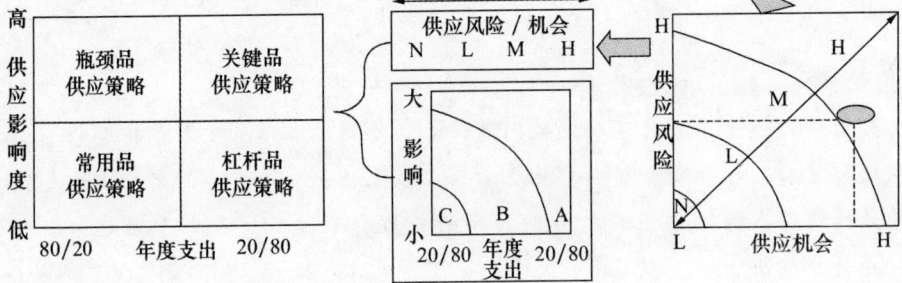

图 2−16   "瞭望"的方法与结果

第3章 寻源

选择供应链伙伴，做宣扬企业价值观的执行者

众里寻他千百度，蓦然回首，那人却在，灯火阑珊处。

——辛弃疾

如果我们不仅能有效地向供应商们传达企业的价值观，而且还能以此带动伙伴们向共同的目标前行和发展，必能峰回路转，左右逢源！

- 拓展采购职能的战略价值
  1. 采购竞争力
  2. 明确采购品项的需求特征
- 评价供应源的价值依据
  1. 了解供应商觉察力特征
  2. 打造测评潜在供应商的尺度

3.1 选择的价值观

"众里寻他千百度,蓦然回首,那人却在,灯火阑珊处。"——这是辛弃疾的感悟。且不管其所寻找的目标是在不经意间出现这层含义,更为重要的应该是"仿佛偶然实则必然"这层含义里的价值导向——让有意义的偶然有价值。

在第1章中,我们曾指出企业通过内部各职能获得价值的一般性做法:"当市场短缺供不应求时,企业的利润源泉主要来自于生产制造职能的高效率,而当市场供过于求时,市场营销职能就顶起大梁。"然而,目前动荡的经济环境让更多的决策者开始思考"那些对企业价值具有无限潜力的职能"。比如,如何拓展内向外向物流职能的价值贡献,以及更进一步地让支撑着企业利润平台的信息系统、人力资源、研究与开发、采购、财务等职能发挥集成效益。

在分析了各职能的经济学意义上的阶段性功效后,决策者们已经认可了这样一个事实:当"采购的职能愈加集中于建立起公司内部流程与外部供应商和客户流程之间的协同关系"时,企业一般是从只关注自己的价值链活动中跳出,把目标定位于"通过与供应商和客户建立价值链并在协同中创造价值"。于是,"如何降低获取资源的总成本(尤其是选择、评估所耗费的时间成本)"就被赋予了"提升企业整体价值"的战略重任。

就像哥伦布发现新大陆一样,"获取资源总成本的节约能对企业总利润直接产生贡献"这个事实让采购供应职能有了一个新目标:要通过采购增强企业竞争力!这可简称为"采购竞争力"——既然选择了某个供应源,那么这个资源就一定是有利于企业增强竞争力的。换言之,正确选择供应链资源正在成为供应链上的企业们不约而同提升竞争力的价值先导。

再进一步展开,企业在具体设定的评选供应源的各因素时,不仅要以此体现出供应链伙伴关系的利益分配,更重要的是建立起买方的"反向营销"之道,即视上游企业为接受本企业订单的客户,通过向上游传播企业竞争价值观,采取买方主动、把握买方主导、变被动为主动等措施。尤其是在链与链的竞争中,核心企业既要实施差异化战略又要不断降低运营总成本,如果没有很好地"营销自己"去促进一条链上的成员们之间的利益协调,也不懂得与成员们有机结合,那么就会带来整个供应链成本的增加,最终损失的是这条链的牢靠强度。此时,单个企业的自救与他救都会花费更大的成本。

案例　　　　　　LIZ 对与其合作的供应商的三点期待

　　成立于 1976 年的 LIZ（Liz Claiborne，丽资克莱本，美国中产阶级品牌）是一家从事服装及饰品设计、批发和零售的时装公司。2004 年其净销售额为 42 亿美元，其设计款式适合于从正式到休闲场合的穿着。该公司近 40 个品牌产品实际上在任何一种零售业态中都有销售，包括高档和主流商店、专卖店、促销连锁店、电子商务网站、代销店以及超级市场，换句话说，拥有全美最大的服装销售网络。这些对公司的采购意味着什么？或者说对供应商意味着什么？四年前，为提升公司的"竞争优势"，该公司就致力于削减其全球 400 家左右的供应商数量，从采购的角度提出了"别把客户当上帝，做平等地位伙伴，重视速度和技术，做将来的供应商"的三点期待。

　　第一，一个好的供应商提供三样东西：价格、质量、按期交货。然而，将来，成功的供应商不仅要把这三样技能作为开始供应关系的基础，还要能够开发产品，创造新面料，提供新样品。

　　第二，成功的供应商"市场反应速度要快"。这并不只是指生产阶段——现在的生产时间已经非常短了——而是包括生产之前的阶段，如打造样品、产品开发。当公司对供应商说"你是我们长期的合作伙伴"时，就意味着供应商要有能力和公司一起开发产品。而且不要在打造样品上反复浪费时间，公司需要供应商第一个样品就做好。因为公司是想把有些品牌的样品当做销售样品来使用的。

　　第三，将来的供应商应热衷于运用新技术。不仅在行政管理办公室，更要在工厂里使用，用在工厂流程的改善上，所有技术都能通过互联网来使用。

　　为了做好采购，该公司组建了两个团队。一个是对公司寻找的产品有着深刻理解的商品采购团队，主要负责就公司想采购的产品和供应商进行协调，同时也会做定价的工作。另外一个是技术和质量团队，向供应商提供技术支持，直接和供应商的工厂人员一起工作，在制造产品的过程中给予指导，包括与工厂进行沟通，做工厂评估，帮助翻译技术资料，找出流程中的缺陷等。

　　资料来源：Stephen Chen，"供应商的将来式"，见于 http://www.ceconline.com，2004 年 8 月 30 日。以上资料经过整理。

　　可见，采购竞争力在这家公司中是"以平等伙伴关系，共同打造一个速度与技术俱佳的供应链"而体现出来的。

所以，如果企业能主动保持与上游供应商的信息沟通，或者主动"理解"上游企业价值观，或者让上游企业"理解"、"遵守"甚至"参与"本企业的价值观，那么，企业就会在寻源的道路上峰回路转、左右逢源，借用辛弃疾的感悟："众里寻他千百度，蓦然回首，那人却在，灯火阑珊处。"目标会在寻找中不经意间出现，仿佛偶然实则必然！

3.2　知己知彼的价值沟通

《孙子·谋攻篇》名言："知己知彼，百战不殆；不知彼而知己，一胜一负；不知彼，不知己，每战必殆。"虽然这是古代军事纷争中的谋略用语，但是现代企业管理也常用此谋略指导其经营，毕竟商场如战场。

供应链上企业之间的关系最常见的情景是"知己而不知彼"与"知彼而不知己"。比如，某些企业凭借自己的某些优势（终端客户、技术、资源），采取霸权策略一味地压榨对方利益，殊不知"彼"有"彼"的招数，结果该企业是"险胜"在合约上，"全负"在合约的执行中。——供应链不结实！

还有的企业，把"彼"研究得很透，却不识"己"之特色，往往没意识到是在利用"彼"之强势压"己"之不足，结果"先负"在策划上继而全盘皆失。——供应链不牢靠！

正如第 1 章中所指出：一条供应链的形成关键在于内外部的价值沟通。因此，企业首先必须要找到一个有效沟通并具有执行力的载体，让上下游之间的薄弱环节在沟通中得以修补。其次，随着供应链链条上的成员们的价值沟通（不断地"知己知彼"），原来单个企业追求的"知己知彼，百战不殆"的目标，正在逐渐演变成"通过与供应商和客户建立价值链并在协同中共同创造价值"的目标——和谐共赢！这确实是全球化经济氛围中一条供应链生存的必要条件。如图 3-1 所示。

那么如何做到"知己知彼"呢？

3.2.1　"知己"——认识自我

我们首先从分析企业自己的需求出发，也就是企业真正想获得什么；然后是

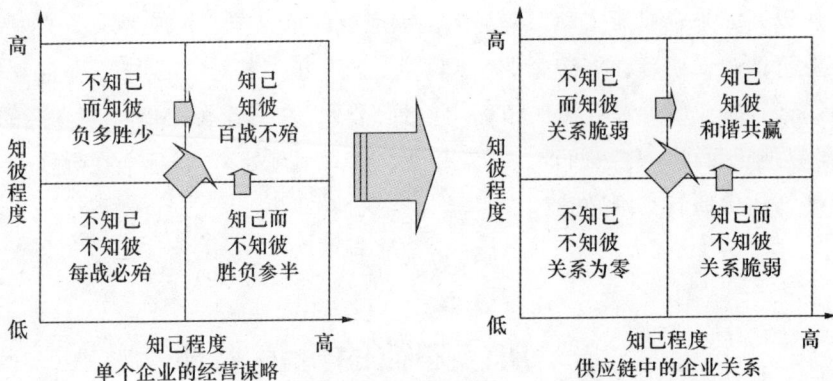

图 3-1 "知己知彼"谋略的新意义

如何正确地表达这种需求给提供者；最后才是怎样获得（落实、保障）这种需求。这个过程从成本角度看就是"获取资源的总成本"，包括与内外部用户沟通的开销、与提供者沟通的花费等。这个过程中包含的一系列活动通常就构成了采购供应职能，企业里一般主要由采购部门（或者商务部门、供应部门）来负责运作。

概括而言，企业需求之动力源于满足客户的欲望，即任何一家企业都是在用自己的产品或者服务去满足下游终端客户的欲望。比如生产桌子的企业，首先要搞明白生产出来的桌子是给谁用的、要多少、什么时候要，然后分解桌子的构成，对那些属于自己的强项（核心能力能解决的构件）自制，对那些弱项（自制不划算或者不能自制的构件）外包，再根据情况决定是直接外购还是委托外协，从而就产生了对这些外买品的需求。

于是，作为采购供应部门的员工就会面临一堆这样的问题：买什么？买多少划算？向谁买？到哪里去买？何时买？当购买的品种不是常规品而是新品时，又如何去买？——对这些问题的回答只有两个字："明确"！

明确、明确、明确——正确地"明确企业内部需求"意味着明明白白、确确实实知道这些外买品的品名、数量、规格、交货期、地点、商家等特征，因为这个过程本身决定了成本、效果、利润。只有深入仔细、清晰有序地把企业的价值观落实在选择供应源上，才能最根本地从战略上形成"采购竞争力"。

我们用图 3-2 来说明企业采购供应部门从明确需求到向供应商交换需求（下订单）这个过程需要关注的三个关键环节。我们的目标是尽可能地把这三个环节重合。这样，在选择供应源阶段就能提高效率，逐渐减少那些"我行我素"

的开销，进而实现降低采购总成本这个目标。

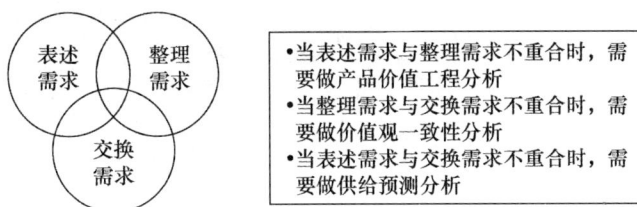

图 3.2 "知己"的三个环节

1. 第一个关键环节：表述需求

这是指用有效和准确的方式把"品名、数量、规格、交货期、地点、商家"向潜在供应源传递，要求叙述清晰无误。通常，对于一种产品的表述可以是以下方式中的任意一种或者其有机组合，即品牌与商标、性能规格、技术规格、构成规格、样品、编码、售后规则。但是不一定全部都要用上，这要根据产品的自然属性和使用者需要程度而选用。举例如下。

（1）对于那些有专利保护的产品以及已经成为人们生活中有口皆碑的产品而言，通常选用品牌标志更易于代表简洁明确，便于使用的含义。因为品牌本身能代表技术、性能、构成的质量可靠性。比如，带有®形状的注册标志公司或产品品名。但是要防止市场上的假冒伪劣行为。

（2）对于某些特别要强调有关物理性质（强度、尺寸）、公差、使用材料、操作要求、维护保养等特征的产品，就需要把技术规格详细精确地给予说明，尤其是那些重要的、复杂的以及高度专业化的设备，以及企业的内部设计技术。比如航天飞机上的专用隔热板，医用核磁共振仪等特殊产品。

（3）对于那些原材料、化学制品、药品、食品等产品，出于安全环保的要求，需要标明构成产品的纯度、密度、成分、添加剂等。比如酒类、饮料、奶类等产品。

（4）对于那些在规格方面已经具有企业或行业标准的产品，应与潜在供应源按照通识的市场等级达成一致。比如符合 ISO14000 的某项要求，或者用统一的行业产品编码或供应商编码确认。

（5）对于那些难于用画图或书面说明的产品或服务，可以提供样品、模型、实例等给予感官描述，甚至可以以售后规则给予感性说明，比如该产品的使用应能在 24 小时内得到任何需要的电话支持，或者至少连续 36 小时内不发生故障等。

2. 第二个关键环节：整理需求

一个企业的采购物资少则数百种多则数万甚至数十万种。显然，采购供应部门必须要花工夫归纳整理这些需求，以便有次序、有重点地分配时间精力和成本支出。那么依据什么来"归纳整理"呢？解决这个问题的思考点主要在于两个方面。

（1）"采购竞争力"这个准则是如何体现在具体的采购供应职能中的？怎样衡量这些产品在价格、交期、质量、维护等方面的要求？在竞争激烈的经济环境中，建立在质量、交期和维护上的价格便成为企业对采购供应部门绩效考核时特别关注的成本（支出）因素，毕竟获取资源的每个活动背后都是成本在支撑。

（2）这些产品所面临的供应市场风险与机会的程度如何？这种影响是否对本企业的成本利润指标产生某种影响？程度又是多少？毕竟某些产品是大众化产品，供应源可以多次选择（但是选择也有成本代价），而某些独特的差异化产品是不可选择的，只有定制，因此供应源可能就只有一家。

可以把这两个方面的考虑高度抽象综合成一个矩阵，为所拟采购物品按需要进行整理或者"定位"，如图 3 - 3 所示。

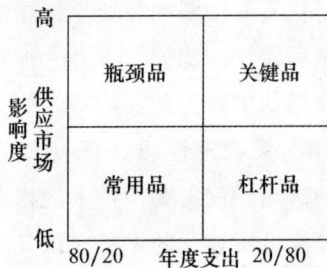

图 3 - 3　整理需求——采购品定位矩阵

横轴代表所有拟采购产品的年度预算总支出定位，从低到高的依据是帕累托的 80/20 法则。即大约 80% 的产品，其支出总额度只占年度预算总支出 20% 的比例；而只有不到 20% 的产品，其支出总额度却占年度预算总支出 80% 的比例。纵轴代表所有拟采购产品的整体供应市场的风险/机会分析等级。从低到高的依据是来自于供应市场的风险/机会对企业总目标的影响程度。（这在第 2 章中有所描述。）

这个矩阵，可以帮助我们确定所有拟采购产品的优先顺序以及工作中需要关注的重点，继而采取适当的措施去解决问题。

经过整理需求后定位的四类采购品的典型特征见表3-1所示。

表3-1   四类采购品的典型特征

瓶颈品	关键品
1. 高影响机会风险	1. 高影响机会风险
2. 物品多样性——多	2. 物品多样性——少
3. 只有少数供应商	3. 只有少数供应商（几乎没有供应的选择）
4. 通常为非标准物品，但可能兼而有之	4. 通常为非标准物品，但可能兼而有之
5. 年度支出较低	5. 年度支出较高
6. 订单对供应商的价值低	6. 订单对供应商的价值高
常用品	杠杆品
1. 低影响机会风险	1. 低影响机会风险
2. 物品多样性——多	2. 物品多样性——少
3. 多个供应商且产品和服务较易得到	3. 多个供应商且产品或服务较易得到
4. 标准化物品	4. 标准化物品
5. 年度支出较低	5. 年度支出较高
6. 订单对供应商的价值低	6. 订单对供应商的价值高

必须要明确的是整理需求的根本目的在于分清主次，本质上是分类管理的思想。其做法是：在考虑产品的使用功能特征后，按照内部预算与外部供应风险/机会的判断，把所欲采购的产品按照战略（低成本与差异化）要求进行分类。之后，对于处于同一象限的产品，统一采取一种采购策略；对于不同象限的产品分配优先采购的顺序，考虑需要解决的重点问题。于是，这样的"知己"就是建立在企业经营战略（成本贡献论）下的深度思考，不仅知其一也能知其二。

比如：采购常用品，因为不贵，关注的是能否节省时间与精力，而不考虑价格或者成本，意味着可以买高价；采购瓶颈品，即使不贵，但仍要关注能否降低供应风险，很少或者不考虑产品价格或者成本，意味着不得不买高价；采购杠杆品时，因为贵，特别要关注价格和成本的降低，哪怕费时费力也要去压价，因为产出可以弥补投入；采购关键品，由于其所处象限的特殊性，不仅要关注价格和成本，同时还要关注如何降低风险，这就奠定了建立长期伙伴关系的基石。

需要注意的是，**当表述需求与整理需求不重合时，需要做产品价值工程分析**。

这就是企业管理中提倡的"价值工程或价值分析"（用于明确特定需求进而

明确最符合需求规格的）方法，这种方法着眼于需要履行的功能以及通过创造力的运用寻求提供这些功能的最小成本。

企业的内部需求通常来源于生产或研发设计部门（具有专业化特质），然而是否能够获得？以怎样的价格获得？这就是采购供应部门分内的工作。所以，不仅是产品设计部门要做功能分析，而且采购供应部门也应该参与进来，贡献自己在供应市场方面的认知与经验。

比如，采购部门负责为公司采购一批笔记本电脑，使用者有办公室一般管理人员、产品设计人员、质量检验人员等。很明显，由于使用环境不一样，对于电脑在技术和性能规格方面的要求就可以不一样。经过价值工程分析后，可以把这项采购品种细化，可以定品牌挑不同等级的技术、性能规格，还可以挑技术、性能规格等级相同的不同品牌。依据就在于采购支出预算的限定（成本范围）及使用功能的要求（差异化特征）。因此，采购这批电脑，完全可以在整理需求阶段就被分在两个区域：杠杆品和关键品。对于杠杆品，这种需求的满足主要靠规模效应来获得优质供应源；对于关键品，与少量的战略供应源建立稳定的伙伴关系将获得可持续性发展的利益。

3. 第三个关键环节：交换需求

当此采购供应部门就所欲采购的产品与供应商交流（询价、评价、督促）时，还会获得供应商（满足企业需求的提供者）的反馈，这是企业"知己"的最后一个阶段。通过供应商反馈，可以验证那些在整理需求时对供应市场的主观分析而被划定象限的产品是否定位准确。或许，原来是瓶颈品，在经过交换需求这个环节后，落到了常用品象限，此时采购策略的重点相应的就要做出调整。

需要注意以下两点。

（1）当整理需求与交换需求不重合时，需要做价值观一致性分析。

适合所有组织的价值定义是没有的，价值的高低取决于不同团体之间的觉察力，因此价值对供应链上不同团体的意义是不同的。事实上，企业与潜在供应源统一对"价值"的理解是非常重要的，因为这关系着企业在获取、制造、销售等供应链环节的效率和成本，直接影响着企业的经营目标。鉴于目前大多数企业认为，外因变化给企业带来的震动远远超过内因所带来的震动，因此与供应源的交流沟通首要从战略层面开始，当一步步落实到采购供应部门的"反向营销"时，以下所列的问题就是必须着重考虑的：

- 企业整理好的需求（产品物理特征）是否与供应源提供物规格一致；
- 企业整理好的需求（四类采购品）是否在供应源提供产品的覆盖范围内；
- 企业整理好的需求（每个单品）是否与供应源提供物在价格和品质上一致；
- 企业整理好的需求（每个单品）是否对供应源有增加价值的可能；
- 供应源能否允许企业体验式消费（以使检验整理好的需求易于获得）。

上述内容是企业作为下游主动与上游进行沟通的价值观分析，如果回答"是"多于"否"，那么就认为彼此价值观一致。

（2）当表述需求与交换需求不重合时，需要做供给预测分析。

供给预测不同于需求预测（企业从运营的角度对整个市场和自身的份额做出某种判断），但是与需求预测同样重要，是产品和服务向终端流动的供应过程的重要一环。通常，供应链的上游企业会对自己的产品和服务做出某种市场预测，以便安排生产和预备料等等，这是上游企业的需求预测。而下游企业也要对供应市场进行判断，比如通过收集分析有关上游供应源的各种信息，得出某些产品的总供给水平预测值以及自己在供应市场中的需求份额预测值。再结合由内部需求归集成的采购计划，与上游供应源的需求预测进行意向性交流（关注数量、价格）。这就是供应链上下游对市场的双向认同——双方可以根据自己的实力以及利益导向，达成某种协议。

要特别指出，即使供给预测也可以用到一般的预测方法，包括定性技术（市场调查法、德尔菲法、生命周期模拟法）和定量模型（时间序列模型、因果模型），然而，如果能充分利用整理需求时的物品定位原理，或许可以事半功倍。因为该定位图中的纵轴就是对供应市场风险和机会的主观定量判断。既然能界定出某些产品的风险与机会等级，也就意味着对相应的上游供应源有了预测把握度，从而意味着该产品的总供给水平是成竹在胸的。所以，建议表述需求经过整理需求后再与交换需求汇合。如图3-4所示。

至此，寻源的自我判断——"知己"过程已经清晰明了，那么如何"知彼"呢？

3.2.2 "知彼"——认识对方，也重审自我

供应链上的企业们都有自己的供应商，从下游终端向上游递推，可以连接起

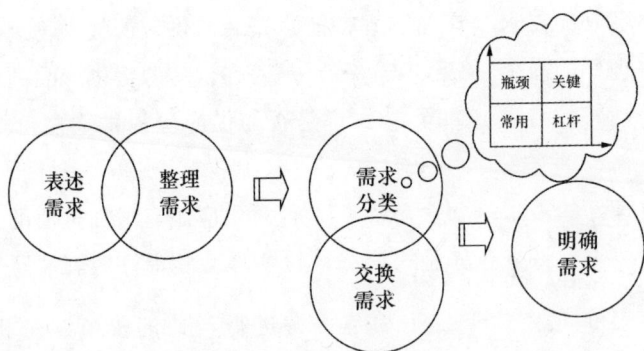

图 3 - 4　三个环节的融合过程

大大小小的供应源。面对着上述已经明确了的需求（定位矩阵里的四类采购品），我们不仅要问这样一个简单的问题：谁能满足这些需求？由此转化为两个基本的问题：我们了解目前有业务交往的供应商吗？我们还需要寻找新的供应商吗？

如果回答"否"，那么首要工作就是认识对方。如果回答"是"，意味着企业要扩大业务范围，需要寻找新的供应源，但新源还"潜伏"着，需要采购供应部门去挖掘、去认识。于是，在了解中，企业又会不断重审符合企业新目标的供应源。这有点像新近可口可乐公司推出的"极度"新口味广告——"正面，做我女朋友；反面，我做你男朋友！"的情景一样，正反的目的只有一个：从认识开始，我们做朋友！

然而，企业要想"知彼"，不仅仅只靠与供应商打交道的感性经验，更要学会用理性的参照物去权衡和评价。学习古代唐太宗"以铜为镜可以正衣冠，以史为镜可以知兴替，以人为镜可以知得失"的启示，笔者认为理性的工具应该是个双面镜：**正面是采购品定位矩阵，反面是供应商觉察力矩阵。**这样才能以己度彼（己为标准）、以彼审己（彼为标尺）、知彼知己（拥有尺度），然后求得和谐共赢。

所以，认识对方有两个关键：正面与反面。

1. 看懂镜子的正面：采购品定位矩阵

最好在正面的边框贴个菱形边，每个边分别代表：质量、交期、成本、响应。于是正面就能显示出企业权衡供应源能否满足自身需求的基本面——"能力"因素。

图 3 - 5 表示从正面应该看到的"亮点"，表 3 - 2 罗列出针对四类采购品建立的某些评选供应源的"己方标准"。

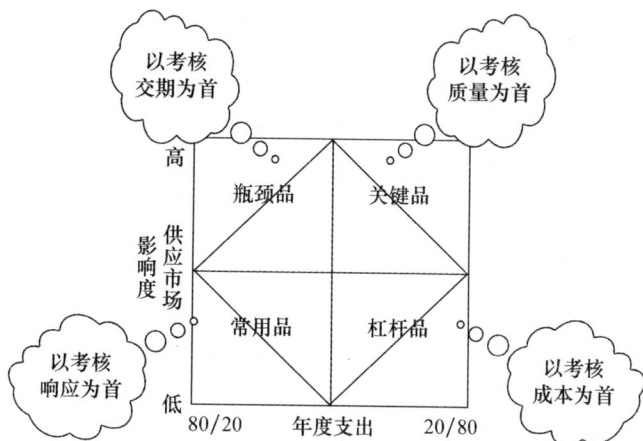

图 3 - 5　看懂镜子的正面

表 3 - 7　　　　　　针对四类采购品而要求供应源的"己方标准"

提供瓶颈品的供应商	提供关键品的供应商
·保持长期持续供应 ·保证产品质量与说明的一致性 ·签署长期合同的意愿 ·具备计划和准备按企业的事先要求和说明进行生产的能力 ·参与联合质量和应变计划的能力 ·为企业指派客户经理 ·具备订单跟踪系统的能力 ·具备使用电子商务的能力 ·提供订货数量和提前期的灵活性	·提供质量保证与买方业务战略的一致性 ·保持长期持续供应，持有库存 ·既有价值分析/价值工程的能力，又愿意与买方共享创新经验，愿意开展组织间的学习与交流 ·具备在合同期限内以最低成本提供产品的能力、所有权总成本分析与成本削减能力 ·具备流程再造与整合电子商务和业务体系的能力 ·能够开展需求预测与分阶段发布产品说明 ·配备客户经理并提供现场办公场所 ·积极响应紧急需求，有应急计划
提供常用品的供应商	提供杠杆品的供应商
·响应积极，交付速度快捷 ·能够尽可能多地满足企业的采购需求、产品范围广、可靠性强 ·具备长期连续供应企业所需产品的能力，为企业指派客户经理 ·能够提供采购卡和账单合并服务 ·使用电子商务	·具备在合同期限内以最低成本提供产品的能力、所有权总成本分析与成本削减能力 ·保持长期持续供应，为企业指派客户经理 ·能够提供采购卡和账单合并服务 ·提供可靠性强交付速度快当前成本最低的产品 ·使用电子商务 ·能够履行无定额合同中所要求的授权采购义务

2. 明了镜子的反面：供应商觉察力矩阵

最好在反面边框钉上两颗按钮：供给市场中自身业务的份额、自身业务的内在吸引力。于是每当需要时，悄悄按动按钮，就能透过反面看见对方的态度是漫不经心还是含情脉脉——"意愿"因素。

图3-6表示从反面看到的"提示"，即"己"（采购方）跳出自己的思维定式，站在"彼"（供应商）的角度看自己。表3-3表示供应商觉察力矩阵中的每个象限的含义，以及该供应商对采购方可能持有的态度及原因，供"己"深思。

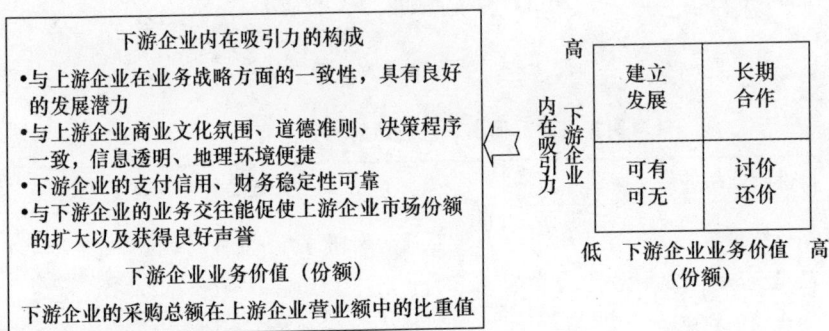

图3-6　供应商觉察力矩阵——上游企业如何看待、感知下游潜在客户

表3-3　　　　　　　　　　供应商觉察力矩阵的含义

当供应商觉察到"建立发展"时	当供应商觉察到"长期合作"时
下游企业的采购总额在供应商的营业额中虽然比重不大，但对供应商表现出的内在吸引力很高（未来的发展潜力）。因此，应该进一步与下游企业"长期交往"	下游企业的采购总额在供应商的营业额中比重非常高，而且对供应商表现出强大的未来发展潜力。因此，值得而且必须要与下游企业合作并"长期交往"
当供应商觉察到"可有可无"时	当供应商觉察到"讨价还价"时
下游企业的采购总额在供应商的营业额中比重不大，而且没有任何吸引供应商的内在优势。因此，要么与下游企业"迅速现货交往"，要么摆出姿态"不交往"	下游企业的采购总额在供应商的营业额中比重非常高，但是没有表现出吸引供应商"长期交往"的内在优势。因此，仅鉴于每笔业务量，与下游企业"论斤按两交往"

至此，寻源的自他判断——"知彼"过程也已经清晰明了。于是在"知彼"中重新"知己"，就可以做出"知己知彼"的决策判断。

我们把镜子的正反面所代表的"知己知彼"含义形象地放在一个平面坐标上，就可以规划出16种情景，见表3-4所示意。每一种情景都反映出企业可能与供应商建立的关系，只不过关系的深浅不一、远近不同。这样，企业在选择供应源时可以就每一种情景做出适合自己的策略。表3-5是一个例子，表示的是某公司的决策分析，供参考。

表3-4　　"知己知彼"——企业可能与供应商建立的关系

知彼＼知己	常用品	杠杆品	瓶颈品	关键品
可有可无	！	？	？	？
讨价还价	？	！	！	？
建立发展	！	？	！	？
长期合作	！	？	！	！

注：关系的远近可以按照交往的频率和深度确定。"！"代表关系比较容易确定，"？"代表有多种可能性。

表3-5　　　　　　某企业"知己知彼"后对供需关系的判断

知彼＼知己	常用品	杠杆品	瓶颈品	关键品
可有可无	高风险 ·密切关注 ·增加吸引力 ·寻找替代品	长期问题 ·现货短期交易 ·改变与供应商的长期交易	高风险 ·改换供应商 ·提供激励	极高的风险 ·改换供应商 ·增加有价值的吸引力
讨价还价	潜在问题 ·寻找竞争者 ·寻找替代品	对抗关系 ·保持力量平衡 ·寻找竞争者 ·核实所有信息	中等风险 ·改换供应商 ·紧密关注价格和服务趋势	要小心 ·寻找竞争者 ·提升相互需求

知己 知彼	常用品	杠杆品	瓶颈品	关键品
建立发展	合适 ·保持关系 ·提供其他机会	好机会 ·激励供应商 ·寻找相互关联的业务	低风险 ·寻找相互关联的业务	潜在机会 ·共同拓展经营业务
长期合作	合适 ·保持关系 ·提供其他机会	好现象 ·促进成本效益 ·激励供应商	很合适 ·构建和维护长期关系/长期合同	非常合适 ·长期战略关系/长期合同

3.3　基于"知己知彼"的测评思路

优质供应源存在于企业对供应商正确的测评中，那么如何在选择环节就把正确的测评思路建立起来呢？如果只是一味地站在"自我"的角度用一个标准去"照射"供应商，而不考虑来自于供应链上游的各种影响以及供应商的意愿，那么企业的供应商管理最终就会被固化为组织内的一种纸面上的规章制度，于企业总体经营而言，虽然有总比没有好，但真是用处不大。

虽然有的企业根据产品的使用频率做了 ABC 分类，并且把提供这些 ABC 类产品的供应商做了划分和定期考评。然而，由于很少考虑供应商的供应"意愿"因素，考核的结果往往也只能作为职能部门完成工作岗位的绩效指标之一。对于选择供应源而言，是否能真正让供应商有所激励或者改进，依然很难明确。

换言之，选什么样的供应商于企业而言往往是"心知肚明"的，不明的是没有用有效的方式去执行。存在的现象是：采购经理们工作中绝大部分时间是到处去"救火"，用公司政策性制度去解决问题或者说是去"被动地协调供需内外关系"，而不是"主动地预防火灾"。

3.3.1　综合能力和意愿因素

现在，让我们仔细深思一下图 3-4 中的 16 个盒子里的内容，就会发现在选择供应源阶段，实际上供应链总监要做的就是通过"知己知彼"这个双面镜，去衡量供应源在"能力"与"意愿"这两个本质要素上的表现。因为，供应商在表达"我能"的时候，往往会把"意愿之帽戴在能力之头上"，例如："我希望能、我应该能、我肯定能、我必须能"等等表达就隐含着由弱到强的意愿等级。因此，在测评供应商绩效时，也应该综合这两个因素来建立考评指标。

笔者用图 3 - 7 综合表达出供应商在"能力与意愿"这两个基本面的评价过程。本质上，这就建立起测评潜在供应商的思路：如果要测评供应商的供应能力就要用到前面介绍的"采购品定位矩阵"。比如，对于瓶颈型的采购品而言，体现供应商供应能力的指标不是价格最低，而是可靠的交货期；而关键型的采购品，是全方位的可靠及时准确，价格因素已经溶化在总体盈利水平中了。而要测评供应商的供应意愿，则要用到前面提到的供应商觉察力矩阵。比如，结合潜在供应商的资历和实力以及其销售经营策略等基本因素，设身处地把企业自身因素加进去，综合得出其供应意愿的高低程度。

于是，最终我们可以得到一个有效的能初步定位供应商的矩阵（相当于供应商排序清单），这为企业后续的限制性招标执行过程提供有效的支撑，以及进行"基于流程的供应商业绩指标考核"提供了良好的基础。

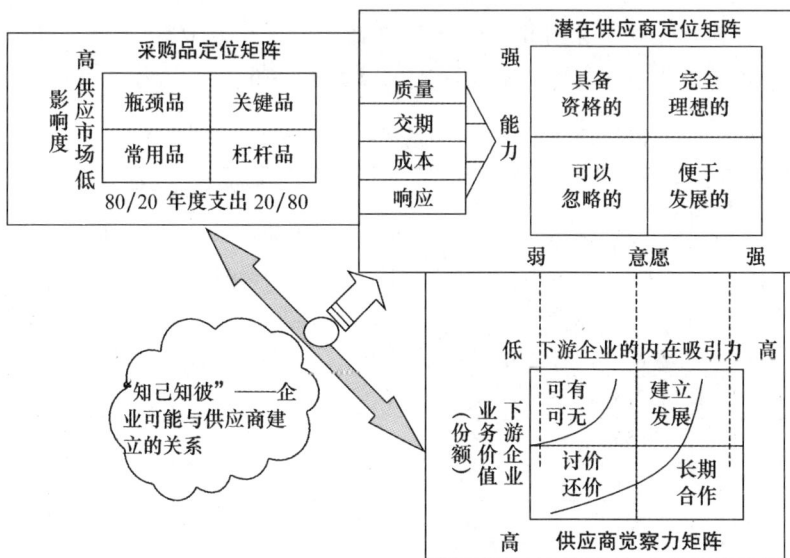

图 3 - 7　评价潜在供应商的思路

在图 3 - 7 中，测评供应商的能力主要体现在四方面：质量、交期、成本、响应。这四个因素应该有优先考虑之分。正如在前面"整理需求"时所说，采购供应部门不可能对所有拟采购的产品一视同仁，必须得有先有后，即，有所侧重！然后才是给予这四个因素不同的权重比例，用简单的权重法把企业价值观的主观性用客观数字来表达，计算出权重分数，再规定权重分数等级，这样就把供应商能力等级划分出来了。

而在测评供应商意愿时，主要是从业务价值的份额与内在吸引力两个方面对比各供应源的觉察力。必须要说明的是：这种觉察力是相对的，是建立在"假如"供应源对企业有所了解后所做出的确定性判断上。一旦供需市场格局发生变化，那么供应源对企业的意愿就会做出调整（矩阵中的位置就会变化）。

3.3.2　应用举例

> **案例　　　　某科贸公司对潜在供应商进行选择的历程**
>
> 　　某科贸公司根据自己的年度采购支出情况做了排序分析，并根据自己的供应目标，就每个产品做了一个预测分析。与此同时，根据提供某产品的供应源分析，初步制订出了供应商清单。在表 3－6 中，该公司首先对所有欲采购物品做了支出分析，找出排列在支出总额中前三个产品为 L06、P79、T12；并分别列出了不同供应目标下采购供应部门可能做的工作。
>
> 　表 3－6　　该公司就年度所有拟采购的零部件进行编制的统计用表
>
> | 零部件编号 | 支出排序 | 支出额（元） | 占全年支出的百分比（%） | 累计百分比（%） | 配合公司战略的采购供应目标 | | | |
> |---|---|---|---|---|---|---|---|---|
> | | | | | | 价格指标可降低的幅度（%） | 质量指标可提高的幅度（%） | 交期指标可伸缩的幅度（%） | 响应指标可落实的程度（%） |
> | L06 | 1 | 175310 | 34 | 34 | 6 | 3 | 0 | 98 |
> | P79 | 2 | 144373 | 28 | 62 | 0 | 0 | 80 | 20 |
> | T12 | 3 | 87655 | 17 | 79 | 20 | 10 | 0 | 5 |
> | … | … | … | … | … | | | | |
> | B37 | 87 | 20625 | 4 | 88 | 0 | 8 | 5 | 3 |
> | H09 | 159 | 2578 | 1 | 99 | 2 | 15 | 9 | 50 |
> | L15 | 160 | 2578 | 1 | 100 | 20 | 2 | 0 | 6 |
>
> 　注：L15 是特制品。

（1）价格指标可降低幅度与支出的乘积可以说明供应的影响程度，乘积大则位于象限的上方；反之，则位于下方。

（2）质量指标可提高的幅度与支出的乘积也可以说明供应的影响程度，乘积大则位于象限的上方；反之，则位于下方。

（3）交期指标可伸缩的幅度，幅度为零，说明是关键路径，工期不可调整，影响极大，则位于象限的上方；幅度越大，说明工期可把握的机会大，对如期完工的影响相对小，位于下方。

（4）响应指标可落实的程度，程度越小，说明不确定性影响越大，需要加强措施，位于象限的上方；反之，则位于下方。

根据表3-6的数据，该公司采购供应部门分别就某些产品结合公司战略目标做出了"整理需求——物品定位图"，见图3-8~图3-11。当然，随着市场条件中不确定性因素增多时，这些产品的定位也会发生变化，因此该部门应以季度为定期重新审视的时限。

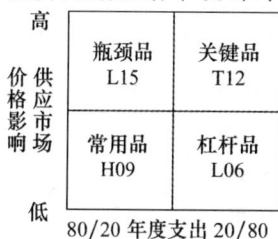

高
价格供应市场影响
低

瓶颈品 L15	关键品 T12
常用品 H09	杠杆品 L06

80/20 年度支出 20/80

图3-8　整理需求——低成本战略

高
价格供应市场影响
低

瓶颈品 B37	关键品 T12
常用品 H09	杠杆品 L06

80/20 年度支出 20/80

图3-9　整理需求——低差异化战略

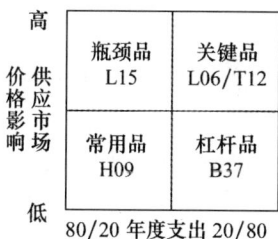

高
价格供应市场影响
低

瓶颈品 L15	关键品 L06/T12
常用品 H09	杠杆品 B37

80/20 年度支出 20/80

图3-10　整理需求——缩短交期战略

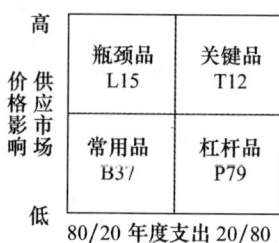

高
价格供应市场影响
低

瓶颈品 L15	关键品 T12
常用品 B37	杠杆品 P79

80/20 年度支出 20/80

图3-11　整理需求——迅速响应战略

需要说明一点：大多数企业的供应目标绝不是单一的，往往是基于差异化战略下的低成本措施，或者是低成本的差异化，或者是快速响应的差异化。于是图3-8~图3-11可以综合考虑为：根据情景分别给四个因素一定权重，然后再整体看对企业利润的影响程度。

一旦把采购品锁定在某个象限，就可以确定各类象限中供应商的"战略考虑"。

1. 对于位于常用品象限的产品，应该寻找有如下特征的供应商

（1）供应商的货源充足（不仅品种广泛而且有库存量储备），比如那些库存充足的批发商或零售商。

（2）为节省转换供应商所消耗的时间和精力，供应商能够并且愿意长期不间断地为企业供货。

（3）供应商应该能够阻止企业人员（有意或无意）从事未经授权的交易、拥有简单的、长期一贯的和可靠的业务流程。

（4）为减少交易成本，供应商应该拥有能快速提供信息的系统，并拥有正确的对待客户的态度，即迅速为客户解决问题的愿望。

2. 对于位于瓶颈品象限的产品，应该寻找有如下特征的供应商

（1）供应商应该具有很高声誉，以保证对待客户关系上的公平和可靠。

（2）供应商必须是企业所采购产品领域里具有高度专业的生产能力。

（3）供应商不会滥用其有利的议价地位并将长时期内持续供应企业所需产品。

（4）供应商应该能很好地处理来自于其供应链更上游的供应风险。

3. 对于位于杠杆品象限的产品，应该寻找有如下特征的供应商

（1）供应商应遵循企业的招标流程规定，具有满足需求的基本能力，以便公司的现货采购和定期采购。

（2）如果是中长期的定期采购，供应商应该在合同期限内具有成本竞争力。

（3）如果转换供应商较容易，应考虑那些能以最低价格满足需求的供应商。

（4）如果转换供应商非常难，应考虑那些有良好商誉不会以势欺人的供应商。

4. 对于位于关键品象限的产品，应该寻找有如下特征的供应商

（1）供应商与企业共享一致的商业战略，企业所需正是该供应商的核心业务；

（2）供应商具有财务上的稳定性和能持续维持的市场地位，有能力在中长期成为最具成本竞争力的提供者或技术引领者。

（3）供应商能理解伙伴关系的内涵，操作规范，具有良好的商誉，没有同企业的竞争者建立密切关系；

（4）供应商具有很好的化解供应链上游所导致的风险的能力和策略，不会滥用其强势地位。

下面是该公司对属于关键品象限的 T12 产品的几家供应商的评价结论。见表 3-7～表 3-9 和图 3-12。

表 3-7　　　　　供应能力的评分依据——提供 T12 产品的供应商

确定出的评估指标	权重	供应执行绩效等级及分数设定				
		得分：0	得分：1	得分：2	得分：3	得分：4
产品规格一致性、可靠性（PPM）	10	≥16	11～15	6～10	3～5	≤2
产品研发和创新（R&D 预算占营业额比重，%）	7	≤4	4～6	6～8	8～10	>10
设备平均更新周期（年限）	7	≥12	10～12	8～10	6～8	<6
产品范围（个）	9	1	2	3	4	5
交货期（周）	9	≥5	4～5	3～4	2～3	<2
当前产能	8	产能很可能不足	产能受限	产能充分	产能巨大	产能富裕
产品供应持续性（成为公司核心业务）	6	几乎不关注本地区持续供应	很少关注本地区持续供应	开始关注本地区持续供应	特别关注本地区持续供应	主要关注本地区持续供应
该公司的财务稳定性和市场前景	8	均不好	其中一个不好	适当的	强壮的	非常强壮
技术支持/响应需求	6	非常慢	比较慢	平均水准	比较快	非常快
成本（报价，美元/个）	8	≥28	26～28	24～26	22～24	<22
总　分	78					

表 3-8　　　　　供应能力权重法——提供 T12 产品的供应商

确定出的评估指标	权重	供应商 A		供应商 B		供应商 C		供应商 D	
		得分	权重分	得分	权重分	得分	权重分	得分	权重分
产品规格一致性、可靠性（PPM）	10	4	40	3	30	4	40	3	30

确定出的评估指标	权重	供应商 A		供应商 B		供应商 C		供应商 D	
		得分	权重分	得分	权重分	得分	权重分	得分	权重分
产品研发和创新（R&D 预算占营业额比重,%）	7	3	21	1	7	4	28	4	28
设备平均更新周期（年限）	7	3	21	1	7	3	21	3	21
产品范围（个）	9	4	36	2	18	4	36	3	27
交货期（周）	9	3	27	2	18	3	27	4	36
当前产能	8	3	24	1	8	0	0	4	32
产品供应持续性（成为公司核心业务）	6	2	12	3	18	4	24	1	6
该公司的财务稳定性和市场前景	8	3	24	3	24	2	16	4	32
技术支持/响应需求	6	3	18	4	24	2	12	4	24
成本(报价,美元/个)	8	4	32	3	24	3	24	3	24
总　　分	78		255		178		228		260
权重分比重（%）(4×78＝312)			82		57		73		83

该公司界定能力等级：0 级 = 比值低于 55%，1 级 = 比值 56% ~ 66%，2 级 = 比值 67% ~ 75%，3 级 = 比值 76% ~ 85%，4 级 = 比值 86% ~ 95%，5 级 = 比值大于 96% 以上。

表 3 - 9　　　　供应意愿判断——提供 T12 产品的供应商

供应商	企业的业务价值在供应商营业额中的比重（%）	比重等级 1/2/3/4	企业的业务对供应商有没有内在吸引力的原因	吸引力等级 0/1/2/3	综合等级 0 = 缺乏意愿 1 = 意愿弱 2 = 意愿中等 3 = 意愿强
A	5	1	这家供应商已经进入该公司所在领域的市场，表现出要与该公司拓展业务关系	2	2 还需要深度激励

供应商	企业的业务价值在供应商营业额中的比重（％）	比重等级 1/2/3/4	企业的业务对供应商有没有内在吸引力的原因	吸引力等级 0/1/2/3	综合等级 0 = 缺乏意愿 1 = 意愿弱 2 = 意愿中等 3 = 意愿强
B	20	3	这家供应商因为最近已经失去了主要客户，所以急于通过与该公司业务关系来弥补损失	3	3 应抓住机会
C	32	4	已经与其他几家客户治谈并试图减少提供给该公司的供应量。迫使该公司必须要与其他公司开展竞争	1	1 开展反向营销
D	10	2	这家供应商准备减少发展新业务，基本上无兴趣再与该公司建立业务关系	0	0 缺乏意愿

在界定了供应源的供应能力，以及预知了供应商的供应意愿后，就可以形成图 3 - 12 对供应源的初步定位（由此可形成供应商清单），为下一步落实供应源奠定基础。

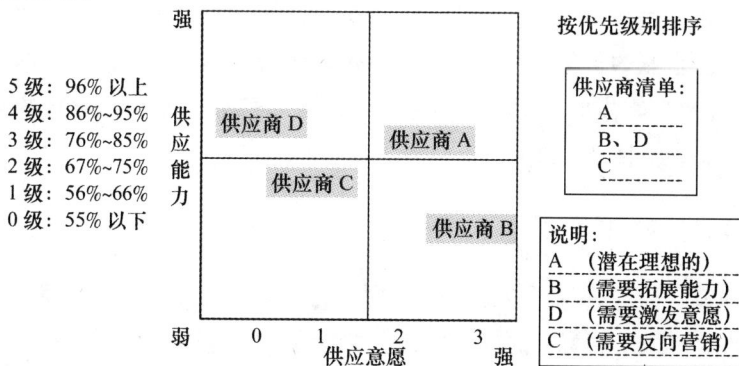

图 3 - 12　供应商的定位判断——提供 T12 产品的供应商

由此，该公司对于 T12 产品的供应商测评过程结束，余下的工作就是经过一个规范但不失灵活的获取供应源流程（招标、谈判）把这种选择思路落实下来。本书将在第 4 章和第 5 章详细介绍。

3.3.3　测评中的环保因素

　　随着近年来全球性企业对于环保因素的强化关注，作为下游的企业在采购供应源提供品时，对于该产品的环保属性和供应商的环保绩效也归纳到测评供应源的供应能力中，这就是环保采购或者绿色采购。

1."知己"阶段

　　明确提出产品的环保基本属性和采购"对环境的负面影响较小和较少的产品和服务"特征。见表 3 – 10 所示。

表 3 – 10　　　　　　　　　　　　　产品的环保属性

影响企业业务运转的属性	影响环境绩效的属性	备注
适用性	产出的配套资源消耗率	
运行和维护的简洁性	再循环利用的可能性	
合理维护成本下的耐用性	产品中有害成分的可处理性	
原材料有效转换率（废料率）	…	
可升级性		
…		

　　于是，在企业的价值观中，如果把环保属性特别作为选择供应源的"特权因素"，那么在整理需求时，就应该增加一个新的坐标轴，采购品定位矩阵就是一个立体的概念。见图 3 – 13 所示。

2."知彼"阶段

　　在"知彼"阶段，就可以把环保因素作为一个资格要素，在查找供应源时就设置单独的"门槛"指标，之后才进行供应能力和供应意愿的综合考虑。比如，某些跨国企业在入住工业园区的时候，明确要求其配件供应商的供应半径路程应该在车程小于半小时的距离内，以避免运输过程中车辆所产生的废气污染环境，或者

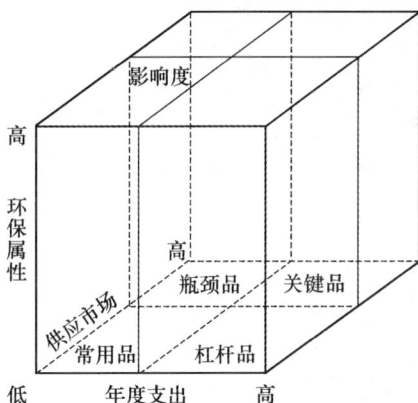

图 3-13　采购品定位立体矩阵

减少为了保持温度等特殊要求所特别支付的耗能成本。

>> 本章学习总结

选择供应源，既是企业采购供应部门确认需求的过程，也是向上游传递企业价值观的过程。概括为：知己知彼！

"知己"就是要明确需求，关键在于要对自身需求加以整理，即要考虑适应公司战略的供应目标，又要把握供应市场的风险与机遇。定位物品的最终目的在于优先保证供应目标得以实现。

"知彼"就是要明确供应源，关键在于主动了解上游对下游的觉察力，了解意愿是能力得以实现的催化剂。定位供应商的最终目的在于：启动与供应商业务关系的重要基础，从而有利于对管理供应源提供一系列决策方案。核心在于把握供应商觉察力矩阵和采购品定位矩阵。

图 3-14 简洁地表示了本章的主要内容（其中，Q、C、D、R、G 分别代表质量、成本、交货期、响应、绿色环保）。

正如荀子所说："不积跬步，无以至千里；不积小流，无以成江海。"建立供应商基础（清单），健全评选供应商的流程制度，并随时监管维护，体现的是买方采购工作的一种有所为有所不为的分级管理思想，是供应链总监义不容辞的责任。

图 3 - 14   "寻源"的路径

第4章 立奇

落实供应链资源，做规范企业供应流程的促进者

曾经沧海难为水，除却巫山不是云。

——唐·元稹

如果我们不仅拥有选择的主导权，而且还用规范的招标流程乃至整个企业的管理措施使其制度化，必能高效率落实供应源，宽而有度、严而不恤。

- 用流程观审视企业供需业务

  1. 流程、职能、部门的关系

  2. 描述供应流程

- 规范获取外部资源的制度

  1. 招标采购的几个关键点

  2. 防范供应流程中的风险

4.1 流程——企业运营之魂

4.1.1 关于流程的思考

企业文化不是空中楼阁，需要用战略去实施，而贯彻战略的机制和程序往往要通过某种形式体现出来，这种形式就是我们通常意义上的"流程"。在执行层面来看，必须要看透企业组织结构中的三个要素：职能、部门、流程。

一个组织的"职能"是组织内部在某一特定工作领域（比如采购、制造、销售）进行的一些相关活动的汇集，"部门"是这些职能的表象显示，是执行单位，比如采购部、生产部（车间）、客服部。在这些单位里，人们在一起从事相似的工作、履行相似的职能。

对于一个特定的职能（比如制造职能），没有固定的标准规定必须包含多少活动。而部门的大小则取决于职能的活动数的多少。换言之，一个部门可以很单纯，只执行某个特定职能的活动，也可以很综合，以便能够执行好几个职能的活动。比如，生产部的员工可能承担最大比例的生产制造活动外，还要参与一些从质量上评价供应商的采购供应活动，以及检验售后质量问题的活动。

于是，这给流程提供了用武之地："流程"是组织为了取得特定的结果（比如生产出一种或多种用于满足一个或多个顾客需要的产品），而把一系列相互关联的活动（在整个组织内）连接起来的过程。它串起了不同部门的某些职能活动，是一只"看得见的手在不断挥舞"。

诚如哈默所说："为客户创造价值的是流程，而不是哪个部门。"流程大都是跨部门活动流转的过程，部门是流程运转中角色的集合。见图 4-1 所示。

图中箭头穿起来的线条就是流程。不难看出，流程不是一成不变的，它会随着客户的需求、企业内部结构、供应商三大因素的变化而变动。企业运营中最能体现管理业绩的地方就是流程改善的过程。

所以，观察一个组织，首先是了解其组织结构图（能看出职能部门之间管理意义上的联系），更重要的是透过结构看其业务流程运行（能看出业务活动的范围以及价值观）。

一般而言，需求导向型的产品创新模式强调用流程带动职能部门变化——因

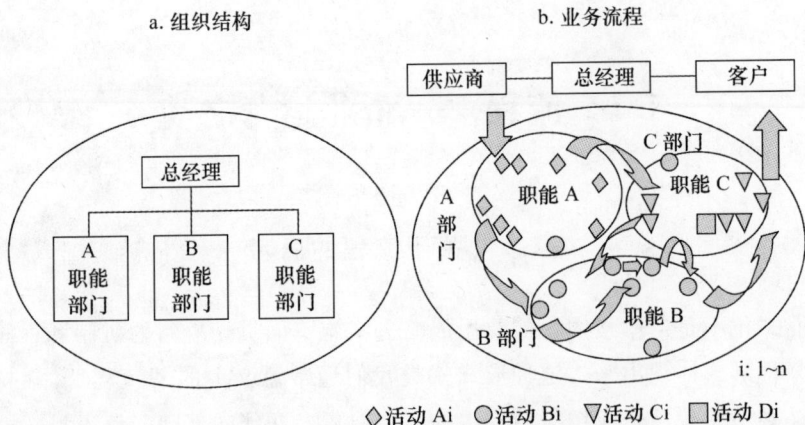

图4-1 职能—部门—流程示意图

需求而设部门，而技术导向型的产品创新模式强调用职能部门推动流程变化——因技术而设部门。

近十年来企业"业务流程重构"的聚焦点就在于，如何把模块化的流程与灵活性的定制结合起来，来开展大规模定制生产模式。其本质就是将管理实践中一直以来的"职能观"业绩考核改为"流程观"业绩考核。

如图4-2所示："职能观"考核重点是各职能部门以及内部各岗位。从上到下设置绩效指标，流程成为片断式的、分布在各职能部门的任务流，职能部门获得高绩效的代价往往是职能部门间的冲突、流程的不连贯以及背离市场需求。当需求和供应市场稳定的时候，这种模式是组织常用的绩效考核方式。

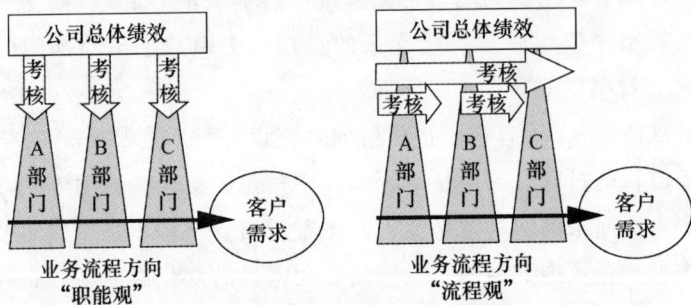

图4-2 两种绩效考核思路

而"流程观"考核的重点是整个流程的连续、高效和低运营成本。换言之，各部门之间的配合程度成为考核重点，为了更好更快更强满足客户需求，各职能部门完成本职工作的出发点就是"整体最优"下的局部最优。当需求市场的变化和供应市场的变化很不一致的时候，随需而变就成为众多供应链主管有效贯彻执行战略的最好策略——基本功要练，但是随需而变的功夫更要练！

这就像集体跳绳活动，一旦绳子甩动起来，但凡冲进和冲出绳中的人员，必须保持一个稳定的节奏，同起同落。无论在跳的过程中玩什么彰显个性的花样，节奏一定是稳定的。节奏变了，如果一个人没有跟上，那么绳子就会打在参与者身上，跳绳活动就会立刻停下来，摇绳的人就得重新启动。企业流程好比这根绳，供应链总监好比摇绳的人，保持绳子的节奏要从手腕力度和臂力开始——掌握选择供应源的主导权，还要让进出摆绳中的人员知晓绳子的节奏——规范招标步骤乃至整个企业的管理措施的制度化建设。只有这样，才能高效率确定供应源，宽而有度严而不恤，任凭上下游的变化多端，始终能保证绳中的大家伙儿步调一致。

在近百年的管理理论中，"流程观"越来越成为面临全球化经营的企业运营管理的主流，有意义的是日本企业的持续改善管理之风也验证了"流程观"！流程仿佛人体内流动的血液，血流不畅器官何用？各职能部门是为流程（满足客户需求而诞生的各种"流"）而存在的，职能部门之间的配合相当重要。

正是由于流程是贯穿了组织整个职能部门中的某些活动的灵魂线条，越来越多的企业认识到，在经济全球化的今天，制订一个规范的、具有相对稳定性的业务流程，是企业做大做强的根基。

在"流程观"的指引下，正确绘制出流程图也非常重要。通过这一张张流程分解图，可以帮助总监们了解、分析和管理公司的流程和活动，从中确定改善绩效的机会。下面是关于流程图的基础知识。

流程图，即将特定输入转化为所要求输出的一系列步骤的框线结构图。其目的在于：

- 用标准的书面"语言"描述流程，便于进一步的改善；
- 用逻辑结构描述"流程的复杂程度"，便于明晰、界定、赋予各岗位职责连带关系；
- 用直观描述和说明，便于管理阶层结合分析方法和经验进行沟通。

绘制流程图的要求：

- 起始点、终止点应该清楚，表述一致；
- 输入和输出应当尽可能量化；

- 每一个任务框标明负责的人员和部门；
- 每一个任务框标明人员的职务/负责的范围；
- 借助流程说明，做到使对流程不熟悉的人，不需任何解释就能读懂流程图；
- 详细程度应达到足以识别无效率的活动。

图4-3～图4-6是某企业业务流程改善的分解范例（略去了具体内容）。

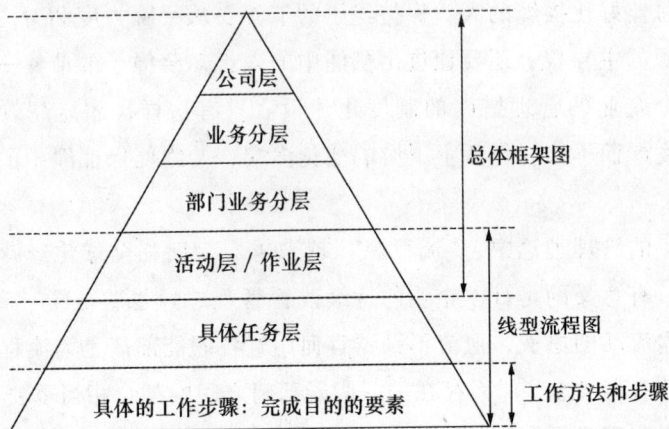

图4-3　某企业开拓新业务的流程分析

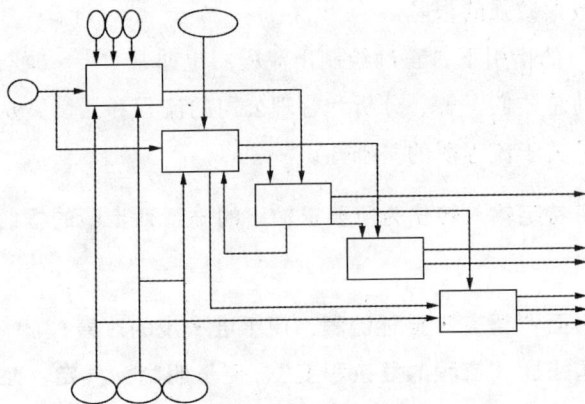

图4-4　总体框架图

显而易见，在"流程观"主导的绩效考核思路下，无论流程怎么变，供应链总监工作的核心只有一个：要匹配流程所经历的两端——供应与销售的平衡，寻求供、产、销的稳定性。这就包括了：供应的稳定性（与上游的供应行为有关联）、制造的稳定性（与生产设施环境——工艺技术路径有关联）、销售的稳定

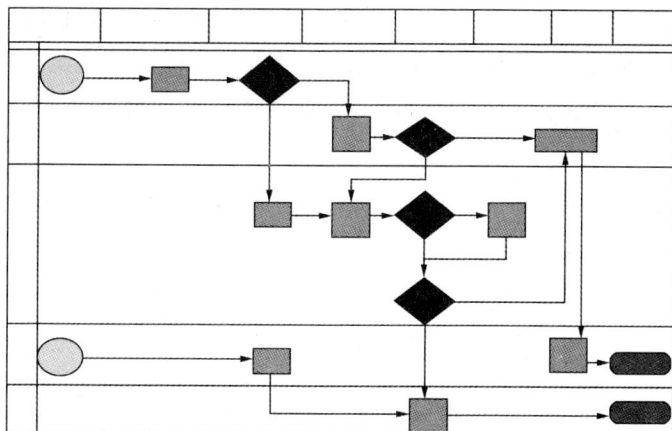

图 4 – 5　线型流程图

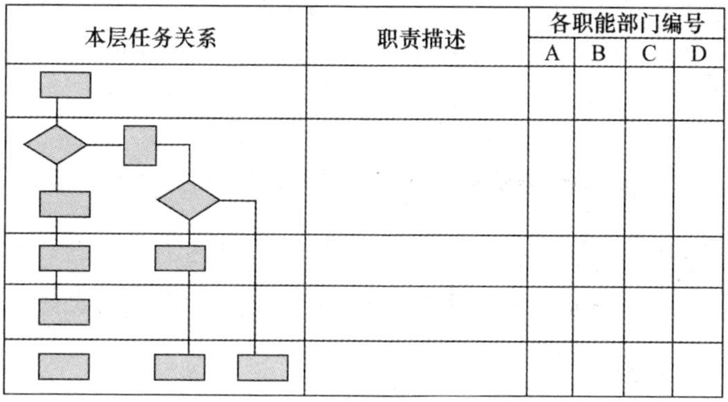

图 4 – 6　工作方法和步骤图

性（与适应外部需求——渠道选择有关联）。平衡做得好，各职能部门的绩效就会有"水到渠成"的效果。

4.1.2　关于供应流程的边界

鉴于第 3 章已经明确了用"知己知彼的双面镜"选择供应源的思路，接下来就是要采取一个规范但不失灵活的获取流程（招标、谈判）把这种选择思路落实下来。——显然，这个流程要从采购与供应所涉及的概念开始，到确定具体的供应源为止。

通常意义上的"供应流程"一般是站在企业运营的角度，把排除生产与销售之外的与供应商打交道的活动串联起来的过程，即企业采购部门面向内部用户从外部"引进"采购品并"配送"给内部用户的过程。然而，正如第 1 章图 1-6 所示，随着企业自身的运营管理内涵处于不同阶段，"供应流程"的内涵也就没有统一的界定。

既然要分析这个流程，就必然要关心采购和供应到底应该涉及哪些有效的活动内容。关于其字面含义见图 4-7 所示。字里行间所包含的内容有重合的部分，所不同的是从业者从采到供这一"转身"所面对的对象不同。

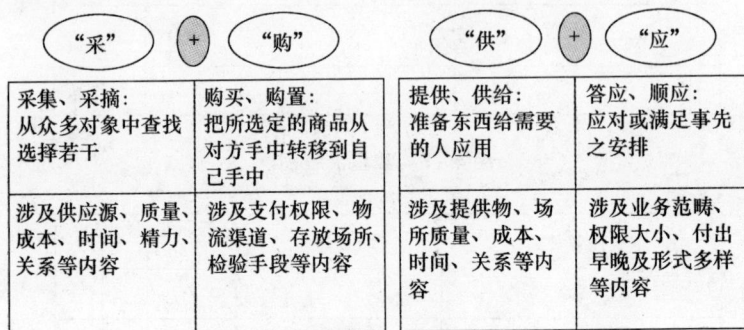

"采" + "购"		"供" + "应"	
采集、采摘：从众多对象中查找选择若干	购买、购置：把所选定的商品从对方手中转移到自己手中	提供、供给：准备东西给需要的人应用	答应、顺应：应对或满足事先之安排
涉及供应源、质量、成本、时间、精力、关系等内容	涉及支付权限、物流渠道、存放场所、检验手段等内容	涉及提供物、场所质量、成本、时间、关系等内容	涉及业务范畴、权限大小、付出早晚及形式多样等内容

图 4-7 中文词汇中"采购"与"供应"的意境

再来看看英文中有关采购与供应的词汇描述。下面描述了与"采购供应"密切相关的英文词汇在表达"买"的意愿时候的不同语境（引号表示不同的词汇在内涵与外延上的细微差别）。

- **Shopping**：购物——"行为场景"。
- **Buying**：购买——"行为活动"。
- **Purchasing**：采购——"行为过程与成本"。
- **Procurement**：获取、采购——"行为透明与程序化"。
- **Outsourcing**：外包、外购——"决策行为"。
- **Supply**：提供、供应——"客户需求"。
- **Supply Chain**：供应链——"效率"、"成本"、"敏捷"。
- **Extended value management**：广义价值管理——"增值"、"共赢"。

图 4-8 给出了某咨询公司关于"采购与供应"的英文术语的使用范畴，这种思路有利于明确企业规划"获取流程"各环节所包含的内容。

从图 4-8 中可以看到，每个环节都还可以再进一步细化。比如在签订合同环节，可以再细分为签订合同前所做的各种准备工作，以及经过多少步骤

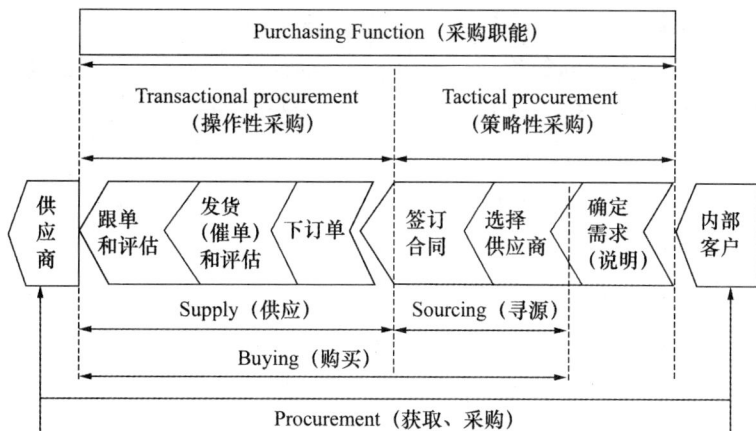

图4-8 术语的使用范畴

（如果该步骤很重要，则还应该单独算成一个环节）才能落实所选择的供应源。该环节是寻源的结果，是供应的开始。另外，"Supply（供应）"这个词汇所对应的活动仅限定在执行层面的采购职能中，不是一般经济学意义上与需求相对应的含义。

4.1.3 建立并规范供应流程

概括而言，广义的供应流程实际上是"获取与落实流程"，围绕着"采购竞争力"原则，在构建这个流程的目标中，要权衡采购总成本以及通畅敏捷性。

实现这个目标的做法是企业根据自身情况制订出获取与落实的招标流程，以尽量规范流程中不应该支出的获取成本，或者拟订谈判规则，以有效灵活的方式减少流程中不合适的获取时间和额外的成本支出，让企业获取供应源的过程规范化和制度化。当然，电子商务时代的来临也加速了流程网络化、系统化的进程。

这里应该特别指出的是"自身情况"的暗含之意。本质上，任何一个企业在考虑获取与落实时，通常会从选取方法、选择供应源的数量、评价供应源标准三个纬度出发，但是决定这三个纬度的决策点隐含在企业管理实践中。这些关键点是"所拟签署合同的价值、供应市场的风险程度、管理成本最小化的需要、获取过程中的责任和道德要求、与供应商发展良好商务关系的需要"。

当这些关键点通常以不同的供应目标出现时，如何权衡目标做好供应流程规划，则要依赖于供应链总监的智慧和经验。比如以下情况。

（1）当所拟签署合同的价值很大时，如果是开展新项目，那么获取流程应该按照项目管理的思路，建立项目团队，追踪合同全过程（用 PERT[①] 或者 CPM[②] 方法绘制流程以及用挣值法监控进度执行情况）；如果是常规项目，那么就要建立一个完整的招标流程以及常规的合同管理制度，而不是每一次重复谈判行为。

（2）当供应市场的风险程度很大时，就要强调获取流程的灵活性。在单一供应源市场，如果所拟签署合同的价值很小，那么要善于调整流程中的软实力部分，以减少供应风险为目标；如果所拟签署合同的价值很大，那么维护和改善已经构建的流程非常重要，必要的成本支出是基于总成本最优的观点。

（3）当管理成本最小化的需要必须体现在获取流程中时，可以考虑简化获取流程或者遵循供应源的销售流程，或者用完善的招标流程、竞争性谈判规则取得总成本最优。

（4）当获取过程中的责任和道德要求融入供应战略目标中时，不仅要有一套对内部用户负责的透明流程展示，还要拥有一种对外部供应源的社会形象宣传过程。兼顾内外的正反影响，可以在某些特殊境况下免去不必要的责任成本。

（5）当与供应商发展良好商务关系的需要成为企业供应战略的主题时，获取流程的构建就跨越了企业内部流程的边界，用 SCOR 模型来协调供应链伙伴间的流程正在西方的企业中摸索着，方兴未艾。

另外，在考虑构建供应流程的时候，不妨借鉴运营管理中讲究的"延迟生产"的思想，用推式原理制订标准规范的步骤，用拉式原理给予流程灵活性特征。见图 4 - 9 所示。

于是，针对第 3 章中的图 3 - 3 所描述的采购品定位矩阵，可以在一定的供应策略下形成一个获取与落实供应源的供应流程框架图。比如，对于某些涉及合同价值很大的、在获取过程中的责任和道德要求很强的杠杆品和关键品，应建立

---

① PERT（Program Evaluation and Review Technique）——计划评审技术，利用网络分析制订计划以及对计划予以评价的技术。它能协调整个计划的各道工序，合理安排人力、物力、时间、资金，加速计划的完成。PERT 网络是一种类似流程图的箭线图。它描绘出项目包含的各种活动的先后次序，标明每项活动的时间或相关的成本。对于 PERT 网络，项目管理者必须考虑要做哪些工作，确定时间之间的依赖关系，辨认出潜在的可能出问题的环节，借助 PERT 还可以方便地比较不同行动方案在进度和成本方面的效果。

② CPM（Critical Path Method）——关键路径法，由雷明顿－兰德公司（Remington-Rand）的 JE 克里（JE Kelly）和杜邦公司的沃尔克（MR Walker）在 1957 年提出，用于对化工工厂的维护项目进行日程安排。它适用于有很多作业而且必须按时完成的项目。关键路线法是一个动态系统，它会随着项目的进展不断更新，该方法采用单一时间估计法，其中时间被视为一定的或确定的。

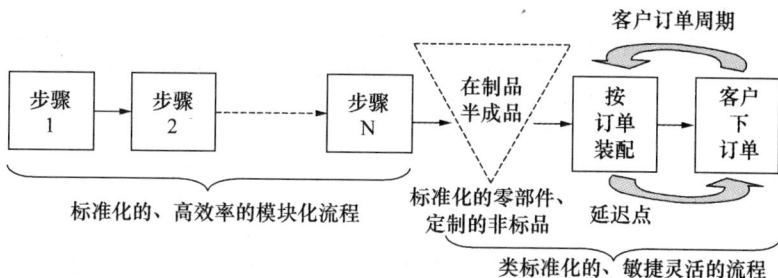

图4-9 构建具有延迟生产思想的模块化流程

规范的招标流程。其灵活的分界点（延迟点）的依据就是前面的采购品定位矩阵。见图4-10所示。

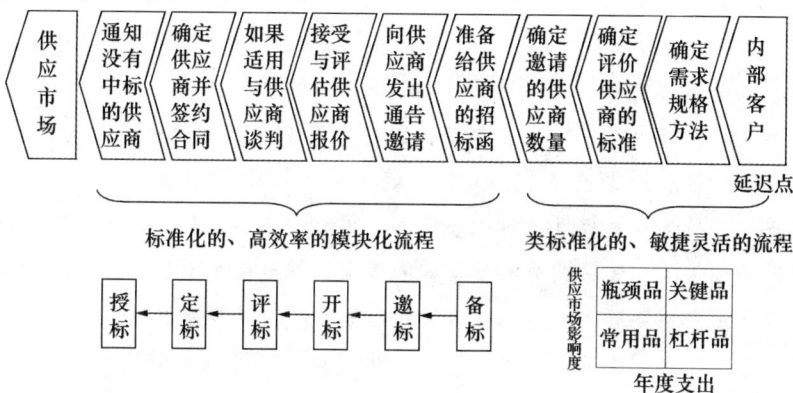

图4-10 "获取与落实"的招标流程

在图4-10中，从准备给供应商的招标函开始，出于责任和道德要求，每个环节都可以模块化、标准化，从而有利于高效率地获取与落实供应源。

特别要指出，图4-10中关于瓶颈品和常规品，因其供应风险大、价值量小等原因，不适合采用上述获取与落实的招标流程。只要有可能，对于瓶颈品，则要以不影响供应商积极性为原则采用口头或书面的询价方式；而对于常规品，建议使用给用户发放采购卡结合框架合同来获得"特惠客户"的折扣。对于杠杆品，可以用电子招标流程以及最低所有权总成本法进行评标。对于关键品，可以用邀请招标或者两阶段招标流程，选用基于最低所有权总成本的价值评估进行评标。

本质上，招标流程是企业获取外部资源的一种最正式的方式或者是一种规范化的采购模式，甚至成为某些组织的采购制度。

自行招标采购以邀请招标采购为主，主要环节是技术交流、制订评委标准和中标后的采购质量跟踪。

第一关，技术交流。技术交流的核心是统一标准。传统的设备、备件、材料的采购，因其技术更新慢，基本能够按设计料表订货。但电气、仪表控制系统等由于技术进步很快，不同的供应商对于控制系统达到的目标有不同的解决方案，导致配置不同、标的有差异，因而评标困难。通过要求供应商根据不同方案分别报价、及时进行技术交流和信息交流，统一了标准，为顺利评标扫清了障碍。

第二关，严格制订评标标准。评标标准直接关系到评标的质量，可有效遏制恶性竞争性。在招标采购前，由专家和技术人员根据采购项目的技术指标和所供应产品的技术指标等因素制订严格的采购标准。

第三关，加强自行招标采购跟踪，保证采购质量。为确保采购物资的质量，公司建立了三级质量保证体系，全方位地开展IS9001质量认证工作。不仅通用的物资建立了质量验收标准，对成套设备、关键设备的采购，更是制订了严格的质量跟踪管理措施。如采购前有质量标准要求；制造中有原材料检验标准和质量验证标准；出厂前要验收，施工现场开箱时要验收，并且所有设备都有质量保证金，使质量管理贯穿采购全过程。上海石化还建立质量追究制度，"谁采购，谁负责"，出现质量事故，要负连带责任。对关键设备，即使是招标，也委托第三方监理单位监造。这样一系列的质量跟踪管理，确保了采购质量。

资料来源：http：//www.cqvip.com。

4.2　招标采购——获取外部资源的一种制度

4.2.1　关于招标的提问

招标是市场经济应公平交易的呼唤而生的一种有组织的交易方式。目前电子招标也如火如荼。本节旨在重新思考以下观点得出朴素结论，因为回归简单能找回出行的初衷，从而为继续前行找准方向。

1. 公司为何要招标

如果对这个问题的回答是：考虑到各种情况，公司应该采取招标这种程序化方式来实现获取与落实供应源的目标，那么接下来才会对招标流程有所了解，有所变革。而如果在权衡了各种利弊关系后，公司决定采取竞争性谈判的方式获取与落实供应源，那么就请参看本书第 5 章的相关内容。

案例　　某公司利用招标方式节省投资额的成功经验

某公司始建于 1950 年，主要产品有钛白粉、硫酸、氧化铁、钴盐等系列产品，至今已发展成为一个融冶金化工于一体的大型股份制企业，年利税在 3000 万元以上，已成为某地区的一支重要经济力量。在公司的发展壮大过程中，曾投资 2 亿人民币新建一条年产 1.5 万吨的新型钛白粉生产线的项目，当时该项目仅大型主体设备投资就达 3000 多万元，还有许多要配套的新设备。

根据国家有关法规文件的规定，该公司决定所有设备均以招标的方式进行采购。经过考察和咨询，将本项目设备的招标工作委托给具有国家甲级机电设备招标代理机构资格的某国际招标公司和某市机电设备招标中心。双方经过多次协商和讨论，确定设备招标分两批进行，耗时两年。整个过程严格按招投标程序进行，经过投标、开标、唱标、议标、证标等一系列程序，本着"相同的质量和服务，价格低的优先；相同的价格和质量，服务好的优先"的原则，经过综合评定，最终确定了设备中标厂家。

通过这两次设备招标，该公司真正感受到了招投标制度所带来的便利和好处。首先，设备的招标采购委托给招标中心进行运作，节省了该公司的人力、物力、精力。其次，招标中心对整个招标过程按法律、法规运作，依据公开、公正、公平的原则进行招标，增加了设备采购过程中的透明度，杜绝了设备采购过程中可能出现的拉关系、走后门等不正之风，保证了所采购设备的质量，最大限度维护了公司利益，同时也维护了投标公司的合法权益。最后，通过这两次招标，预算价为 1160 万元的设备，最终以 970 万元成交，仅此就为该公司节省 200 余万元，这大大减少了公司的投资。

以上例子只是众多企业实践中的一朵浪花。正如歌中所唱"浪是那海的赤子，海是那浪的依托"，如今大量的企业与公共性事业组织在供应链的海洋中，纷纷尝试着用招标这种方法，向上游供应商抛出了一个个"绣球"。显示着自己

作为买方的主导地位，因为大家已经从中获得了很多利益。招标采购的主要益处见表4-1所示。

表4-1　　　　　　　　　　　招标采购的适应性

益处	发挥益处的保障措施	适用范围
（1）公平、公正、公开，一视同仁，杜绝违章	·必须有完善的招标法律保障 ·必须有道德或信誉的保证，并已经形成有效的监督机制 ·必须有一定层面的正式程序	·公共机构（政府、委员会、事业单位） ·具有决策权的企业
（2）促进竞争，优中选优；提高质量，降低价格（最佳性价比）	·必须有良好的经济环境 ·必须有足够的供货渠道和供应能力 ·必须有社会认同的技术规范或标准 ·必须有技术专家队伍 ·有足够的公开的媒体 ·采购量足以吸引投标人参标 ·必须有足够的时间和管理成本保障	·杠杆品 ·关键品

然而，招标是否万能呢？经常有"因为招标而招穷"的例子出现，那么是否还应思考一下：是用错了形式，还是本来就用不着招标？

2. 招标有哪些形式

招标是获取与选择供应源报价的最正式方法——用事先确定的招标流程来体现其正式性。下面是几种招标类型，在对比中可以感悟各种形式流程的繁复程度。

（1）公开招标——海选：广而告知、择优录用。公开招标是一种"无限竞争性"的招标方式，由招标人（采购方）通过报刊、电视、电子网络等媒体手段，刊登招标公告，吸引投标人（潜在供应商）购买招标资料前来竞争投标。最大优势是资源丰富，使采购方能在更大范围内择优录用最佳潜在供应商。其特点表现为"三公原则"，即公开、公平、公正，对供应商一视同仁，所有有潜力的供应商、承包商和服务提供商都能一律平等地参与投标，标准统一，不偏不袒。

然而，公开招标不是万能的，在实践中这种方式最适用于下列情景：

- 价格是最重要的评估标准；
- 评估大量投标的成本低于由于竞争而带来的价格降低值；
- 能在招标文件中描述清楚相对简单的需求（标准化产品）；

● 供应源丰富且符合基本资质要求。

（2）邀请招标——精选：锁定目标、速战速决。

邀请招标是一种"有限竞争性"的招标方式，由招标人（采购方）选择一定数目（3～10家）的投标人（也可以是经过资格预审的潜在供应商），并向其发出投标邀请函。这种优势是可以缩小范围、锁定目标速战速决。不仅节省了招标方的招标费用，还有效地提高了投标人的中标机会。但由于限制了充分竞争，应对选择的投标人提出更高的要求。尽量避免由邀请招标再转入公开招标，以免浪费更多的时间、精力和金钱。

邀请招标在实践中最适用于下列情景：

● 招标期或采购价值表明并不需要公开招标时；

● 公司的需求专业化比较强，市场也仅有少量适合的供应源。

以上两种方式的比较见表4－2所示。

表4－2   公开招标和邀请招标的比较

比较项目	公开招标	邀请招标
信息发布方式	公告	投标邀请书
选择的范围	一切潜在的对招标项目感兴趣的法人或其他组织，招标人事先不知道投标人的具体数量	已经了解的法人或其他组织，而且事先已经知道投标人的数量
竞争的范围	所有符合条件的法人或其他组织都有机会参加投标，竞争的范围较广，竞争性体现得也比较充分，招标人拥有绝对的选择余地，容易获得最佳招标效果	投标人的数目有限，竞争的范围有限，招标人拥有的选择余地相对较小，有可能提高中标的合同价，也有可能将某些在技术上或报价上更有竞争力的供应商或承包商遗漏
公开的程度	所有的活动都必须严格按照预先指定并为大家所熟悉的程序标准公开进行，大大减少了作弊的可能	邀请招标的公开程度逊色一些，产生不法行为的机会也就多一些
时间和费用	从发布公告，投标人作出反应，评标，到签订合同，有许多时间上的要求，要准备许多文件，因而耗时较长，费用也比较高	招标文件只送几家，使整个招投标的时间大大缩短，招标费用也相应减少

由此可见，两种招标方式各有千秋，从不同的角度比较，会得出不同的结论。在实际中，各国或国际组织的做法也不尽一致。有的未给出倾向性的意见，而是把自由裁量权交给了招标人，由招标人根据项目的特点，自主采用公开或邀请方式，只要不违反法律规定，最大限度地实现公开、公平、公正即可。

例如，《欧盟采购指令》规定，如果采购金额达到法定招标限额，采购单位有权在公开和邀请招标中自由选择。实际上，邀请招标在欧盟各国运用得非常广。世界贸易组织《政府采购协议》也对这两种方式孰优孰劣采取了未置可否的态度。但是，《世行采购指南》却把国际竞争性招标（公开招标）作为最能充分实现资金的经济和效率要求的方式，要求借款以此作为最基本的采购方式。只有在国际竞争性招标不是最经济和最有效的情况下，才可采用其他方式。

（3）两阶段招标——海选与精选的结合。这种招标方式是技术阶段与商务阶段分开进行。阶段一为技术标，邀请供应商报送未标价的基于概念化的设计或者基于性能规范的初步技术提案。经过从技术与商业等多方论证，阶段二再对剩余的投标人要求其提供附带价格的最终提案——商务标，包括任何依据对前期咨询而进行的技术性修正。最低评估价通常是中标的依据。

关于技术标，其评审的目的在于确认备选的中标人完成招标项目的技术能力以及其所提供的方案的可靠性。重点在于评审投标人将怎样实施本招标项目，具体内容包括：

- 标书是否包括了招标文件所要求提交的各项技术文件，它们同招标文件中的技术说明和图纸是否一致；
- 实施进度计划是否符合业主或采购人的时间要求，是否科学和严谨；投标人准备用哪些措施来保证实施进度；
- 如何控制和保证质量，这些措施是否可行；
- 如果投标人在正式投标时已列出拟与之合作或分包的公司名称，则这些合作伙伴或分包公司是否具有足够的能力和经验保证项目的实施和顺利完成；
- 投标人对招标项目在技术上有何种保留或建议，这些保留是否影响技术性能和质量，其建议的可行性和技术经济价值如何等。

关于商务标，其评审的目的在于从成本、财务和经济分析等方面评定投标报价的合理性和可靠性，并评估授标给各投标人后的不同经济效果，具体内容包括：

- 将投标报价与标底价进行对比分析，评价该报价是否可靠合理；
- 投标报价构成是否合理；

- 分析投标文件中所附资金流量表的合理性及其所列数字的依据；
- 审查所有保函是否被接受；
- 进一步评审投标人的财务实力和资信程度；
- 投标人对支付条件有何要求或给业主或采购人以何种优惠条件；
- 分析投标人提出的财务和付款方面建议的合理性等。

两阶段招标适用于一些大型的复杂工程项目、买方预先确定全部技术规范有难度，需要与潜在供应商咨询和谈判才能最终确定技术规范等的情况。

案例　　　某大型企业的工程规划设计任务招标

（1）由招标人提出工程规划设计的基本要求和投资控制数额、可行性研究报告或设计任务书、场地平面图、有关场地的条件和环境要求等各方面的详细内容，以及规划设计部门的其他有关规定。

（2）参加竞标的单位据此提出自己的规划或设计的初步方案，并阐述方案的优点、人员配置、完成时间和进度安排以及总投资估算，一并报送招标人。

（4）由招标人邀请有关技术专家组成评审委员会选出优胜单位。

（5）招标人与优胜者商务谈判并签订合同，对未中标单位进行适当补偿。

---

3. 招标流程最基本的环节是什么

一般而言，招标流程的确定要由招标物的合同价值、市场上供应源的数量、招标方应承担的责任与道德要求以及组织的性质决定。换言之，公共性组织与企业组织，在制订招标流程细节方面也是应该有所侧重的。

从操作层面来看，"招标流程"实际上是招标采购的结构化语言描述，其基本环节应由备标、邀标（招投标）、开标、评标、定标和授标（合同授予）等组成。

（1）备标——准备招标书。招标书是潜在供应商进行准备和参加投标、采购方评标和签订合同的共同依据，潜在供应商按照招标书上规定的要求填写相关内容，准备投标，并把已填写完整的招标书在规定的时间、地点送达招标人。招标书包括以下内容：招标通知（含招标人和准备内容）、投标须知、合同条款、技术规格、投标书的填写要求、投标保证金、供货一览表、报价表、工程量清单。

（2）邀标（招投标）——发布投标资格预审接受投标。通过专业途径（报刊、杂志、公告牌、网站）广而告之，或者向经过资格预审的供应商有针对性的发出公告（特快专递、传真、电子邮件）。邀标范围取决于发标方考虑在多大程度上促进竞争以及采购需求的紧迫性。

（3）开标——公开、公平、公正的形式。检查投标文件的密封情况后，按投标通知书中规定的时间、地点，邀请投标方代表参加开标会，当众宣布供应商名单、投标人的名称、投标价格和其他主要内容，有无撤标情况、提交投标保证金的方式是否符合要求、投标项目的内容、价格等，并对投标文件中不甚明确的地方加以解释。开标时应做好开标记录，内容包括：项目名称、招标号、刊登招标通告的日期、购买招标书的单位及其报价、收到其招标书的日期及其处理情况。

（4）评标与定标——体现价值观。请专家就各投标书内容进行专业评价，如果需要可以有目的性的开展谈判。最后确定中标的供应商。定标的关键在于评标方法和标准的选取。这与招标的类型也有着密切联系。评标方法与标准见本章4.2.3所述。

（5）授标——将合同授予最低评标价的投标人。在有效期内，在向中标者发中标通知书，同时通知其他未中标者，并及时退还投标保证金。签订合同有两种方法：其一，在发中标书的同时，将合同文本邮寄给中标者，要求其在规定的时间内签署合同并寄回。其二，中标者收到中标通知书后，在规定时间内，派人前来签订合同。当合同签署完毕，并且中标者按要求提交了履行保证金之后，合同就正式生效，采购工作就进入了合同实施阶段。

关于招标流程的标书，互联网（如 http：//www. ccuuc. org/source）提供了不少可以下载的网站，读者可以自行搜索。

4. 如何让招标流程更有价值

鉴于每个公司（而不是公共性组织）的投标过程受内部的政策和方针所支配，因而每个公司所使用的招标方法是不尽相同的。另外，公司所采购品项的技术属性也决定了招标的复杂程度，进而在招标文件的特定内容方面也会有千差万别。然而，无论如何都应该让招标流程更有价值。以下五点是从优化获取报价流程的角度凝练出来的提示，可以在实践中不断借鉴和完善。

（1）缩短不必要的时间：尽可能早地将采购需求清晰和简要的说明提供给期望的供应商而使签约不会有任何延期。

（2）通过与供应商进行更有效和简要的沟通来改进采购品的质量：对于产品性能描述应以"它应该做什么"为主，而不是"它如何做"。同时，限定一个足以充分保证竞争的范围。

（3）降低流程中所包含的行政管理成本：在正确反应公司规则和有关程序的

前提下提供清晰简明易于掌握的邀请函。

（4）标准化所有文件：尽可能使用标准版面设计的贸易文件及附件（例如询价单、报价单、订单、订单回复），以节省文件传输途中的时间和成本。可参考联合国贸易促进和电子商务中心（UN/CEFACT）的电子文档。

（5）利用招标文件"反向营销"企业：把准备招标文件作为向潜在供应商宣传自身吸引力的直接手段。

4.2.2　招标采购中不可忽视的关键要素

1. 关键要素之一：安排合适的团队人员

鉴于一个招标活动包括许多人员历经数月付出时间成本精力才能得出结论，因此组建招标小组，任命"招标项目经理"，运用项目管理的知识与思想是执行招标流程的基础保障。因此，考虑团队中经理与成员的分工协作以及工作风格是流程的有力保障。

以下是项目管理专家 Dr. Kenneth F. Smith 关于四种典型的个人工作/管理风格的归纳与对比，见表 4 - 3 所示。

表 4 - 3　　　　　　　　　　四种典型的个性工作特征

情感型	过程导向型
·情感型的人是以同情、热情和个人价值对其他人和环境做出判断 ·情感型的人是以感情为导向的，常常不能对其行为给出逻辑的解释	·过程导向型的人是一个汇总者，他总是将决策和判断延迟到获得更多的信息之后 ·过程导向型的人坦率、灵活、适应性强、不做判断、能够看到问题的各个方面，他总是欢迎新观点、见解及信息，很难接受约束，常常犹豫不决
推理型	工作任务导向型
·推理型的人则是以逻辑、分析、证据和可证实的结论对其他人和或事做出判断 ·推理型的人试图规避非理性并且不以情感和个人价值做出决定。他常常不能感知他人的需求，在决策中不考虑他人的感受	·工作导向型的人果断、坚定而自信，他喜欢设定目标并且为目标而奋斗 ·工作导向型的人希望引发事情、做出决定以及进入下一项目。然而，他经常对其他人没有耐心，有时在所有重要信息得到之前，或所有工作细节都考虑到之前，就过早地做出决断

概括而言，每种个性特征都各有优势劣势，每个人也都具有自己的工作风格，并且是上述描述特征的综合。因此这张表可以作为了解一个成员的个性工作风格的基准，也可以由人力资源方面的测评工具来具体判断。

表4-4是根据个性工作特征的不同而形成的组合。根据此表，可以建立起招标项目团队工作的指导性建议。

表 4-4 　　　　　　　　　　　　　　管理风格的组合

管理风格　　　角　度	培训者（Facilitator）（FP）	促进者（Promoter）（FJ）
适用人员	帮助人员、支持人员	领袖、销售人员
做事情的思路	指导性的	鼓舞性的
做事情的动力	为价值而做	为愿景而做
个性积极面	感情、同情、个人关系、个人价值	全局性、长远性、最终的影响
个性消极面	逻辑、不敏感、很少或无人员联系	细节、局限、缓慢
管理风格　　　角　度	组织者（Organizer）（TP）	监管者（Dictator）（TJ）
适用人员	计划人员、数据搜集人员、研究人员	主管、管理者、老板
做事情的思路	分析性的	管理性的
做事情的动力	为逻辑而做	为结果而做
个性积极面	综合性、逻辑、准确性	具体目标、果断、效率
个性消极面	实际错误、忽视细节、匆忙	不切实际、无要点、浪费时间

情感型 Feeling　　推理型 Thinking

过程导向型 Process-Oriented　　　　　　工作导向型 Job/Tesk-Oriented

（1）项目组由各种类型的人员组成以保持平衡。成员们应该克服其个性的弱点，并要善于接受反对意见，设法从他人的观点观察一下形势。

（2）处于同一维度并具有类似优点的人员通常很好相处，并且可以很快达成工作导向的决定。然而，因为存在共同盲点，其决定可能有缺陷。

（3）在做出最终决定前，工作导向的团体和个人（所有类型的）应该与类型相反的人员协商。

（4）处于不同维度并具有不同优点的人员经常无法接受彼此的观点、意见和行为，而且经常在很多问题上公开分歧。然而，因为存在不同的观点，所以通常在此互动基础上做出的决定要好得多。

2. 关键要素之二：招标文件的准备

一般而言，招标文件的构成见图 4－11 所示。

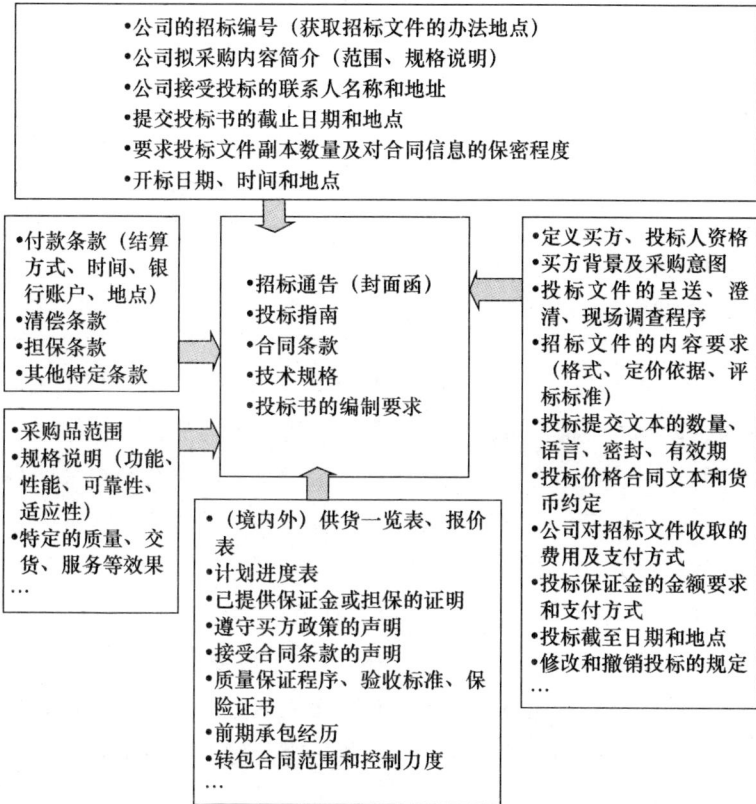

- 公司的招标编号（获取招标文件的办法地点）
- 公司拟采购内容简介（范围、规格说明）
- 公司接受投标的联系人名称和地址
- 提交投标书的截止日期和地点
- 要求投标文件副本数量及对合同信息的保密程度
- 开标日期、时间和地点

- 付款条款（结算方式、时间、银行账户、地点）
- 清偿条款
- 担保条款
- 其他特定条款

- 招标通告（封面函）
- 投标指南
- 合同条款
- 技术规格
- 投标书的编制要求

- 定义买方、投标人资格
- 买方背景及采购意图
- 投标文件的呈送、澄清、现场调查程序
- 招标文件的内容要求（格式、定价依据、评标标准）
- 投标提交文本的数量、语言、密封、有效期
- 投标价格合同文本和货币约定
- 公司对招标文件收取的费用及支付方式
- 投标保证金的金额要求和支付方式
- 投标截至日期和地点
- 修改和撤销投标的规定
  …

- 采购品范围
- 规格说明（功能、性能、可靠性、适应性）
- 特定的质量、交货、服务等效果
  …

- （境内外）供货一览表、报价表
- 计划进度表
- 已提供保证金或担保的证明
- 遵守买方政策的声明
- 接受合同条款的声明
- 质量保证程序、验收标准、保险证书
- 前期承包经历
- 转包合同范围和控制力度
  …

图 4－11　招标文件的构成

这里对表中的某些内容做以下补充说明。

（1）一份招标文件应该能够：

- 确保投标者能够提供公司所需要的资料以便公司采购决策；
- 尽可能地标准化所有文档和使用清晰简明的语言描述；
- 充分正确反应公司的政策和有关程序；
- 有利于吸引潜在供应源成为日后的业务合作伙伴。

（2）关于合同条款的具体内容应该有基本和特殊之分，见表 4－5。

表 4-5	合同条款的具体内容
基本合同条款	**特殊合同条款**
·买卖双方的权利和义务	·交货条件
·运输、保险、验收程序	·履约保证金的具体金额和提交方式
·价格调整程序	·验收和测试的具体程序
·付款条件、程序以及支付货币规定	·保险的具体要求
·履约保证金的数量、货币及支付方式	·付款方式和货币要求
·不可抗力因素	·解决争端的具体规定
·延误赔偿和处罚程序	·零配件和售后服务具体要求
·合同中止程序	·对一般合同条款的增减等
·解决争端的程序和方法	
·合同适用法律的规定	
·有关税收的规定等	

（3）关于技术规格。技术规格是招标文件和合同文件的重要组成部分，它规定所购货物、设备的性能和标准等。技术规格也是评标的关键依据之一，如果技术规格制订的不明确或不全面，就会增加采购风险，不仅会影响采购品质量、进度、成本，也会增加评标难度，甚至导致废标。货物采购技术规格一般采用国际或国内公认的标准。

（4）关于投标书的编制要求。投标书是投标供应商对其投标内容的书面声明，包括投标文件构成、总投标价、投标书的有效期和投标保证金等内容。其中，投标书中的总投标价应分别以数字和文字表示。投标书的有效期是指投标的有效期，是让投标商确认在此期间内受其投标书的约束，该期限应与投标须知中规定的期限相一致。

（5）关于投标保证金。投标保证金是为了防止投标商在投标有效期内任意撤回其投标，或者中标后不签订合同或者拒绝缴纳履约保证金，使采购方蒙受时间和金钱上的损失。投标保证金可以确定为投标价的一定比例，一般为投标价的1%～5%，也可以为固定数额。以投标价确定投标保证金很容易暴露投标商的投标价格，所以固定投标保证金的做法有利于保护各投标商的利益，相对来说更加合理和理想。

总之，质量高的招标文件，覆盖全面、逻辑严密、简洁明了，既毫无疏漏地表达出采购人的合理意愿，又吸引来足够数量的供应商广泛竞争，这样的招标文件无疑是招投标走向成功的良好开端，只要保证后续规范运作，可以说招标文件的成功已是招标成功的一半。

3. 关键要素之三：招标流程中的风险防范

风险就是不确定性。招标流程的风险存在于上述各个基本环节中，不确定性最坏的结果就是"废标"。

所谓废标，就是招标采购活动中（或招标信息发布后，或招标文件发售后，或开标评标后）做出实质性响应的供应商数量因达不到规定的最低法定要求，而导致招标采购失败的情形。

废标的出现，延误了采购项目的完成时间，增大了采购成本，甚至使整个采购工作处于被动状态，这是采购方、采购执行机构和供应商都不愿面对的结果。因此，要防止废标，首先应该认清废标原因，在流程规划和执行中采取针对性措施，提高开标成功率，促进采购工作健康发展。

调查发现，在实际工作中，通常因主观和客观两方面的原因而导致废标，大多数废标因主观问题导致[1]。

主观方面原因如下。

第一，对投标供应商的资质要求过高。一些标的额并不大、技术要求并不复杂的采购项目，采购单位往往对供应商提出了较高的要求，致使经营规模不大的供应商因资质不够而无法参与竞争，经营规模稍大的供应商又由于项目的标的额不大而对投标不感兴趣，想做的进不来，符合条件的又不愿参加，最终导致有效投标人不足三家而流标。

第二，在招标文件中提出一些不切实际的要求。例如要求投标人提供制造厂商针对某项目的授权证书原件，导致很多供应商被排斥在外。这种需要授权证书的要求，也程度不同地给制造厂商提供了控货以至于操纵市场价格的机会。

第三，采购项目的技术参数设置不尽合理。如带"＊"号条款（必须满足的技术参数）设置过多、过高，往往潜藏指定品牌或限定品牌范围的意图，在一定程度上也就排斥了其他品牌供应商的投标。

第四，要求供应商响应的文字条款表述不清晰。投标供应商因对招标文件的文字理解产生歧义而未能按要求对招标文件做出实质性响应，或招标文件中的废标条款过多过滥，投标供应商往往因一时疏漏而导致投标成为无效标。

第五，招标文件的评分办法、评分标准等重要条款设置不合理或显失公平。

---

[1] 资料来源：张燕，《大多数废标因主观问题导致》，载于《政府采购信息报》，2009 年 5 月 11 日。

结果导致潜在供应商因中标期望值过低而主动放弃投标。

第六，采购预算过低。一些采购单位在申报采购预算前未经过认真的方案测算和充分的市场调查，或在市场价基础上过分压低采购预算，致使采购项目利润过低或无利润，打击了供应商投标的积极性。

第七，付款方式过于苛刻。供应商如期履约后，一时不能收回或在很长时间才能收回全部合同价款，这种情况极大地挫伤了供应商特别是外地供应商的投标积极性。

第八，供货时间或工期过短。采购单位专为事前约定的供应商设定的供货时间或工期，其他供应商因无法保证按期供货或完工而放弃投标。

第九，信息发布不充分。采购信息公开发布范围过窄或发布时间过短，多数潜在供应商不能获得采购信息。

客观方面原因如下。

第一，因采购项目专业性强，潜在供应商数量较少。例如部分专业设备对产品的技术性、稳定性、安全性有行业标准和严格要求，需要提供相关的资质证明，而目前市场上已取得相关资质的潜在供应商数量有限。

第二，因采购项目供货或售后服务方面的特殊姓，不适宜外地供应商投标，而本地供应商数量有限。

以上从招标采购的结果——"要有中标者"这个角度说明了目前这种模式运行中还有许多困惑之处。然而，无论是主观还是客观原因，只要本着"不要为了招标而招标"的基本思想，那么开标成功率都是可以提高的。这也可以作为防范废标风险的首要原则。

另外，更为重要的是要认识到，由于在执行招标采购流程各环节中的意外情况（包括人为因素、经济因素和自然因素）发生，都会导致招标结果不甚理想或者根本就是南辕北辙的结果。

具体来说如标书的编制有漏洞、供应商之间相互共谋串标、评标的方法不适合所购货物、邀请投标时企业内部和供应商之间的贿赂腐败行为等，这些风险都属于可预见性操作风险（在招标文件中已经写明但当事人因各种原因并没有执行的义务）。

还有就是对供应市场变化的经济因素缺乏预见性，对供应商的资质和能力缺乏深入了解，或者是对由于不可抗力因素有可能导致供应商不能按质按量交货的可能性估计不足等等，这都属于不可预见性的艰难风险。

这些情况都会影响招标采购预期目标的实现。针对这些风险，需要采取一定措施予以规避来减少损失。以下例子是某公司在招标实践中应对风险的经验概括，不妨作为一种实践借鉴吧。

案例　　　某公司应对招标采购风险管理的几点经验

1. 制订招标采购的实施标准

由于部分零部件或包装物用量较小不适应招标采购方式，对招标采购的适用情况制订标准，如规定一定金额以下的物料及零星采购经批准可不参与招标采购等，从而避免盲目招标所带来的人力、物力的浪费。

2. 注意合同条款的灵活性

由于招标采购将签订与供应商的长期合作协议，如供应商物料成本发生下降或上涨时，标书将难以执行。故可与供应商协商，当供应商原料发生的涨价或降价达到一定幅度，如达到 3% 以上时，适当调整标书的执行价格，如在 3% 以内时，则保持原协议条款不变。

3. 综合评定供应商资质

如新开发客户参与投标时，可能以最低价中标，但其综合资信情况无法保证。所以中标方的确定，不应仅仅考虑价格，还应由招标小组组织供应、技术、质检等部门人员对每家供应商的供货质量、供应能力、资信水平等情况进行综合评估确定。

4. 加强采购工作的计划性

如果某项原材料可选供应商较少、器件技术标准要求较高或物料需求较为紧急时，招标可能较难操作。要求物料需求部门在合理期限前做好采购计划，以便于供应部门提前确定可选供应商并通知准备样板，除确实紧急且经公司程序批准情况外，均按集团统一招标程序操作。

5. 注意招标方式，控制招标过程

由于供应商可能联合串标，恶意抬高价格。在方式上，建议采用暗标的方式，在招标过程中注意控制供应商间的信息传递，防止供应商串标的情况。

6. 对需要跟标的情况制订相应规范

当中标供应商供应能力不能满足公司全部物料需求时，跟标单位及跟标价格不好确定。可考虑对接近标底的未中标供应商公布标底，要求其按标底供货。

4.2.3　选取合适的评标标准与方法

理论上讲，任何一个流程的效率高低，除了流程本身环节的多少以外，其中总存在一个起关键作用的环节。评标环节就是招标流程中最能形成"合理最低评标价"的关键，是价值取向"科学化"的过程。因此，选取合适的评标标准与方法非常重要。

简言之，评标是对投标文件的评审和比较。评标标准概括为价格标准和以价格为主兼顾其他因素的标准。评标方法是运用评标标准评审、比较投标的具体手段。

1. 关于评标标准的确立

评标是招标流程中价值观最直接的体现，根据什么样的标准和方法进行评审非常关键，这也是一个原则问题。

评标的标准，一般包括价格标准和价格标准以外的其他有关标准（又称"非价格标准"），以及如何运用这些标准来确定中选的投标。非价格标准应尽可能客观和定量化，并按货币额表示，或规定相对的权重（即"系数"或"得分"）。

通常来说，在货物评标时，非价格标准主要有运费和保险费、付款计划、交货期、运营成本、货物的有效性和配套、零配件和服务的供给能力、相关的培训、安全性和环境效益等。在服务评标时，非价格标准主要有投标人及参与提供服务的人员的资格、经验、信誉、可靠性、专业和管理能力等。在工程评标时，非价格标准主要有工期、质量、施工人员和管理人员的素质、以往的经验等。

评标基本程序如下。

（1）投标文件初审。初审分为资格性检查和符合性检查。资格性检查是依据法律法规和招标文件的规定，对投标文件中的资格证明、投标保证金等进行审查，以确定投标供应商是否具备投标资格。符合性检查是依据招标文件的规定，从投标文件的有效性、完整性和对招标文件的响应程度进行审查，以确定是否对招标文件的实质性要求做出响应。

（2）澄清有关问题。对投标文件中含义不明确、同类问题表述不一致或者有明显文字和计算错误的内容，评标委员会可以书面形式（应当由评标委员会专家签字）要求投标人做出必要的澄清、说明或者纠正。投标人的澄清、说明或者纠正应当采用书面形式，由其授权的代表签字，并不得超出投标文件的范围或者改变投标文件的实质性内容。

（3）比较与评价。按招标文件中规定的评标方法和标准，对资格性检查和符合性检查合格的投标文件进行商务与技术评审，综合比较与评价。

（4）推荐中标候选供应商名单。中标候选供应商数量应当根据采购需要确定，但必须按顺序排列中标候选供商。

2. 关于评标方法的选择

归纳一下目前见到过的评标方法，有如下三大类。

（1）直接以最低投标价为基础的评标方法。这种情况下，首先要检查供应商的报价是否符合某些最低需求标准（如能否满足规格说明、能否按要求的时间进度交货），只有满足或超过这些标准才能依其提供的价格是否是最低而中标。需要注意的是：

- 利用最低投标价作为评标基准并不意味着提供最低价格的供应商就会自动入选；
- 最低投标价是评标最简单的标准，是对最低需求直接回答是或否，并进行直接的价格比较；
- 最低投标价评标法适用于公司致力于使采购价格降至最低的情形，即很可能是采购后成本可以忽略的情形；
- 在需求相对直接明了且能以公认的标准或广泛认可的说明进行采购的场合，最低投标价是理想的标准。

这种评标方法操作简便，应用范围较广。但由于此种方法在评标时，容易忽略非价格因素，极其容易陷入"劣币驱逐良币"的怪圈。因为每个厂家的生产能力、厂家规模、生产条件、质量保证和信誉度、交货期、运距都存在差异，所以在招标时的报价就会不同。尤其是当设备具有异质性时，价格低廉就不应作为中标的唯一标准。

（2）以最低评标价为基础的评标方法。这种方法就是把评标价格（不是供应商报价）看做是中标的唯一因素。使用这种标准，可以认为，评标价最低的投标不一定是投标报价最低的投标。因为评标价是一个以货币形式表现的衡量投标竞争力的定量指标。它除了考虑设备投标价格因素外，还应该综合考虑投标人所报设备的质量（可靠性）、设备维护、施工期及工程组织设计等诸多因素，并将这些因素以某种标准尽可能加以量化折算为一定的货币额，给予权重计算得到。

形成合理的最低评标价的路径很多，可以有不同的计量手段。例如，最低评标价来自于用合理的利润加上以下两种成本中的其中一种：进口货物的到岸价

——成本＋保险＋运费；国产货物的出厂价——原材料及零部件采购成本＋生产成本＋税款（不包含销售税）。若原材料、零部件已从国外进口并已放在境内的，应报仓库交货价，含进口关税，但不包含销售税。

还可以进行价值评估得出。在考核供应源的实力与意愿后，将一个报价的非成本优势与它的关联成本进行对比，这个成本既可以是直接的采购价格，还可以是物品的"所有权总成本"（指从获得物品的时刻开始直到全部使用或处置的时刻为止的所有成本）。经过比较，有可能最终所选择授予合同的供应商不是投标价格最低的供应商。

最为常见的是用加权综合评分得出。评标委员会根据评标标准确定除价格以外的每一个关键要素的相对权重（或得分值），然后打分，得分最高的投标即为中选投标。通常，这种办法用在公司采购耐用物品上，如车辆、发动机及其他大型设备。要考虑的因素有：内陆运费和保险费，交货期（提早不优惠，推迟要罚款），付款条件（多项选择，淘汰不符合者），零配件供应和售后服务情况（采购方服务加费），招标货物的性能、生产能力、配套性、兼容性，设备安装、调试的技术服务和培训费（加在报价上）。由于这种权重打分比较适合于整体评价，可操作性极强，因此在采购实践中被普遍采用。

案例　　　　　　　　某采购方的加权综合打分法

某采购方评标委员会在考虑了影响评标的各种因素后给予一个分值（权重）：投标人基本情况15分，投标产品质量情况30分，投标报价情况40分（其中投标报价35分，优惠条件5分），售后服务情况10分，安装资质等级5分，满分100分。

其中有些内容的评分标准是固定的，如安装资质甲级为5分，乙级3分，K值是变量，需在开标之前确定、公布。得分由下面的公式求出，最后取一个得分最高值。

$$报价得分 = 40 - \frac{（投标报价 - 最低报价）}{（最高报价 - 最低报价）} \times K$$

或者也可以把上述因素分配权重因子，按照类似于第3章表3-9所提供的权重方法进行计量，于是直接得出中标的供应商。

需要注意的是：

• 加权评分是依据反映供应商相对重要性的一系列"加权"标准对其进行评

分，全部得分最高的供应商将被授予合同/订单；

- 在使用加权评分的标准时，成本应与全部其他标准一样对待；
- 使用加权评分法之前，应确保对供应商的选择是建立在对许多相关标准进行全面评价的基础之上；
- 加权因素以及分值的分配、打分标准均应在招标中做出明确规定。

（3）以所有权总成本为基础的评标方法。这种评标方法以采购物品在使用寿命周期内的所有权总成本最低为评标依据。特别适用于整套厂房、生产线、设备和车辆等设备的采购，因为这些设备在运行期内的各项后续费用（如零配件、油料、燃料、维修等费用）相对较高，有时还有折旧和回收等。其计算原则是，在标书报价的基础上，加上一定的运行期内的各项费用，再减去一定年限后的设备的残值，即扣除这几年折旧费用后的设备残余值，并按投标书中规定的贴现率来折算成总费用净现值，以费用净现值最低者中标。其中，净现值的计算公式为：

$$NPV = P + C_j / (1+i)^{n-1} - R / (1+i)^n$$

式中，P 为标书报价，C 为各期成本支出，i 为贴现率，R 为残值。

需要注意的是：

- 公司将关注的焦点从采购品的报价转向其所有权总成本常常比较困难，因为有时候管理的重点或许是侧重于短期的财务绩效，另外在不同部门的统计使用时也比较复杂；
- 与长期使用费用相比较，采购价格通常是所有权总成本构成中相对较小的一部分。另外，在计算所有权总成本时，设备生产效率以及设备服务期如果超出了公司要求的范围，这些因素所带来的财务上的收益或损失也应该加以考虑。

案例　　　　　　上海石化招标采购中的评标办法

1. 组建专家库

为了规范采购行为，严格招标采购程序，上海石化组建了自己的专家库，共分设备、电气、仪表、材料和化工 5 个大类。专家库成员以高级工程师和高级经济师为主，吸收少量有专业才能的中级工程技术人员参与，而这些专家都是上海石化的技术精英，都能够独立解决技术问题。因此，上海石化专家库具有较高的技术水准。

2. 招标项目的评审委员由用户推荐和专家库随机抽样选择产生

用户推荐的评委数量不超过评委总数的1/3，基本上为1~2名。用户评委的主要职责是介绍技术交流情况，供应商的主要特点和经营业绩，其次是介绍用户现有设备装备情况以及库存备品备件情况，为其他评委评分作参考。抽样选择评委人数不得少于评委总数的2/3。

3. 自行招标采购以邀请招标采购为主

在长期的采购实践中，根据控制总量、提高质量、优胜劣汰、公正廉明的准则开发形成了有228家成员的资源市场。在自行招标采购中多以邀请招标采购为主，被邀成员多是从资源市场中挑选出来的供应商。由于对供应商的资质、生产能力和技术水平相当了解，选择目标供应商能够做到有的放矢，减少供应商筛选的时间，把时间集中放在技术交流和商务标上，从操作情况看，到目前为止，很少出现废标，采购的设备基本上达到了设计要求。

4. 招标采购评标以综合评分为主

评委的职责是对投标供应商的资质、经营收入、技术水平、生产能力、交货期、投标标的和货款支付方式进行综合评价，采用打分的形式，满分为100分，如表4-6所示。

表4-6 招标评分表

分类	标的	技术水平	生产能力	经营收入	资质	交货期	货款支付方式	总计
标准分	60	10	10	10	5	3	2	100
评分								

评委通常由5~7人组成，评标委员会按招标文件确定的评标标准和方法打分，累计总分时去掉一个最高分和一个最低分，并按总分高低排序。评标委员会评标结束后，提出书面评标报告，并根据评分高低推荐中标候选人。在标的不超过100万元时，授权评标委员会直接确定中标人；标的超过100万元时，由招投标领导小组根据书面评标报告和推荐的中标候选人确定中标人。

5. 关键设备的采购委托专业招标公司投标采购

根据物资的特点，将招投标具体划分为进口设备、备件和材料、国内制造的大型设备等几大类。像加氢反应器、汽轮机等大型设备的招投标就委托专业招投标公司如上海机电设备招标公司、中国石化国际事业公司进行招投标采购。

其他备件材料就自行招标采购。由于专业招投标公司操作规范、专业水平高，对招投标双方都有很强的约束力，能够保证招投标质量。

6. 委托专业监造公司对中标人进行全过程验收和监造

对关键设备、材料、备件实行中间验收和监造，以确保采购质量。例如腈纶部8.3立方米聚合釜和3.2立方米终止釜的中间验收时，在现场拼装焊接阶段，发现部分焊接质量、焊缝均匀性及成型、铝板的拼接错边、部分圆筒弧板内凹等超过设计标准。据此马上要求供应商研究拿出整改建议，并由双方签署检查备忘录，确保了采购质量。除此之外，上海石化还委托中国石化等监造中心监造重大设备等金额达2.39亿元。监造包括进度、材质检验、制造工艺、制造方法和验收等多方面的内容。通过多次的招标采购实践，上海石化体会到：中间验收和监造是保证招标采购质量的有效方式。

资料来源：http：//www.cqvip.com。

>> 本章学习总结

"流程"是企业获得客户价值认可的桥梁，为满足客户需求而灵动有序的供应流程更是企业得以顺畅发展的支柱。

"获取与落实"的本意应该是为采购方创造一个买方市场。因此，供应链总监需要拥有流程优化的思路去寻找和改善招标流程。面对众多供应源，需要用务实的做法去不断修正获取与落实的招标流程，并使之以制度化来带动供应链上的伙伴们紧密合作。其智慧和经验的获得必然产生于下面三个方面：

- 在权衡供应目标与供应流程匹配方面，重要的是平衡获取与选择中的效率与效益
- 在评价方法方面，要考虑所采购物品的特性以及合同价值、供应风险、管理成本、责任与道德、商务关系等因素
- 在运用评标标准方面，关键是体现上述评估思路及把握每种标准的精髓

图4-12简洁地表述了本章的主要内容。

正如古诗"曾经沧海难为水，除却巫山不是云"所描述的意境，掌握"定夺"的主导权，正确有效地建立并规范"获取与落实"供应源的招标流程，怎么强调也不过分，否则将会花费公司很大的成本。

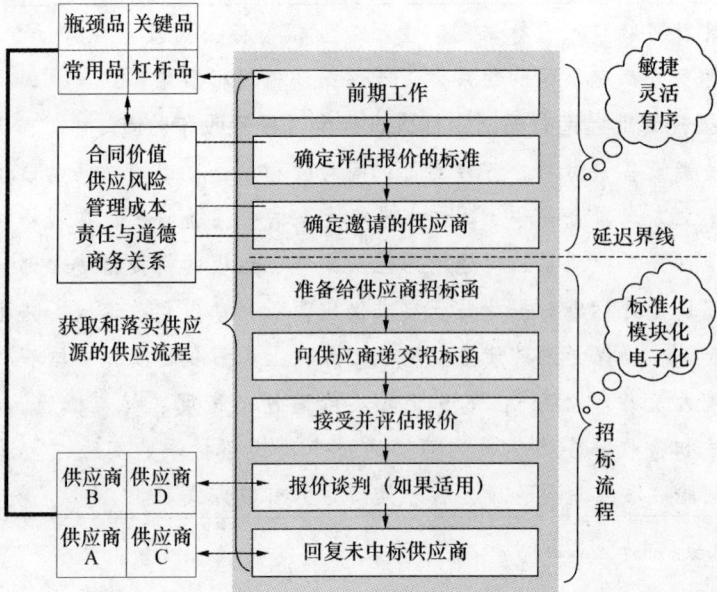

图 4 – 12   "定夺"的流程

第 5 章 就势

把脉供应链冷暖，做维护企业间合同关系的护航者

东边日出西边雨，道是无晴却有晴。

——刘禹锡

如果我们不仅能为自身的发展与上下游供应商和客户建立伙伴关系，而且还能关注并协调上下游伙伴们之间的利益纷争，必能同奏辉煌曲，共创双赢史！

- 分析供需关系特征与策略

  1. 知晓供需关系的"分水岭"

  2. 明晰关系渐变的"晴雨表"

  3. 把握伙伴关系的"指南针"

- 有效管理合同与防范风险

  1. 了解合同内涵及类型

  2. 监控合同执行中的风险

  3. 处理供需关系中的争议

5.1 供应链中供需关系的特征与策略

5.1.1 供需关系利益的"分水岭"

在全球化所带来的非本地化生产以及互联网信息技术所促进的竞争和创新这两个主要因素的推动下，供应链上供需利益关系变化的频率在加快。例如，当某些快速消费品的需求不稳定（非季节性因素引起）时，在围绕着满足需求的销售—生产—供应过程中，每个环节（企业）都会不同程度地加大生产和库存量（这就是著名的牛鞭效应[①]），这形成了供需利益的经常性波动。如果不能有效把握引起这些波动/变化的变量，或者灵活协调变量后面的利益，那么在第3章中谈到的"知己知彼"的框架图充其量就是一张美丽的山水画而已。

让我们对照本书第3章的表3-4"知己知彼——企业可能与供应商建立的关系"开始，围绕"协调上下游伙伴们之间的利益纷争"目标，对此进行归纳分析，形成图5-1所示的从需方角度看到的供需关系分水岭。

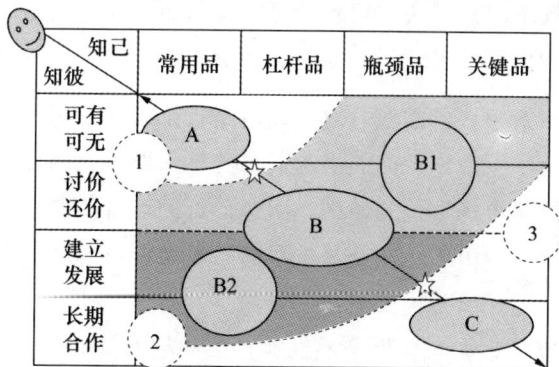

图5-1 从需方角度：供需关系的"分水岭"

在图5-1中，企业与其供应商的关系沿着对角线从左上角到右下角是由远

---

① 牛鞭效应，指的是供应链上的一种需求变异放大现象。信息流从最终客户端向原始供应商端传递时，各方无法有效地实现信息的共享，使得信息扭曲而逐级放大，导致了需求信息出现越来越大的波动。此信息扭曲的放大作用在图形上很像一根甩起的牛鞭，因此被称为"牛鞭效应"。

至近。站在买方"知己知彼"的角度看，供需利益的"分水岭"由两个圆弧构成了三个区域。

- A 表示双方供需关系以一次交易为主，故名为"即期现货合同关系"。
- B 表示双方供需关系以多次重复交易为主，只是每次签订合同的期限不同、数额不同，故名为"定期框架合同关系"。其中以虚线 3 又把 B 区域分成两部分 B1 和 B2。B1（虚线 1 和虚线 3 围成的区域）表示无定额合同关系，B2（虚线 3 和虚线 2 围成的区域）表示定额合同关系。
- C 表示双方长期供需关系已经确定，并且以战略合作伙伴为导向，故名为"长期合作伙伴关系"。

1. 区域 A：即期现货合同关系

现货采购合同关系，通常指供需双方就每次采购/销售分别订立一个独立的合同。因其特征是基于合同基础上的一次性信任，所以有时候也被称为是"单次交易关系"、"一次交易关系"。供需双方的这种合同关系通常存在于以下现货买卖情景：

- 某些标准品或服务都能达到买方基本需求，此时仅比较价格因素；
- 供应市场竞争激烈，买方很容易更换供应商，并且交易风险很低；
- 节省多方询价所带来的不必要的管理费用。

在这种合同关系中，供需双方对于以后是否延续交易都没有明确意向。

从供应方的角度，由于产品能满足需方的基本要求，因此重要的是建立不以虚假低价而损失掉其市场地位为原则，明确低价的计价机制和规范操作。

从需求方的角度，由于单次交易关系的易逝性，没有必要对供应商的供应业绩进行正式考核，因此通常需要关注以下两点。

（1）与那些能迅速满足所购产品性能特征的相关供应方交往，并注重谈判的战术手段。

（2）在签订现货合同前所具有的谈判优势，往往会在现货合同签订之后逐渐丧失。供应方只会履行合同里规定的直接义务，某些非直接义务往往要额外收费。因此，需求方要承担由于在谈判中考虑不周而导致的利益损失。

2. 区域 B：定期框架合同关系

框架合同通常表示双方供需关系经过多次重复的现货交易后（例如，需求方从一个或多个供应方处进行重复的现货采购），为节省多次议价的时间精力和费用支出，双方达成的在一段时间内需求方采购某些能满足有效需求量的框架协议，通常也称为"总括合同"、"一揽子合同"。

其中"一段时间"，通常是指一年或更长。在此时限内，双方的所有买卖按照合同约定的价格执行均是有效的。关于"需求数量"的履约办法，双方可以不约定数量（只确定期限、价格等因素），也可约定数量（此时为定额合同，这有利于供应方尽早确定供应计划，相对而言报价会有优势）。

在这种合同关系中，合同条款的内容是建立在信任供应商有能力履约、以中长期的价格和服务导向为基础上的。因此，在签订框架合同前，需求方通常会对供应方提供的产品或服务性能要求，以及供应商的某些技术能力进行评估。签订合同后，需求方的采购供应部门可以授权其内部的最终用户直接按照合同条款提出他们的具体需求数量，以便让供应方及时供货。

另外，供需双方的这种合同关系适合于以下交易情景：

- 需求方对（某一类标准）产品的需求较为频繁，为节省每笔合同的开销；
- 该类产品的价格很容易确定，双方均无异议；
- 该类产品的需求量不太容易预测，或者只能就某一时期进行预测。

值得注意的是，在 B 区域要分别关注 B1 和 B2 区域的供需关系，图 5-2 为从需方角度进行的"策略分析"示意。

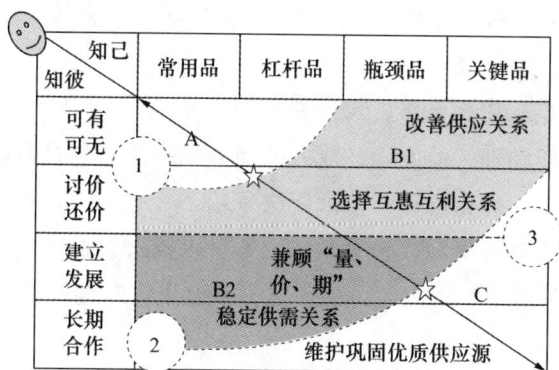

图 5-2 从需方角度的"策略分析"

（1）在 B1 区域，针对供应方采取"可有可无"策略，意味着需求方将面临巨大的供应风险。如果采购瓶颈品和关键品，需求方要分析为什么会被供应方边缘化。基本策略是，如果可能，要么降低产品特殊性与供应方讨价还价取得一个有力价格，要么想法做一名好客户，尝试与供应方签订无定额合同①，主动以改善供应关系。

（2）在 B1 区域，针对供应方采取"讨价还价"策略，意味着双方势力均衡。需求方无论是采购常用品、杠杆品、瓶颈品，还是关键品，都有选择互惠互利交易关系的基础。而当这些品项中的产品是标准品时，签订无定额合同能让需求方避免每一次讨价还价的时间精力成本；若是非标准品，也可以签订多份无定额合同，以防止供应方降低服务水平。

（3）在 B2 区域，针对供应方采取"建立发展"策略，意味着需求方占据有利地位。无论其采购的是常用品、杠杆品、瓶颈品，还是关键品，出于稳定供需关系的利益的原则，需求方可以与供应方签订定额合同②。

（4）在 B2 区域，针对供应方采取"长期合作"策略，意味着供需关系最好的结果。无论需求方采购的是常用品、杠杆品、瓶颈品，还是关键品，为维护巩固优质供应源，需求方可以与供应方把定额合同中的期限约定为"永久"，即直至双方因为各种原因中止合同为止。

3. 区域 C：长期合作伙伴关系

长期合作伙伴关系通常建立在双方有良好合作意愿及高度信任的基础上，其核心就在于双方在合作时不是按照合同规定的义务，或者说求助于合同的约束力来执行，而是强调互赢的利益、协商解决某些争端。与交易合同关系相比较，成功的合作伙伴关系具有如下特征。

（1）互相依存、注重合作、长远利益。

（2）本着信任和理解的原则，双方共同关注降低成本而不是价格。

（3）共享信息、优化流程、协商解决争端。

（4）为提高交易效率和改善关系，双方可以投入大量精力和资金。

这种合作关系对于需求方，可以通过分享整个供应链的信息来降低采购供应

---

① 无定额合同，指在一年或者更长的时间内，双方约定供应价格而不约定供应数量。供应方按照合同价格提供产品或服务。合同签订后，需求方可以主动定期参与落实最终用户和供应商对合同的执行情况。

② 定额合同，指在一年或者更长的时间内，双方不仅约定供应价格还约定供应数量。如果采购方不能达到约定的数量，则供应方按照合同价格提供产品或服务。合同签订后，需求方可以主动定期参与落实最终用户和供应商对合同的执行情况。

总成本、降低供应风险，还可以与供应商合作开发新产品，提高整个供应链的效率和增强竞争力；对于供应方，可以更准确地满足下游客户的需求，在稳定市场份额的同时也拓展销售业绩。

5.1.2 供需关系渐变的"晴雨表"

让我们追溯到20世纪50年代的供需关系及其以后的演变，见图5-3及表5-1，图中的曲线告诉我们，随着时间的延伸，经济环境中的供需关系时代特征沿着从关注价格、总成本、质量与交期成本的平衡到供需过程一体化的路径前行。换言之，可以通过分析诸如经济环境、技术发展、市场复杂度等"晴雨表"因素，看到供需关系是怎样由强调交易转到关注关系的。另外，对于现货交易和合同关系，供需双方更多的是以谈判方式来完成短期的沟通与协商；而对于合作伙伴关系，供需双方之间的沟通更多的是在战略层面上的互相选择。于需求方是选择战略型供应商，于供应方是选择稳定而可靠的大客户。

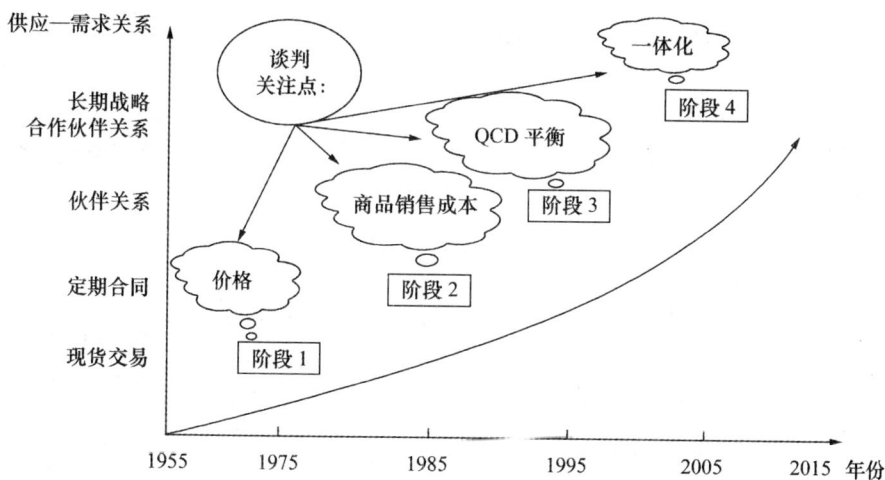

图5-3 供需关系的演变—需方角度

图5-3还给出两点启示：第一，从需求方（供应链下游企业、买方）的角度看，沿着时间轴，供需合作伙伴关系的牢固程度主要依赖于双方是否主动意识到关系的重要性，以及用什么策略和方式维护关系；第二，供需伙伴关系的构建正是今天商业关系的核心。正如管理学大师德鲁克所言："客户与供应商的相互依存是取得竞争优势的最后一个领域。"笔者从基于企业核心竞争力的角度，把

表 5 -1 供需关系演变的阶段性特征——需方角度

时间周期	1955 ~ 1975	1975 ~ 1985	1985 ~ 1995	1995 ~ 2005
供需双方谈判关注点	目标单一：价格涨落	综合考虑：商品销售成本	寻求平衡：质量交期成本	战略角度：信息共享下双赢
供需关系的表现形式	需求方用每次现货交易调整与供应方关系远近：以疏远关系作为"处罚"，以拉近关系作为"奖励"	需求方通过向供应商外包生产职能和重新确定产品规格而减少商品销售成本，但关系是短期的。需求方为了获得自制或再售产品的全面而恒定的质量标准，采取深入到供应商内部考察的方式	需求方为寻求质量、交期、成本的平衡，注重与供应商讨论相互的计划进程（比如生存能力、质量保证、交货时间、库存管理等要素），并建立联盟	需求方把分析和选择供应源、管理获取成本、建立供应伙伴关系、提升质量、改善交期、充分利用技术等活动界定为与供应链上游一体化过程，即在公司内部和公司之间，从产品的概念到生产、配送、销售甚至是售后服务，形成一个连续的供应流程
供应商数目	大量	很多	有限	少
对供应商评价	价格导向	价格和服务导向	所有权总成本	所有权总成本能力与积极性
合同关系测评重点	基于合同的信任	基于合同的信任	基于对合同和供应方能力的信任	基于良好的愿望和合作的信任

这个结论进一步解释为："合作伙伴关系是检验当今企业是否具有竞争力的晴雨表。"（见第 1 章图 1 - 15）①。

---

① 随着企业各自的核心能力不断被经济浪潮"大浪淘沙"，企业的核心竞争力 = 核心能力 + 战略采购，其中：战略采购 = 外包。因此，可以得出结论：在形成企业核心竞争力的过程中，外包的实质就是与"外围企业"构建战略伙伴关系，这种关系的稳定性是决定企业核心竞争力强度的基础之一。

1. 现货交易和定期合同关系的沟通方式——谈判

现货交易关系和定期合同关系的供需双方在进行交易时，沟通的方式通常是谈判。

基于需求方的角度，毫无疑问，谈判是一个需要花费时间、金钱、人力和物力的过程。在有些情况下，使用谈判会导致企业成本的增加和浪费。那么，在什么情况下使用谈判比较合适呢？

- 当企业采购的产品或者服务总价值比较高，而谈判所花费的金钱较之而言，甚至可以忽略时；
- 当企业想寻求新供应商以弥补由于现有供应商数目较少有可能导致供应风险时（例如由于知识产权的原因导致只有少数供应商）；
- 当企业所采购产品或项目对自身核心竞争力不仅有着生死攸关的作用，而且与供应源的密切支持有千丝万缕的联系时；
- 当企业采购复杂的产品或项目，除价格以外要考虑其他因素（质量规格、交期、服务地点等）时；
- 当企业采购的是创新型产品或项目，需要通过谈判或者协商等形式来澄清有关产品价格、技术指标等要素时。

然而，正如本章前面所述，在现货交易关系中，供需双方对于以后是否延续交易都没有明确意向，双方的谈判主要是关注眼前利益，围绕着单一变量目标是否迅速实现而进行。比如，于需求方，在获得产品的基本质量或性能满足要求后，基本上就是以最低价格思路与供应方进行或长或短的讨价还价；于供应方，由于看不到后续生意的延续性，可能会抛出一个"天价"，与需方进行"价格拉锯"直到签订合同为止。

在定期合同关系中，由于供需双方对于以后的交易有预期安排（比如供需双方签订的是框架协议、总括合同、一揽子合同等），因此，供需关系在进行沟通和协调时，准备合理恰当的谈判策略就非常重要。

鉴于谈判的理论深厚广博，谈判的实践内涵丰富多样，笔者这里仅就谈判的本质、策略、技巧和风格等方面内容，抽象概括出指导性条例，为供应链总监的就势而为提供借鉴。

（1）关于谈判的本质。谈判的本质在于沟通，其目标是寻求双方共同的妥协点，从而形成协议、合约或约定等。这个过程，包含事前的精心准备、事中的灵活应变、事后的总结评价等。

首先，谈判准备是成功的基础。充分的准备＋明确的目标＝谈判成功＝满足公司的目标。需要准备的内容包括：分析供应市场环境（见本书第 2 章）、知晓自身需求与供应商特征（见本书第 3 章）、定夺供应商报价的过程（见本书第 4章）。

其次，谈判的过程是科学性与艺术性的综合表现。除了按照事先准备的议题、提纲进行以外，所谈的价格、交期、质量、服务、支付、地点等内容，都可以作为变量，在总目标的指引下，在立场与利益的较量中，不断变换直至双方达成协议。

最后，谈判的成果不是以双方签订了一份协议为唯一的测评指标，而是这份协议在执行中会出现什么问题，以及后续如何安排补救（见本章管理合同部分）。换言之，应该保持善始善终的良好心态。

（2）关于谈判策略的形成。制订谈判策略必然要考虑三个方面的内容：己方的谈判目的和目标；对方的立场和可能的利益；双方反映在实力对比上的优势和劣势。概括为：明确目标、巧用变量、坚守利益。基于需方角度的谈判策略的形成过程见图 5 - 4 所示。

图 5 - 4 中，就需方的采购品定位矩阵，如果不考虑供应商觉察力矩阵，在准备谈判策略时，所谈侧重点应该体现在以下几点。

- 如果是常规品，一般是以降低管理成本为目的，但多数是不需要谈的。因为可以根据供应商能否提供所要求的服务便可以充分了解供应商情况并据此直接确定订单。

- 如果是瓶颈品，谈判具有挑战性，一般以降低供应风险为目的，要让供应商相信值得花时间和精力进行谈判。

- 如果是杠杆品，要考虑定价模型（成本定价、需求定价、价值定价），以降低价格和全部成本为目的。

- 如果是关键品，则应考虑一切产生成本和供应风险的因素，以如何建立伙伴关系——战略供应商而言目的在于削减成本同时降低供应风险。

图 5 - 4 中，就需方的谈判目标，需要明确以下三点。

第一，需方谈判目标的设定一定要考虑：

- 谈的背景——公司目标转化成的采购职能目标要求；
- 谈的前提——采购的是什么性质的产品（采购品定位矩阵中的类别特征和

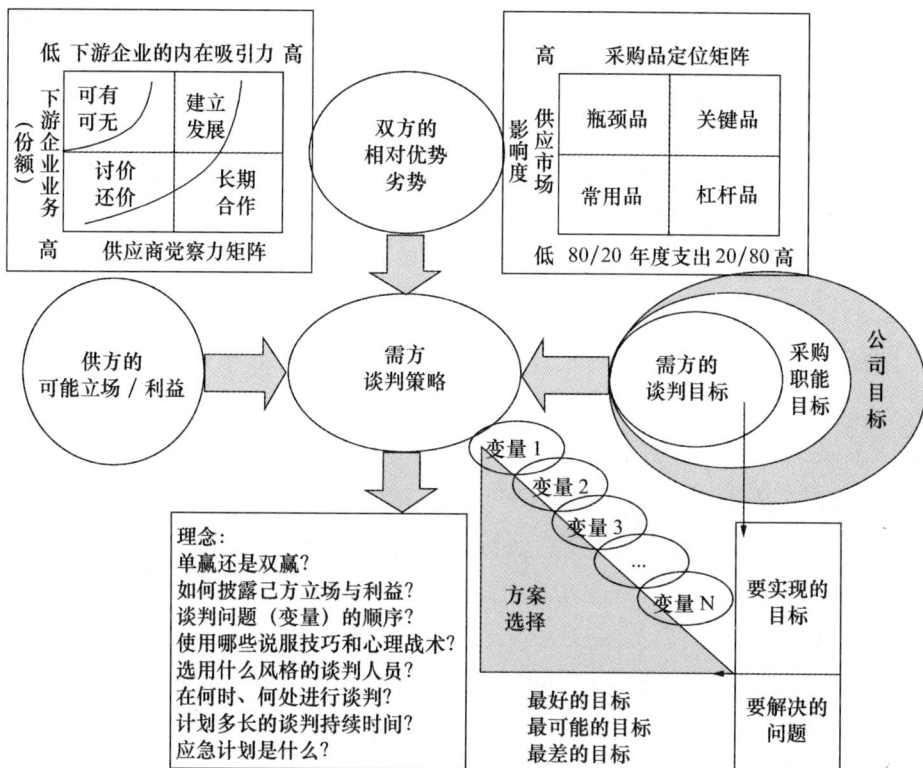

图 5-4　谈判策略的形成——需方角度

产品本身的物理特性）；

· 谈的势态——处于什么地位（供应商觉察力矩阵中的类别）。

第二，需方谈判目标是指通过谈判能够得到的量化的结果，即通过谈判企业想取得什么。比如某企业采购洗衣设备，通过谈判想达到以下目标：

· 保证洗衣设备无障碍工作时间至少 8000 小时；

· 保证洗衣设备洗净比不低于 0.8；

· 保证供应商能够提供持续的可靠的售后服务支持；

· 保证设备具有在使用周期内成本不高于 52000 美元。

第三，每个谈判目标通常都包含一系列的变量①，即谈判目标可以分化为各变量目标，且每个变量目标都应该设定出最差的、最可能的、最好的结果。不同

---

① 所谓变量就是谈判中会面临的任何事情。通常，变量可以是供需关系中特指的关于价格、质量、交期、支付条件、地点、售后服务等因素。

的变量经过组合，还可以形成不同的目标选择方案，以便解决谈判过程中的问题。比如需方在考虑"产品使用寿命周期内的总成本不高于 20000 元"这一谈判目标时，最好分析一下：

- 该类产品具备瓶颈、关键、杠杆、常规中的哪一类特征（这意味着谈的重点是交期、质量交期成本、成本、价格等项）；
- 该类产品的技术性能是否是决定该次采购的核心指标（这意味着要与企业内部用户沟通、选取潜在供应源的途径等）；
- 这个总成本变量又可以拆分为哪些细微的变量，如购买价格、安装费用、售后维修费等（这意味着这些具体的变量可以在不同谈判战术与说服技巧中被灵活运用以最后实现目标）；
- 设定总成本的最好目标是 15000 元、最差目标 20000 元、最可能目标是 17000 元；落实到细微变量目标时，关于价格、安装费等的最差、最好、最可能值是多少（这意味着企业立场和利益是否能在实力的披露中顺利实现）。

就供方的立场和利益[①]，需方应该正确认识和区分立场和利益这两个概念。见表 5 - 2 所示。

表 5 - 2　　　　　　　　　　　　明确立场和利益之别

立　　场	利　　益
·你所说的你想要的东西	·潜在的动机
·你的需求	·需要和关注
·你所说的你将要做或者不做的事情	·机遇和渴望

资料来源：国际贸易中心（ITC）编著，中国物流与采购联合会（CFLP）译，《如何进行供应市场分析》，中国物资出版社 2005 年版。以上资料经过整理。

经验告诉我们，对于任何一方，谈判的核心是关注利益而非纠缠在立场上，只有这样才有可能扩大谈判区域，最终获得谈判结果。

比如，需方想要在谈判中的购买单价事实上可能仅代表需方的立场，其隐藏在后面的利益可能是要实现最低所有权总成本。换言之，每个变量目标的背后可能是总目标的利益。

---

① 所谓立场，是预先表达的，通常是非常明确表达的内容。所谓利益是隐藏在立场之后的能激发个人和织的动机和需要。利益并不总是明显的或易于了解的，事实上，它们有时候是故意被隐藏起来的。

（3）关于谈判策略的内容说明。如图 5 - 4 显示，需方的谈判策略中一般包含着谈判理念、立场和利益、变量顺序、说服技巧与战术、人员安排、时间地点时长、补救等内容。

首先，就谈判理念——选择单赢还是双赢①，需方应该有所预期。

单赢与双赢没有好坏之分，要根据所期待的关系长远来决定，比如在有些情况下（如需方现金流高度紧张时）或许要求以获取短期收益使公司的利润最大化而不用特别考虑供应商在交易中获得什么时，需方采取单赢可能是最佳选择。相反，如果以与供应商建立长远而稳定的供应关系为出发点，无论如何应该选择基于双赢的理念去谈判。这两种理念的对比见表 5 - 3 所示。

表 5 - 3 　　　　　　　　　　单赢和双赢方法的对比

谈判理念	单　赢	双　赢
谈判侧重	以竞争为目的	以合作为目的
谈判原则	敌对的态度和对峙	共同的利益和目标
变量假设	固定不变	灵活多样
方案导向	较大可能的争论	联合解决问题
最终结果	一方"击败"另一方	双方实现满足他们目标的协定
适合的情况	一次性的短期交易、敌对的供应商	长期合同、重复交易、合作的供应商

资料来源：国际贸易中心（ITC）编著，中国物流与采购联合会（CFLP）译，《如何进行供应市场分析》，中国物资出版社 2005 年版。以上资料经过整理。

其次，就选用哪些说服技巧和心理战术，需方同样也要有所了解。

需要强调的是，说服本身不是目的，它的目的是要达成一个对双方都是公平和有利的协议。在谈判过程中，灵活性和创造性才是说服的本质。因此，使用和选取说服技巧时，要围绕着立场和利益，结合合适的心理战术。这样才有助于提升谈判效果。常用的心理战术有设置障碍、沉默、重复重复再重复、暂停、分割和控制、争取同情、再次调整需求、设定最后期限等②，常用的说服技巧见表 5 -4所示。

最后，就选用什么风格的谈判人员参与谈判，需方必须有所准备。

---

① 所谓单赢，即一方受益于另一方的支出。所谓双赢，即双方达成一个都满意的协议。

② 详细资料请读者参阅各类谈判技巧书籍，以及国际贸易中心（ITC）编著，中国物流与采购联合会（CFLP）译，《如何进行商务谈判》，中国物资出版社 2005 年版。

表 5 - 4　　　　　　　　　　　　　　常见的说服技巧

情感说服	通过让对方了解自己对于该问题的感觉获取认可。情感可以用于抗衡逻辑，增加讨价还价的感觉价值。但是，要注意的是不能夸大使用情感说服，也并非在每一个场合有效
逻辑论证	根据事实和数据进行理性的争论。使用这种方法有一定的制约性，那是因为人们通常都是非理性的。双方不可能对逻辑的含义有同样的理解。还应该要注意的是：太多的逻辑有可能使争论陷入平淡的局面，因此，争论要简单化；在面对一个不能理解逻辑的人时尽可能地不要使用逻辑
讨价还价	为了达成协议而在交易的不同变量目标上共同做出让步。这是绝大多数谈判都会用到的一个技巧，合理和巧妙的让步对于促进达成谈判和顺利交易有着积极的意义。但是，让步并不意味着退缩，在让步的过程中要计算成本，放弃价值低的东西能否得到更多的回报是需要仔细权衡的
折中	弥合差异，寻求共同点。这个方法只有在其他方法都失效的情况下才能使用，不能太急于采取折中的办法。另外，折中并不意味着50/50就是解决问题的唯一办法
威胁	威胁只能作为最后的手段使用，因为一旦采用这一方法，就有可能会导致无法预料的后果，而且有可能使谈判破裂。因此，选用这种方法要十分谨慎，而且尽量使用间接的威胁

鉴于谈判内容的多样性、复杂性、重要性等因素，有时候可能要组建谈判团队以应对各种角色需要。

一般而言，谈判团队中应该有四类角色：领队、专业人员、总结人员、观察人员。每个成员可以至多担任两个角色。另外，鉴于每个成员的个性谈判风格不同，应该考虑在团队中有某种组合。常见的个性谈判风格类型见表 5 - 5 所示。

表 5 - 5　　　　　　　　　　常见的五种个性谈判风格

谈判风格	个性特点
温和型	友好、亲切，容易与他人建立关系
强硬型	对问题和对手持非常强硬的态度，不容易改变自己的立场，对抗性谈判者
理智型	习惯用理性来寻求认证，依靠事实和图表数据来进行决策和分析
创新型	富有创造力和想象力，关注总体而将细节留给他人
成立型	喜欢讨价还价，希望快速解决问题

资料来源：国际贸易中心（ITC）编著，中国物流与采购联合会（CFLP）译，《如何进行供应市场分析》，中国物资出版社 2005 年版。以上资料经过整理。

2. 合作伙伴关系的"沟通之道"——协商

健康的、成功的合作伙伴关系应该能给供需双方都带来附加价值。其建立的原则和目的，应该伴随着双方业务联系紧密和相互信任的程度而有所落实。本质上，合作伙伴关系应该具备以下内容：

- 双方具有良好意愿与能力发展长期的、信赖的合作目标；
- 双方共同约定或确认合同形式，并且在各个层次都有相应的沟通；
- 双方相互信任、共担风险，共享信息。比如共同开发产品创造市场；
- 双方以信任的尺度来衡量合作表现，并相互改善不断提高。

管理供需合作伙伴关系并不是一件容易的事。如果对其放任自流而不经常去考察它的绩效和好处，伙伴关系就有可能陷入困境。换言之，这种关系除了纸面上用合同形式来维持，更为重要的是靠长期的互惠互利来巩固。

由于现实运行环境中的各种不确定性因素时时刻刻在挑战着双方的利益，也考验着供应双方的信任度，因此有必要建立某种机制，让供需双方能通过沟通与协商渠道解决争端。这种机制类似于天气预报的"晴雨表"，一旦某些征兆出现，供需双方应该会采取相应的措施。这里列出某些极容易导致供需合作伙伴关系破裂的征兆。

- 供需双方习惯于交易方式，彼此没有建立长期信任度的预期。
- 供需双方中的某一方过于显示其强势而把其要求强加于弱势方，显示出其缺乏足够的相互依赖性。
- 供需双方中的某一方，其核心人物换岗或者调离，使得延续合作关系的意愿受到考验和挑战。
- 供需双方低估了伙伴关系产生效果所需的投资和时间跨度。
- 供需关系中偏离了各自的业务合作重心，导致度量关系的指标失去作用。

以上任何一种情景的发生，都可能导致合作伙伴关系走向失败。另外，还可以从以下几个方面来测评合作伙伴关系是否在沿着预期目标正常进行。

- 供需双方是否遵守了合作时商定的具体实施标准和相应的服务水平。
- 供需双方在业务合作的衡量标准中是否建立了以信息分享为目的的沟通渠道。
- 供需双方的协作是否有助于信任感的培养以及有效率。

- 供需双方的组织结构是否兼容。
- 供需双方合作中，在涉及双方共同关心的重大利益问题的关键时刻，是否保持一致的评估准则。
- 供需双方在权利失衡时，是否听取伙伴关系之外其他客户或相关者的反馈意见。
- 供需双方的互相依存关系是否朝着共生关系发展。（比如一方的新产品开发计划过程中是否兼顾另一方的意愿，合作伙伴间是否都在为相同或相似的商业目标而努力。）

协商的本质是寻求均衡与和谐，协商策略随供需双方在供应链中合作内容的深度而层出不穷。这里列举两个例子，用以例证不同的战略伙伴关系模式，说明供需长期合作伙伴的成功协商之道。

案例　　　　　　丰田汽车集团供应商关系战略的启示

在处理与零部件供应商的关系上，丰田汽车集团是制造业做得最好的企业之一，它通过有效的供应商关系策略，充分利用了供应商资源，提高了公司的经营业绩。但是在整个供应商管理体系中，有两点是值得我们思考的。

一方面，与供应商（主要是协会成员）复杂的关联，这在特定的历史条件下有一定的必然性，但随着供应商资源趋于多样化、全球化，建立一个透明、公正、全面的供应体系将有利于成本的进一步降低，过分密切的关系可能会妨碍采购过程的最优化。

另一方面，尽管丰田汽车集团通过供应商管理充分发挥供应商的创造性，但由于其在合作关系中是主导合作者，始终控制着供需关系，而供应商始终处于从属合作者的地位，这在一定程度上不仅错失了供应商平等贡献的机会，而且打击了外部供应商改进的积极性。

丰田汽车和供应商之间的战略关系越来越趋向合作竞争，朝着提高组织效率、发挥各自优势、增强供应链整体竞争力的方向转变。

国内的制造业现正处于打破集团内部采购的传统模式、建立新的供应模式的过渡期。通过本文对丰田汽车的供应商在不同历史时期的战略分析，对于我国制造业实现供应链模式的转变有战略意义。

资料来源：http://www.cnki.net。

2009 年 9 月，九牧王（中国）有限公司正式对外宣布，该公司已与国际
巨头 IBM 公司签署战略合作协议，将由 IBM 对其供应链进行梳理和优化。IBM
将梳理和优化九牧王供应链所涉及的生产管理、物流管理、销售管理等流程，
重点集中在模式的改变和计划流程的设计和优化。

根据九牧王方面的预期，与 IBM 进行战略合作后，九牧王订货到生产的周
期时间将可缩短 20% ~ 30%，供应链上的节点企业生产率增值提高 15% 以上。

九牧王与 IBM 的联姻，只是闽派男装发力供应链的一个最新案例，2009
年以来，一场男装品牌供应链改造之风此起彼伏，包括七匹狼、劲霸、柒牌等
众多男装企业，无一例外地在优化供应链上做起文章。

业内人士普遍认为，闽派男装终端渠道在经历快速扩张之后，男装品牌渠
道的竞争已经深化为渠道背后的供应链之争，随着众多男装企业发力供应链，
男装行业将进入供应链管理时代。

资料来源：佚名，《九牧王等闽派男装发动供应链变革战》，载于《海峡都市报》，2009 年 9 月 29
日。以上资料经过整理。

5.1.3 合作伙伴关系的"指南针"

选择正确的合作伙伴非常重要，而维护和发展这种关系更为关键。因此，供
需关系中沟通与协调的重点应该放在如何激励而不是惩罚对方上。因为，构成合
作伙伴关系的意义就在于双方都会比合同规定的义务做得更好，如果双方仅求助
于合同的约束力来解决争端，那就没有必要大量投入资金、时间、精力来构建长
期合作伙伴关系。图 5 - 5 显示了这种关系的构建过程。

意识并建立   →   寻求并建立   →   确认并维护   →   实施并测评
合作伙伴关系   合作伙伴关系   合作伙伴关系   合作伙伴关系
概念   准则   措施   绩效

图 5 - 5 合作伙伴关系的形成

供需双方首先要意识到构建合作伙伴关系的需要（例如，在需求方的采购品
定位矩阵中位于瓶颈与关键象限的物品就特别需要或者适合构建合作伙伴关系），
其次，因为这种意识事关各自经营战略的改变（例如，从对抗走向合作），因此

要规划出伙伴关系的概念和战略原则。

在既定的战略目标和原则指引下，开始寻找合作伙伴，包括确定具有可操作性的选择标准（以便尽快缩小潜在候选者的数量），搜寻潜在合作者的详细信息（用以判断他们是否能提供富有成效的协作机会），评价潜在候选人（并让他们表明对建立伙伴关系的承诺）。

当对方完全同意成为企业的合作伙伴时，需要双方共同确认和维护彼此的未来。以谅解备忘录（MOU）或协议的形式明确各方的想法和期望（以确保遵守操作标准和对伙伴关系的绩效进行测评的连续性）；共同确定出可操作的伙伴关系绩效考核指标以及反馈机制（以便于合作各方对伙伴关系进行管理和评价的连续性，并决定是否继续维持、修正或终止这种关系）。

在伙伴关系实施一段时间后，双方可以就某些关键性绩效考核指标做一定的必要性修正（尤其出现有关争议时，事件调查和解决机制应该是本着相互尊重和信任的原则），然后从评价这种关系的战略有效性以及它是否符合实施标准进行。之后，决定这种合作伙伴关系是否应该继续维持、修正或终止，以及不得不终止的合理途径。

下面的例子说明了建立合作伙伴关系所带给供需双方的价值增值。

案例　　　　百胜餐饮集团与供应商签订"供应链长协价"

百胜餐饮集团是全球餐厅网络最大的餐饮集团，在全球 110 多个国家和地区拥有超过 35000 家连锁餐厅和 100 万多名员工。其旗下包括肯德基、必胜客、塔可钟、A&W 及 LJS（Long John Silver's）五个世界著名餐饮品牌，分别在烹鸡、比萨、墨西哥风味食品及海鲜连锁餐饮领域名列全球第一。

百胜餐饮集团中国事业部为百胜全球餐饮集团中国总部，于 1993 年在上海成立，它为包括中国台湾、泰国在内所有独资、合资和特许经营的肯德基、必胜客、必胜宅急送、塔可钟、东方既白餐厅提供营运、开发、企划、财务、人事、公关事务以及特许经营等服务。福建圣农发展股份有限公司、大成食品亚洲有限公司、山东新昌集团有限公司分别是百盛餐饮集团已签约的肉鸡供应商。

2009 年 7 月，百胜餐饮集团以"成本定价"的全新模式向包括圣农在内的三大供应商承诺总共 28 万吨原料肉鸡的采购订单，签署了总金额超过 50 亿元人民币联盟合作协议。据圣农估计，在这 50 亿元的采购订单中，该公司能分到 1/3 以上，价值 17 亿～18 亿元——"这让圣农没有了后顾之忧"。

百胜餐饮集团如此"大手笔",开创了其供应链合作伙伴关系的新模式。究其缘由,如下两方面。

1. 扩张之忧

百胜餐饮集团引以为自豪的是其在华的发展规模和开店速度。据统计,2008年底,中国百胜的营业额为262亿元人民币,是百胜全球餐饮集团中发展最快、增长最迅速的市场。在其落扩张计划中,肯德基在中国的分店从2004年的1260个增加到2009年的超过2600家,同时还拥有430多家必胜客、80余家必胜宅急送、4家必胜比萨站和17家东方既白餐厅。算下来,相当于中国每天平均开出一家肯德基分店。如此快的扩展速度,没有可靠的供应源跟上,显然是不能长久的。在2008一年中,百胜餐饮集团对原料肉鸡的需求量达到14万吨,在国内的原料肉鸡供应商也达到30多家,完全实现本土化采购。

作为百胜中国供应链管理的资深总监,陈玟瑞的一个重要工作便是保障主要原料肉鸡的供应能与产能的扩张同步。

以肯德基为例,单从门店的柜台前看,肯德基每天各类产品的供应都基本充足。但在后台,情况则要复杂得多:一些时候,货源会突然紧张,还有一些时候,由于鸡肉市场价格短期内的上升,采购成本也会极大波动。伴随门店的扩大,有些产品甚至会因供货不足而造成脱销等等。

造成如此局面的一个重要原因是:长期以来,国内肉鸡养殖户规模小而分散,造成百胜中国与供应商签署协议最多是6个月,定价方式则以市场行情定价为主,最大限度地保证双方的短期利益。然而,由于鸡肉市场价格变动频繁,百盛不能获得长期稳定的鸡肉货源以及价格保证,供应商也不敢扩大规模(鸡肉行业是一个高投入的产业,对饲料、养殖技术的要求非常高,扩大规模更新设备往往需要投入上亿元),所以,伴随百胜扩张速度的加快,货源就难于充分保证了。

如何改变日前的合作模式成为百胜的当务之急。2009年初,陈玟瑞及其团队开始积极准备相关的各种数据,并拟定出一种以成本为基础的采购模式。带着这些数据和想法,他们开始走访主要的供应商,并希望得到他们的支持。

2. 供应链变革

一开始,百胜就选定了圣农、大成和新昌三家企业作为"攻关"的对象。原因很简单,这三家企业与百胜的合作均有十多年的历史,彼此信任,而且百胜目前从这三家企业合计采购的鸡肉量占到了其总鸡肉采购量的50%。

联盟的方式很吸引圣农。因为圣农从饲料加工、种鸡与肉鸡饲养到屠宰加工已经形成了一条产业链，但独独缺熟食这一环节。与百胜的联盟，意味着双方的关系首先有了变化，"外部采购内部化"，成了真正意义的合作伙伴，这样一来，双方产业链可以形成互补。圣农甚至宣布"以肯德基目前的发展速度"扩张门店，将2009年新开店数量从原计划的300家店增至500家。与此同时，带着关系变化的想法，圣农与百胜一起探讨定价的模式：圣农把生产报表所有数据开诚布公提供给百盛，以提供成本定价的方法。

尽管作为一种不同以往新的合作，各自都有不同的利益点和意见，但让百胜有些惊喜的是，多次沟通协商后，这三家企业与百胜在最终的成本定价的合作模式上达成一致。即鸡产品价格和主要成本（玉米和豆粕）挂钩。因为这两个产品均为大宗商品，价格比较透明。在根据目前的成本拟定一个价格之后，还会根据成本的浮动做定期调整。目前制订的调整时间为6个月。每6个月，百胜便会和供应商一起针对成本的变化对下一阶段的采购价格再做出调整。

双方认为："该定价模型使产品价格的波动与产品成本波动的趋势和幅度尽量保持一致。与以前市场定价相比，这个价格相对稳定。"

3. 共同成长

百胜餐饮能痛快"点头"，选择了出让自己的议价谈判能力，在圣农看来，是大客户"放下身段"的表现。因为此前在肉鸡采购消费方面，百胜餐饮属于当仁不让的几家国内大客户之一，而且靠近终端消费市场，议价能力在供应商之上。而这次，圣农认为"这就等于说给我们定了一个利润，而且我们通过加强管理，还可以在这个范围内获得多一点的利润"。这在百胜中国与供应商的合作中尚无先例。

在百盛餐饮看来，这种"出让议价能力"行为，最大优势便是给供应商一颗定心丸，让他们能有动力去增加投资和产量，以配合百胜的扩张步伐。特别在经济低迷形势下，长期的订单对供应商更有吸引力。

现在，圣农，大成、新昌都开始考虑其新的三年产能扩充计划，以全面满足与百胜餐饮战略合作的需要。百盛餐饮也表示，这样的合作模式将在百胜中国的供应商中进一步推广。隶属于百盛餐饮旗下的肯德基（其原料肉鸡的本土化采购达到了100%的比例）把此次与供应商合作模式的变革，看做是自身在成本控制方面的一记"新拳"，肯德基表示继续与本土供应商加深彼此的合作和信任度，一起共同成长。

资料来源：佚名，《肯德基谈判供应链长协价》，载于《21世纪经济报道》，2009年7月16日。以上资料经过整理。

5.2 供应链中的合同管理与风险防控

5.2.1 合同的内涵及类型

1. 合同的概念

合同是平等主体的自然人、法人、其他组织之间设立、变更、终止民事权利义务的协议。这份协议可在当事人之间建立一种具有法律约束力的关系。

一份有效的合同不仅要满足六个方面——要约、承诺、当事人的合同签约资格（能力）、某种价值的对价、受法律约束的关系的要求，还应该用具体的条款把供需双方关于义务与责任（见表 5 - 6 所示）的内在含义表达出来。例如，对于需求方而言，这份合同的内容要体现出以下含义：

- 公司想要得到什么，想要避免什么；
- 合同中应包含或排除哪些内容；
- 合同中实际使用到哪些条款；
- 如果出现问题了，公司可采取哪些措施以尽量使业务受到最少的消极影响，从而保护公司的利益。

表 5 - 6   合同中体现出来的供需双方的义务与责任

供应方（卖方）	双方共同的义务	需求方（买方）
在当事人所指定的场所，按一定方式、及时地交货或提供服务	权利义务对等	接受商品或服务
交付与商品或服务有关的单证		按议定价格支付
转移商品所有权		获得商品所有权
确保商品与合同规定的要求一致		确认商品与合同规定的要求一致
诚信与公正		诚信与公正
在商品给人身和物品造成损害时，商品制造商将承担民事责任		在商品给人身和物品造成伤害时，承担民事责任

2. 合同的类型

正如第一节所言，当需求方明确地按照某种战略考虑把所采购物品进行分类，形成采购品定位矩阵后，再根据对供应商觉察力特征的观察，就可以归纳出三类供需关系：现货交易、定期交易、合作伙伴。相应的，如果用合同形式（设计条款）把这三类供需关系进一步描述，则可得出三类合同：

- 强调期限长短的——现货合同与定期合同；
- 强调价值数额的——无定额合同与定额合同；
- 强调关系远近的——合伙合同与合资合同。

这些合同中的固定条款和附加说明，给供应链中的供需双方提供了"基于不同供应策略下"的可选项。见表 5 – 7 所示。

表 5 – 7　　　　三类合同在固定条款和附加说明方面的对比

序号	合同条款种类与描述	现货合同/定期合同	无定额合同/定额合同	合伙合同/合资合同
1	确定当事人	●	●	●　※
2	商品/服务/资本投资的具体说明	●	●　※	
3	联盟构成、目的及份额			●
4	期限		●	●　※
5	数量		●	
6	提案准备及合同谈判			●
7	合同价格	●	●　※	
8	合同价格调整		●	
9	合同履行与变更			●
10	管理委员会			●
11	交付	●	●　※	
12	买方的检验	●		
13	所有权的保留		●　※	
14	支付条件	●	●　※	●　※
15	文档	●	●	
16	项目合同与项目管理			●

序号	合同条款种类与描述	现货合同/ 定期合同	无定额合同/ 定额合同	合伙合同/ 合资合同
17	一方违约			●
18	保密			●
19	延期交货、到期未交和补救措施	●	● ※	● ※
20	交货不符的法律责任	●		● ※
21	产品责任或其他责任的索赔	●		● ※
22	不可抗力	●		● ※
23	适用的法律	●	● ※	● ※
24	争议解决	●	● ※	● ※
25	合同的语言	●	● ※	●
26	合同生效的条件	●	●	● ※
27	界定术语的含义	●	●	●
28	通知和联系方式	●	●	● ※
29	把标题含义排除在责任之外	●	●	●
30	合并	●	●	●
31	合同的变更	●	●	● ※
32	当事人的改变	●	● ※	● ※
33	转让	●	●	● ※
34	终止原因	●	●	● ※
35	保险	●	●	●
36	保修要求	●	●	●
37	合同的全部或部分无效	●	●	●
38	知识产权和工业产权	●	●	● ※
39	税金	●	●	●
40	独占性			●
41	履约保证金、预付款以及完成保证金	●	●	●

注：●表示原始条款；※表示需要附加说明。

资料来源：国际贸易中心（ITC）编著，中国物流与采购联合会（CFLP）译，《如何准备合同》，中国物资出版社 2005 年版。以上资料经过整理。

5.2.2　监控合同执行中的风险

随着全球经济环境的动荡性加剧，关注合同执行过程能引起风险的"触发点"相当关键，尤其是法律适用、立场利益、所有权变更、汇率波动等方面，这可以促使任何一方采取积极行动，避免风险扩大化。比如：

- 如果供应商的交付能力较弱，那么需求方应该通过担保形式（可以来自供应商的总公司、主要股东或高层）来保护其商业利益；
- 如果合同的执行期限长，双方可以分阶段制订交付时间和地点的"里程碑付款方式"，这样便于供需双方资金筹措和简化支付；
- 不同的合同其复杂性（法律适用）是不一样的，因此起草适当的合同，需要求助于法律咨询，获取专业意见；
- 鉴于某些需求很难清楚表达，或者需求处于迅速变化的环境中时，合同的内容应该具有适当的弹性；
- 应所有权变动终止合同时，应就问题评价双方履行情况。

……

无论如何，笔者建议，管理合同要从以下两方面入手。

（1）考虑合同本身因选用条款所承载的风险类型及结果，即一旦出现合同违约情况，如何补救。这意味着在起草和订立合同时，对供需双方关系的准确预期与度量手段的健全。

（2）考虑合同在实施过程中所面临的运营风险来源，以及以什么样的方式防范。这意味着要紧密跟踪和监督合同的实施过程，以便在出现问题时能够立刻采取措施加以解决。

1. 从合同选用条款的角度分析风险类型以及补救

仔细分析表 5-7 中各条款的内容和分布，可以得出一个结论：合同本质上是确定有关当事人之间分配风险和利益的特定书面协议，尤其是附加说明。如果没有预见可能发生的问题，那么可能会导致合同违约的情况发生。

一般而言，与合同履行/合同违约有关的风险源界定为两大类：可以预见型和不可预见型。其中又可以界定为可预见的操作型风险和结构型风险、不可预见的艰难情景①和不可抗力②。见表5-8所示。

表5-8　　　　　　　　风险类型——合同履行/合同违约的角度

类型	可预见的		不可预见的	
	操作型	结构性型	艰难情景	不可抗力
描述	与合同的执行有关，是已经写入合同条款中其他当事人没有履行的一项或多项义务	与合同的执行者——组织实体有关，比如该实体的财务和管理状况发生变故等结构性因素	合同履行艰难	合同履行不能
责任	按合同条款界定	按法律适用界定	不免责	免责
补救	协商或法律程序	协商或法律诉讼	重新协商	

该表显示了各种补救原则，其中关于可预见的操作型风险发生的根源及补救，下面是一些参考性建议。

（1）某些义务也许被认为并不重要，因此不履行义务就被忽视或认可了，而其他的则被认为是重要的。因此，在合同条款下要说明导致违约的情形，并认定不履行义务情况是违约或疏忽。最好的补救办法是：在订立合同时提供一项详细说明（表明在违约行为发生时应采取的行为），或者说明应该如何去纠正这种情况。

（2）某些当事者根本不在意通信方式的通畅性，导致不知道何时、什么情况下发生了违约。补救的办法是：确定当事人之间的各种通信方式，尽可能把违约通知送达违约方，准予违约方在一个时期内补救其违约行为。

（3）如果现实中不存在补救的办法，那么最后能做的就是说明处理持续违约行为的结果——终止合同并使用项目的留置权③，以弥补与合同标的物有关的费用。或者要求违约方弥补寻找可替代供应资源的费用。

---

① 艰难情景的条款并不是授权不利一方当事人停止履约，而是强调可以请求重新谈判。除非合同中对某些极特殊情形有所约定的，合同仍将继续履行。艰难情景仅仅与尚未实施的履约相关，它不能免去过去的履约行为。利用这一条款时，认为自己处于艰难风险的当事人应及时通知另一方当事人，并详细说明通知的背景，还应包括重新谈判的请求。

② 不可抗力：合同各方无法控制，并对合同的执行产生严重影响的一种风险。通常表现为极端的自然环境因素。

③ 留置权：在债务未偿还前，保有债务人财产的权力。

2. 从合同实施过程的角度监控风险的根源以及补救

事实上，从合同的实施过程对合同进行计划管理的方法有很多种。比如，既可以对合同执行的全过程进行紧密监督，也可以只对某些例外情况加以监督。而监控的基本原则就是关注合同实施过程的某一特定指标（例如前置时间）是否超出了"预警线"。一旦出现问题时，既可以采取与对方协商，也可以采取严格按照合同条款执行的解决方法。而这些不同处理方法何时适用，不妨参考一下表5-9所显示的"小贴士"。

表5-9 选取合同计划管理方法时的"小贴士"

要　素	解释及措施
·合同项下的产品和（或）服务的性质	·基于供应战略下的采购品定位矩阵性质：常用、杠杆、瓶颈、关键
·买卖双方关系的性质	·市场交易型：按合同条款执行 ·合作型：启动友好协商机制
·合同本身的性质（项目型或重复型）	·项目型：考核时间段内的成本进度 ·重复型：设置基准观测线

需要特别指出的是，表5-9中，当合同项下的产品和（或）服务的性质被界定为常用、杠杆、瓶颈、关键等品项后，在合同计划管理中的关系策略方面：如果是常规品的合同，那么不用投入太多的精力，实行例外管理原则；如果是瓶颈品的合同，要对合同经常地详细地检查以使各种隐患在早期阶段就被发现；如果是杠杆品的合同，应把关注点放在合同中对成本有影响的方面（如品项规格发生变化、汇率变动等）；如果是关键品，在合同管理方面要权衡进度、成本、质量三者的优先权，最好采取挣值分析法[1]进行管理。

现在，让我们把监控合同执行过程的视野投向表5-9中就合同本身的性质而划分出的项目型合同[2]。这类合同的管理措施并不仅仅局限于简单地保证合同双方履行合同所规定的义务，它还包括合同执行过程中，提供方改正错误或者提

---

[1] 挣值分析法：实际完成工作取得的预算成本即挣值。这是一种用货币量代替实物量测量合同项目进度、成本状况的综合方法。详情见各类《项目管理》方面的专业资料。

[2] 例如，建筑房屋、架设桥梁、生产大型定制设备等都属于项目型合同范畴，这类合同有如下特点：独特的"一次性"环境、一个特定的要实现的目标、一系列相关联的计划性活动；明确的开始和结束日期、明确的时间段和与工作关联的预算；管理注意力集中在关键路径上的每项活动的最早完成时间，以满足项目进度表上的完工时间的要求。

供附加服务而做的合同变更的管理。

更进一步，对于项目型合同的管理，可以针对其特定目标，就其开始时间与结束时间这两个里程碑范畴内各项关键活动的路径进行跟踪（制订相应的时间进度、质量计划、成本预算计划），并把监控点分布在路径中的"最大风险出没之处"（用一份风险登记表记录、比较、分析），最终找到降低风险的优化方案。

图5-6显示了全程监控的三个环节（投入—过程—结果）和风险源（质量、进度、成本）的关系。

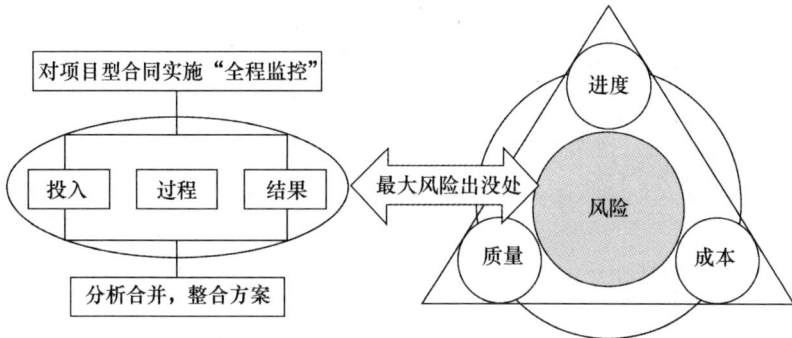

图5-6 全程监控和风险源的关系

本质上，依然可以把项目型合同看成是对"项目风险的分配"。可以围绕着合同实施过程中对质量、交期、成本三要素的度量，建立一份风险登记表。就有可能出现的质量、交期、成本以及其他方面的风险进行记录、比较、分析，实现所谓的在合同执行过程中监控风险与补救的管理目标。

一份完整的风险登记表的内容应该包括如下信息：

● 风险的描述——描述应该尽可能地详尽和客观；

● 可能导致该风险发生的原因——作为今后实施项目的经验；

● 风险出现在哪个阶段——投入、过程还是结果阶段；

● 风险在何时解除；

● 风险级别高低分类——用于风险规避的总结；

● 从时间、成本和质量三个方面分析风险对合同的执行所带来的影响；

● 风险是由谁负责的、效果如何；

● 风险管理战略和应急计划——如何防范风险或者使风险的影响降到最低。

尽管我们考虑建立风险登记表，作为绩效考核合同的执行情况，我们还需要建立评估进度风险的"合同进度表"，评估成本风险的"合同预算表"，评估质量风险的"质量计划表"，并根据优先级原则评估风险。见图5-7所示。

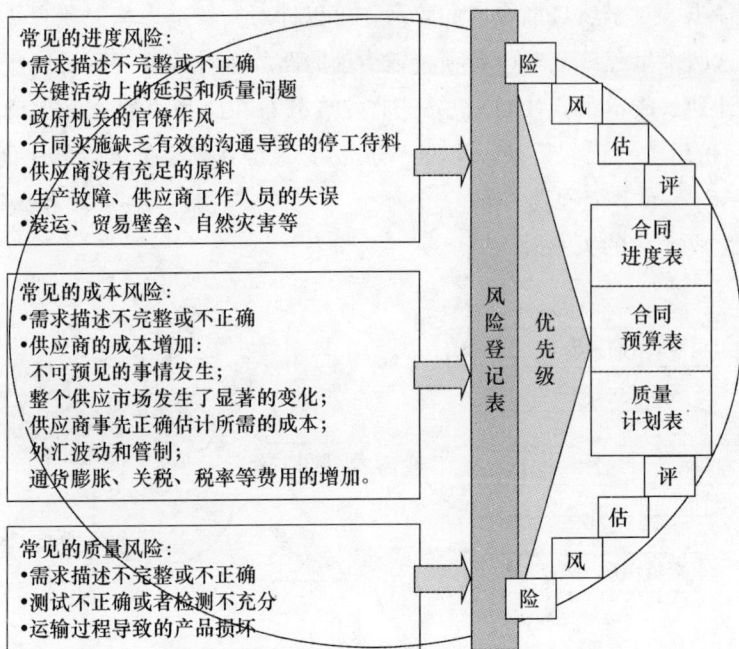

常见的进度风险：
•需求描述不完整或不正确
•关键活动上的延迟和质量问题
•政府机关的官僚作风
•合同实施缺乏有效的沟通导致的停工待料
•供应商没有充足的原料
•生产故障、供应商工作人员的失误
•装运、贸易壁垒、自然灾害等

常见的成本风险：
•需求描述不完整或不正确
•供应商的成本增加：
不可预见的事情发生；
整个供应市场发生了显著的变化；
供应商事先正确估计所需的成本；
外汇波动和管制；
通货膨胀、关税、税率等费用的增加。

常见的质量风险：
•需求描述不完整或不正确
•测试不正确或者检测不充分
•运输过程导致的产品损坏

风险登记表

优先级

评估风险

合同进度表
合同预算表
质量计划表

评估风险

图5-7 根据优先级进行的评估风险的过程

这里，优先级原则是比较进度、成本、质量三个要素，在什么情况下需要优先考虑某个指标，由此对影响这个指标的风险因素进行评估。比如当出现以下的情况时，质量评估的重要性就极为突出，此时需要优先评估质量风险。

• 当时间、成本和质量三个要素相比，质量意义绝对优先的时候；
• 需要企业给予更高的重视的情况下和高优先级的前提下。
• 企业选择的是一个新的供应商，之前没有合作的经验。
• 供应商在关键活动或者是关键零部件上使用了新的供应商。
• 供应商所使用的是一种新工艺或者新的原材料。
• 生产流程或者是系统处于性能的极限或者是不稳定状态。

同样，而当降低成本或者是控制成本是企业近期的战略供应目标时，那么优先评估成本风险就显得至关重要。

5.2.3　处理供需关系中的争议

至此，到了必须要对产生争议的供需关系做出决断的时候了。正确地解决争议对于供应链总监是一件极富挑战的工作。需要牢记的是：生意场上没有永远的输家和赢家，理应和字为先、诉讼为后。

1. 交易型的合同关系的处理

对于交易型的合同关系，处理关系的基础就是合同本身，因此要从合同的准备寻找解决之道。

通常，合同中容易出现争议的地方在会出现在以下方面：

- 当事人在合同中没有选择适用的法律，导致对某些术语不理解、不明白；
- 供应方运用"钓鱼出价法"，中标后再以各种附加条款提升价格；
- 由于资产重组，原合同被出售给第三方，某产品和价格发生变化；
- 由于无法预料的事件超出当事人控制范围，致使合同履行艰难；
- 币值波动和外汇管制的变化对履行合同的当事人的现金流转有不利的影响，从而导致不履约或违约；
- 不同的商业文化致使合同的履行不一致而导致某一方的损失；
- 语言上的歧义直接导致争议；
- 不同商业习俗（如对"延期"行为的不以为然）实施战略的不支持；
- 某一方的市场优势地位过于突出导致机会主义盛行；
- 需求变化过快或者表述不清导致的过多费用。

……

解决这些争议，本着求同存异原则，双方当事人必须理解合同，然后实施。如果双方意见不一致，当事人可以对产生迷惑或误解的合同术语进行协商。如果仍不能达成一致意见，可以请求调停人或专家的帮助，通过寻求双方当事人能理解的共同点，提供一种帮助当事人解决争议的方法。如果存在严重的分歧，则可以请求法院或仲裁法庭根据合同文本的规定裁决责任方和责任的大小。

在交易型合同关系中，解决争议的通常要用到"索赔"这种形式①，任何索

---

① 索赔是指任何一方对没有实现的合同赋予的权利的索求。索赔可能由以下原因引起：未预料到的成本；合同条款解释上出现的争议；对哪些项目应该包括在合同价格之内出现的争议；违约。

赔（无论是由购买方提出的还是由供应方提出的）都应该包括：对问题及其问题的原因的全面的解释；提出索赔所遵照的合同条款；采购方应该只考虑和答复直接与其签订合同的供应商的索赔。

另外，无论是当事人、调停人，还是法院、仲裁法庭，双方应该积极寻求一个正确理解合同责任的共同背景——法律适用（有六种可适用的法律）[①]。在共同背景下，当事人能够理解，至少是大概理解合同相关条款的含义，并使其行为与之一致。即使不能成功，专家、法官或者是仲裁员也能够了解协议条款项下的真实含义。只有在熟悉共同背景的情况下，才可能实现共同背景下的利益。

2. 合作型的合同关系的处理

对于合作型的合同关系，处理关系的基础是关系本身，因此要从维护关系的角度，集中精力找出双方都能接受的问题解决方案上，而不是去责备另一方。

合作型关系的关键好处之一是能加强双方的沟通，而这一点在出现问题或有出现问题的危险时显得尤为重要。如果合作关系保持良好，问题（包括合同上的问题）可能在早期即被发现，此时对问题的处理可能是最有效的。

如果通过双方的协商不能找到解决问题的办法或不能针对索赔达成协议，这时为了得出结果必须要有第三方的介入，但是要审慎。因为这样做，带来的时间和成本可能会增加，同时原先的合作关系可能会损害到不能修复的程度。理想的情况是，合作型关系的合同中也应该规定当出现争议时将要采用的争议解决程序（比如仲裁）。如果没有这样做，应该在争议解决上达成协议。如果没能达成任何这种协议，诉讼是唯一的（也是最昂贵的）选择。

合同的终止只应是解决争议最后的办法时，已经导致了一种双方都输的局面。但是，该终止的时候也一定要果断终止。这从反面显示合作关系构建的重要性和严肃性。如果考虑到合同终止的风险太大，那就应该使用应急计划。如果合同是有关高风险产品或服务的（即瓶颈品项或关键品项），这样做尤为重要。

一般而言，在处理合作关系中产生的争议时，推荐以下步骤：

- 明确问题或议题；
- 同有关各方澄清问题并生成对问题的陈述；

---

① 尽管没有限定，以下六类适用法律可供选择：（1）适用于合同当事人双方的法律或每一当事人的属人法；（2）当事人选择的法律，用该法规范合同项下双方当事人相互之间的责任；（3）适用于解决争议的可适用的法律；（4）适用来自于任何强制实施的公共政策，这些政策有可能成为合同项下的义务；（5）诉讼行为地的法律；（6）判决或裁决的执行地法律（这是在经过法院诉讼或仲裁程序后决定的）。

- 确定解决问题的合适的决策层；

- 在解决问题的时间期限上达成一致；

- 使用一个或多个问题解决方法；

- 问题解决了吗；

- 如果"问题解决了吗"的回答是"否"，则从"明确问题或议题"开始；如果回答"是"，则结束。

最后，除了上述所叙述的处理规则以外，还可以利用管理学中的计量工具技术[①]帮助打开思维的大门，提升解决问题和争议时的创造性。只要本着"和为贵"的理念，没有解不开的"扣"。

>> 本章学习总结

一个企业只要还有业务可做，就意味着其与上下游企业还有千丝万缕的"供需关系"。一旦这个企业还梦想着可持续发展，就一定会试图与其上下游企业建立合作伙伴关系。只有当这种合作伙伴关系借着沟通与协商之道顺畅而稳固时，"客户与供应商的相互依存是取得竞争优势的剩余最后一个领域"才不是一句停留在管理学书中的文字，而是实实在在的利益源泉。

知晓供需关系的"分水岭"，有利于需求方对需要什么样的关系做出选择；明确供需关系转变的征兆，相当于找到了竞争力要素的"晴雨表"；关键是把握伙伴关系的"指南针"，寻着正确的方向正确地做事。

合同的本质是从法律角度以书面协议来确定当事人之间风险和利益的分配。这份协议体现出当事人之间的一种具有法律约束力的关系。而基于合同的合作关系超越了合同所限，可从战略高度防范风险。

积极处理供需关系中出现的争议从来都是勇气与智慧的挑战，利益之争与立场之争从来就不矛盾。有道是"东边日出西边雨，道是无晴却有晴"，生意场上没有永远的输家和赢家，理应和字为先、诉讼为后。

---

① 比如价值分析/价值工程、因果（鱼刺）图、力场分析、流程图、SWOT分析、头脑风暴。

第6章 追踪

设计供应链结构，做调配资源渠道效益的筹划者

水火之性，相灭也。善于之者，陈釜鼎于其间，煮之灶之，而能两全其用。

——《傅子·假言》

如果我们不仅能深晓资源流动的效益与效率，而且还能根据组织战略目标，设计出有益于供应链上成员们获取利益的结构蓝图，必能达到存储有效货畅其流！

- 重视物流职能
  1. 了解物流价值之发现历程
  2. 熟悉物流职能之整体效用
- 运筹物流网络
  1. 界定网络结构的成本之源
  2. 善用物流中心的聚散之效

6.1 供应链中的物流职能

6.1.1 "物流"的价值发现历程

在互联网中输入"物流"、"Physical Distribution"、"Logistics"等关键词，可以找到关于"物流"的多种解释。总结起来，物流的基本含义是按用户（商品的购买者、需求方、下一道工序、货主等）要求，将物的实体（商品、货物、原材料、零配件、半成品等）从供给地向需求地转移的过程。这个过程涉及运输、储存、保管、搬运、装卸、货物处置、货物拣选、包装、流通加工、信息处理等许多相关活动。换言之，汇集这些本来各自独立但又有某种联系的相关活动之系统论就是物流。

然而，追溯物流这个词从"Physical Distribution"转变到"Logistics"，以及"Supply Chain"① 的历程，可以看出，"物流价值"是随着交易对象和环境的变化而发展的。这对于供应链总监在实践中探索其业务边界，提升供应链绩效有着使命感意义。

1. Physical Distribution（实物分配）

物流界较普遍地认为物流起源于美国。当时使用的英文词是"Physical Distribution"（实物分配）。

（1）"Physical Distribution"在美国。1915 年阿奇·萧（Arch Shaw）在《市场流通中的若干问题》（*Some Problem in Market Distribution*）一书中提出物流是与

---

① Physical Distribution——实物分配、物流，美国销售协会 1935 年的定义："包含于销售之中的物质资料和服务，与从生产地到消费地点流动过程中伴随的种种活动。"

Logistics——后勤，美国后勤协会 1980 年的定义："有计划地对原材料、半成品和成品由其生产地到消费地的高效流通活动。这种流通活动的内容，包括为用户服务、需求预测、情报信息联络、物料搬运、订单处理、选址、采购、包装、运输、装卸、废料处理及仓库管理等。"

Supply Chain——供应链，指产品生产和流通过程中所涉及的原材料供应商、生产商、分销商、零售商以及最终消费者等成员通过与上游、下游成员的连接（linkage）组成的网络结构。也即是由物料获取、物料加工、并将成品送到用户手中这一过程所涉及的企业和企业部门组成的一个网络。

资料来源：http：//wiki. mbalib. com/wiki。

创造需求不同的一个问题，并提到物资经过时间或空间的转移，会产生附加价值。这里，"Market Distribution" 指的是商流；"时间和空间的转移" 指的是销售过程的物流。1935 年，美国销售协会最早对 Physical Distribution 下了定义。

（2）"Physical Distribution" 在日本。日本业界对这个词汇的接受和推广始于1956 年。当时日本生产本部派出流通技术专门考察团去美国考察，弄清楚了日本以往叫做 "流通技术"（日本把与商品实体有关的各项业务统称为流通技术）的内容相当于美国 "Physical Distribution"。从此便把流通技术按照美国的单词缩写简称 "P. D"（实物的物理流通），并在 1964 年开始使用这个概念。1965 年，日本政府文件中正式采用 "物的流通" 这个术语，简称为 "物流"。

1981 年，日本综合研究所编著的《物流手册》中定义 "Physical Distribution"："物质资料从供给者向需要者的物理性移动，是创造时间、场所价值的经济活动。包括包装、装卸、保管、库存管理、流通加工、运输、配送等诸种活动。"

（3）"Physical Distribution" 在我国。我国业界对这个词汇的使用始于 1979年。当年 6 月，我国物资工作者代表团赴日本参加第三届国际物流会议，回国后在考察报告中第一次引用和使用 "物流" 这一术语。1988 年台湾地区也开始使用物流这一概念。1989 年 4 月，第八届国际物流会议在北京召开，物流（P. D）一词的使用日益普及。

2. Logistics（后勤）

物流从 "Physical Distribution" 转变到 "Logistics"，始于二战期间美国对军火器械的运输、补给、屯驻等采取的全面后勤管理（Logistics Management）方法。

（1）"Logistics" 在美国。二战结束，全面后勤管理作为一种有效的方法被引入到商业部门，被称为 "Business Logistics"（商业后勤），包括原材料的流通、产品分配、运输、购买与库存控制、储存、用户服务等业务活动，其领域统括原材料物流、生产物流和销售物流。

1986 年美国物流管理协会[①]将 "Physical Distribution" 改为 "Logistics"，其

---

① 英文全称 "COUNCIL OF LOGISTICS MANAGEMENT"，简称 CLM，是全球最有影响的物流专业组织。该协会成立于 1963 年，凭借会员的积极参与和杰出才能，协会一直致力于推动物流业的发展，为物流从业人员提供教育的机会和信息。为实现这一目标，物流协会向行业人士提供了种类繁多的项目、服务、相关活动，促进从业人员的参与，了解物流业，从而对物流事业作出贡献。于 2005 年 1 月 1 日正式更名为美国供应链管理专业协会（Council of Supply Chain Management Professionals，简称 CSCMP）。

资料来源：http://wiki.mbalib.com/wiki。

理由是因为 P. D 领域较狭窄，是与商品销售有关的物流活动，是流通过程中的商品实体运动，而 Logistics 的概念则较宽广、连贯、整体，是对货物、服务及相关信息从供应地到消费地的有效率、有效益的流动和储存进行计划、执行与控制，以满足客户需求的过程。

1998 年该协会对 Logistics 给出最为完整、简要的定义："物流（Logistics）是供应链流程的组成部分，它的职能是在兼顾效率与效益的前提下，为满足用户的需求，对产品、服务及相关信息的流通与储存，从起源点到消费点进行规划、执行与控制的过程。"

（2）"Logistics" 在我国。2000 年前后，我国业界对于"物流"是"Physical Distribution"、"Logistics"，还是计划经济下传统的"生产资料流通"等有过一些讨论。在随后的电子商务热潮中，物流（P. D）概念得到社会化普及。于是，Physical Distribution 被认为是狭义的物流，Logistics 被赋予了包含生产资料流通的广义内涵。然而，争论还是有的，因为我国的经济机制处于不断变革和发展中。

3. Supply chain（供应链）

关于供应链的历史渊源，请读者回顾本书第 1 章内容。这里特别强调一点：鉴于供应链的概念范畴之综合，美国物流管理协会于 2003 年重新对物流做出了界定：物流是供应链管理中的一部分，该部分是用来计划、实施和控制在原始供应商和最终消费者之间如何来低成本、高效率地完成对货物、服务及相关信息正向、反向的移动及储存，以便能更好地满足客户需求。可见，在供应链的"伞面"下，物流回归本色，更多的是在发挥"管道"作用。

4. 物流价值

总结"Physical Distribution"和"Logistics"的运用频率，可以清晰地发现"物流价值"[①] 的发展历程如下。

（1）早期的物流价值体现在其所包含的系统功能层面，尤其是二战期间美国军队的后勤军事系统的高效运作，促使人们认识到"物流作为一种系统的活动能够实现以往由许多活动才能完成的各项功能"。

（2）二战结束后，后勤系统技术的"军转民"促使了物流价值体现在物流

---

① 参见王之泰：《物流价值与经济增长点》，见于《从"黑大陆"到"灰大陆"》，重庆大学出版社 2009 年版。

利润和成本方面。尤其是 20 世纪 70 年代世界爆发的"第一次石油危机"，促使人们认识到"物流不仅是第三利润源泉，在降低材料能源和人力消耗成本等方面简直就是黑大陆"。

（3）1990 年前后，物流价值偏重于服务客户。此时，西方企业的生产外包实践（即把成品零部件的生产任务外包给经过考核符合某种质量要求的 OEM 厂商），使得"制造重心"向亚洲（低成本国家）转移。于是，物流也不再单纯是从生产者到消费者的货物配送过程（分销过程），而包括了从供应商到生产者对原材料的采购，以及生产者本身在产品制造过程中的运输、保管和信息等。人们认识到"物流领域里的配送、加工方式以及准时供应系统、零库存系统等，都是为了及时满足客户需求。换言之，服务客户能促使企业获得长期战略发展能力"。

（4）2000 年前后，物流价值选择了环境保护主题。这是因为，随着国际贸易频繁以及全球化运营趋势，各经济活动主体对于"物流"的内涵扩展为：物流是"包括从原材料采购、加工生产到产品销售、售后服务，直到废旧物品回收等整个物理性的流通过程"。人们认识到"物流对改善环境、降低污染、实现可持续发展的责任重大"。

（5）如今，物流价值更多地倾向于供应链价值。伴随着各国经济的跌宕起伏，人们开始关注"物流对国民经济产业链的贡献程度"。而"现代物流是以满足消费者的需求为目标，把制造、运输、销售等市场情况统一起来考虑的一种战略措施"，这成为某些理论把"物流"的外延等同于"供应链"的外延的基础，因而把物流称为"供应链物流"。①

本书的主题是"供应链总监的角色和使命"，因此，这里更偏重于"供应链运营"的角度，把对物流职能（运输、保管、包装、流通加工、配送、信息等）的管理放在供应链背景②中叙述。既然"供应链管理是通过技术集成信息流、物流、资金流，有效整合供应链上成员们的业务活动，以确保生产出来的产品能以恰当的数量和质量，在恰当的时间被送往恰当的地点，从而实现在满足服务水平

---

① 参见本书第 1 章中的观点："产生物流就是供应链的看法，笔者认为除了不同文化之间在表述一个概念有不同的差异性之外，还有一个主要原因就是企业主对'供应链的边界到底在哪里'的理解还在不断的实践中。"

② 参见本书第 1 章关于供应链的描述："供应链是核心企业与其供应商、分销商、零售商及最终用户连成一个整体的功能网链结构。"在这个结构里，顾客订单、原材料供应、存储、产品生产、产品送达顾客等等环节都由三种流（物流、资金流、信息流）完成。其中物流从上游向下游流动，资金流从下游向上游流动，而信息流的流动则是双向的。显然，三种流贯穿了每个企业的全部活动，是一种连续的供应关系活动。

要求的同时，使整个供应链系统的成本最小化"。那么，在供应链中的物流管理将更多的是对"物流职能的运筹帷幄，尤其是对资源存储与运输渠道（库存方式、运输方式）的合理规划"。

6.1.2 物流职能的整体观——"管道"

从运营的角度看，构成单个企业的输入资源涵盖了原料、技术、时间、资金、信息、人才等要素。这些资源要素经过企业之间不同类型的"加工转换"，变换形式（原料、部件、产成品），再经过层层传递，最终"传"到终端消费者手中。现在，把这个过程放到供应链的结构中来看。

正如本书第1章所言，供应链本质上是广义价值链的实现过程[①]，一旦供应链中的信息流动起来，物流便开始发挥其"传送"的基本职责。这种基本责任在供应链"信息流、资金流、物流三流合一过程"中具有"管道"特征。

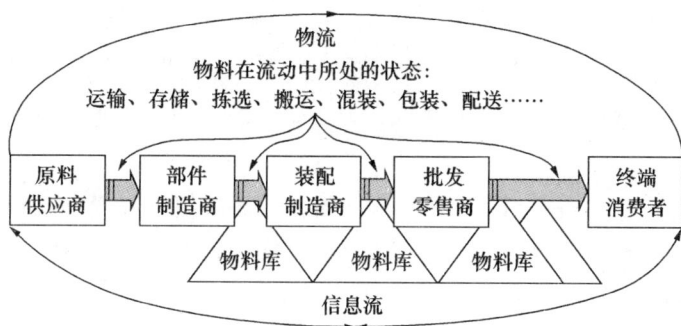

物流
物料在流动中所处的状态：
运输、存储、拣选、搬运、混装、包装、配送……

原料供应商 → 部件制造商 → 装配制造商 → 批发零售商 → 终端消费者

物料库　物料库　物料库

信息流

图 6 - 1　供应链中的物流职能

如图6-1所示，企业与企业之间关于物料的传递表现为：运输、存储、拣选、搬运、混装、包装、配送等专业活动。把这些专业活动汇集起来就构成了供应链中的物流职能。

这些专业活动，原本存在于企业内部的职权所属范围内，但随着企业组织规模的扩大以及核心竞争力固化而分离出一些专职从事这些专业活动的公司后，这些活动在供应链结构图中更多地体现在不同身份的各企业之间了。

于是，从供应链的"物"角度看，这些职能被为此而形成的实体组织（因

[①]　核心企业与其战略伙伴们发挥各自的核心竞争力，共同传递着产品所承载的使命，既实现了各自的利益目标，又满足了下游客户的需求。

其"投入—转换—产出"的内容主要是针对"物料流动"而被简称为"物流部门或者物流企业、第三方物流企业等"①）所承担，仿佛"管道"一般，保持着资源源源不断地在供应方与需求方之间流动。在"以销定供一体化"的供应链的伙伴关系中，物流企业本质上都在扮演着连接买卖双方关系的"管道、渠道②"角色，并依据其实力大小，对原材料、零部件、成品的库存量和渠道的设定、配送网络体系的构建、运输路径的选择与优化等物流问题给出其解决方案，显示出其在物流专业领域的运营模式优势特征③。

这也构成了物流企业的运营总监们为此身体力行的工作内涵——物流运筹，其目的在于发现和应用物流职能的整体功效。对于核心企业（制造型企业）的供应链总监而言，与物流企业的运营总监所面临的"物流问题"本质上是一样的，共同点都是对"物流职能"的运筹帷幄，即"如何按照企业总体战略思路，有效地开发利用、调配外部环境的资源，发挥渠道的时间、空间效益"，所不同的只是各自所处的"客户关系"位置不同，即看问题的立场角度不同。

物流研究机构在诠释供应链中的物流职能的"管道、渠道"特征时，通常依据供应链节点中的组织性质分成两个方面：一方面是物流企业的专业物流服务功能所达到的物流价值，另一方面是核心企业自身的"企业物流"④ 运营所达到的竞争价值。

然而，有意义的是，当大型的专业物流企业集团的经营"范围和路径"伴随着其客户伙伴关系而跨越全球、其技术手段多样化和服务水平不断提升时，意味着"物流职能"也可以作为供应链中供需双方建立伙伴关系的一种战略因素来考虑。此时，无论是物流企业的运营总监还是本书中的核心企业（作为需求物流服

---

① 物流企业，指从事物流活动的经济组织，至少从事运输（含运输代理、货物快递）或仓储一种经营业务，并能够按照客户物流需求对运输、储存、装卸、包装、流通加工、配送等基本功能进行组织和管理，具有与自身业务相适应的信息管理系统，实行独立核算、独立承担民事责任的经济组织。现实中以功能来命名的这类企业很多，如"运输公司、快递公司、快运公司、搬家公司、仓储公司、配送中心"等等。

② 一般意义上的渠道通常表现为物理形式，如运输渠道：包含着运输工具与方式（空运、海运、陆运）以及各种存放点（转运场、周转库）；还可以是虚实结合的互联网和电话（信息软件、基站、光纤、电缆）等。这些渠道本质上是企业业务流程的动态表象。

③ 国内外具有这方面运营实力的物流企业很多，具有代表性的著名企业如美国的联合包裹服务公司（UPS）和联邦快递（FedEx），德国的邮政－敦豪公司（DHL），丹麦的马士基集团（Maersk），中国的远洋集团（Cosco），日本的日通公司（Nippon Express）等。

④ 企业物流，指企业系统内部的物品实体流动。它从企业角度上研究与之有关的物流活动，是具体的、微观的物流活动的典型领域。企业物流又可区分以下不同典型的具体物流活动：企业供应物流、企业生产物流、企业销售物流、企业回收物流、企业废弃物物流等。

以上资料来源：http://baike.baidu.com。

务的客户）的供应链总监，都能在"物流职能"的运筹帷幄机制中，找到其各自的运营业务边界。

例如，从著名的马士基集团的客户关系管理案例中，可以看到作为马士基物流公司的客户——宜家家居公司（IKEA），在近十多年的全球扩张过程中利用"物流"取得其竞争优势的轨迹。这种供应商/零售商与物流提供商的"点对点的链条现象"在各个行业的跨国公司是普遍存在的。

案例　　　　马士基物流公司与宜家的长期合作

全球著名的家居产品供应商瑞典宜家的"供应商家族"多年前就一直在和马士基合作。两家公司长期的合作以及彼此在生意模式、价值观、商业目的等方面多有相似之处，彼此互为"全球协议伙伴"。这种牢不可断的"纽带关系"体现在：马士基承揽着宜家在全球 29 个国家、2000 多家供应商、164 家专卖店、10000 多种家具材料的物流任务。

宜家公司对物流服务提供商要求苛刻：对方必须在透明度、成本、物流能力、效率、质量控制等方面满足其条件，甚至还必须有"环保意识"，即选择不污染环境的设备、机器、物流工具和燃料等，而且在运输过程中，还要科学地处理污水和气体排放问题。

早在 1995 年，当宜家在中国设立办事机构时，即使在中国的物流业务量不大，宜家依然把"业务"交给了马士基。当时，马士基在中国并不能设立物流公司，仅仅在上海注册有一个"马士基有利集运"中国办事处，快速部署了宜家中国市场的原料出口物流计划。通过"有利集运"，经香港、新加坡等地为宜家提供物流代理服务。很快，马士基在中国内地的办事处扩充到了 9 个。

1998 年，宜家公司的亚太战略重心开始向中国转移。连续两年在上海、北京分别开了家居商场，两年内在中国的销售额涨了 43.6%，全球采购量的 10% 也转移到了中国。此时，随着宜家公司的供应商数量增加，其生产网络和销售网络地域分布拓宽，使得其物流业务量快速膨胀。包括原料采购、原料进口、产品和原料出口、国内运输、仓储、配送等，这显然需要物流提供商能够对供应链做整体计划。

此时，马士基努力将"有利集运"注册成了独资公司，并在中国沿海城市设立分公司和办事处，迅速扩张网络。于 2000 年 4 月，有利集运正式改为"马士基物流中国有限公司（独资）"，在 13 个城市设立了 8 家分公司和 5 家办事处，网络由沿海向内陆扩张。业界称"马士基的物流服务几乎是随着宜家的扩张而扩张的。只要宜家在新的地区找到供应商，马士基就尽量扩张到那里。"

马士基和宜家在物流领域的合作是经典的"点对点"链条关系。这种链条关系并不仅仅是业务需求，更关键的是，它们长期的合作使彼此相互促进。当然，马士基的"跨国链条"上，不可能只连着宜家一个，这个链条上源源不断地连接着马士基的全球协议伙伴，如耐克、米其林轮胎、阿迪达斯等公司。

资料来源：马士基集团，《马士基的 CRM 管理》，见于 MBA 智库百科 http：//wiki.mbalib.com/。以上资料经过整理。

6.2 供应链中的物流网络规划

6.2.1 基于成本观的物流网络结构

分析供应链中的物流职能，除了把其性质界定为是供应链的"管道"以外，还应该看到这些职能非常现实的目的，执行中的效率和效益是建立在一定的成本基础上的。换言之，只有明确了解物流职能的成本动因来源，才能使得"物流作为供应链结构中牢固的管道而作用非凡"。让我们把图 6 - 1 扩展成图 6 - 2。

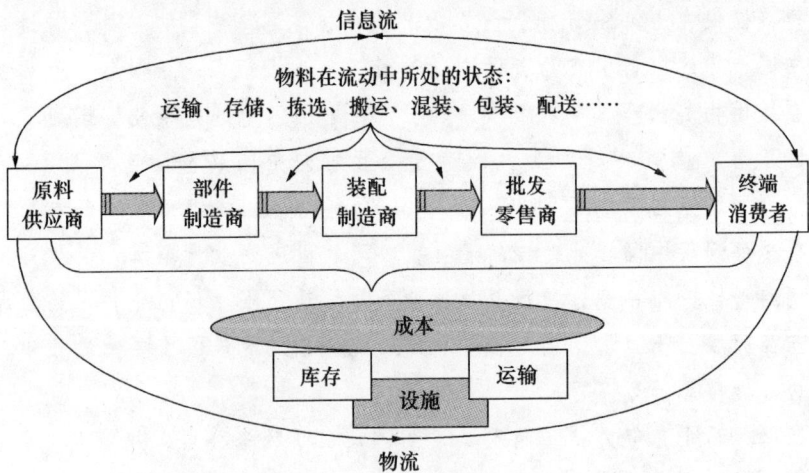

图 6 - 2　供应链结构中就物流职能而论的成本驱动因素

图 6-2 中，无论物料在供应链中是表现为被存储、拣选等活动形式，还是表现为被运输、搬运、包装等活动形式，简单归纳后只有两种形态：静态——库存状态；动态——运输状态。这两种状态都需要用到设施——仓库和车辆。

因此，可以简洁地把库存、运输、设施三个要素看成是影响供应链总成本的"驱动因素"。基于成本观的物流网络规划就可以从以下三个方面进行优化。

- 库建在哪里合适？
- 建多少个不同规模的库？
- 要往库里存放多少量？
- 用何种运具运抵库里？
- 库内的搬运顺序合理吗？

1. 就库存及库存量而言

供应链中之所以有库存存在，主要是因为供应与需求不匹配。这些不匹配的造成原因除了生产周期、自然条件等客观因素以外，还有各企业的主观意图因素。一般而言，供应链中的各企业都会建有一定规模的库存量，以备不时之需；另外，积累一定规模数量后，还可以摊小产品的单位成本。然而，由于各企业彼此之间并不通告库存数量，而只传递需求信息等原因，往往会造成整个供应链上库存量沿着上游方向逐级扩大（即需求的放大现象，也叫牛鞭效应，见图 6-3 所示①），最终大大提高了产品在整个流程中被附加的运行成本。

为此，供应链管理的目标之一，就是在保证交期的前提下，要尽可能地降低整个链条中"积淀"的库存量以及库存成本②。而追踪链条中那些引发库存成本的因素，探讨如何让"恰当的数量体现在恰当的时间和地点"等，可以为供应链总监从全局"规划、协调供应链资源"提供纲要性的指导建议。

在图 6-5 中，整个供应链上的库存以原材料、在制品、产成品的形式表现出来。

---

① 在图 6-3 中，信息流从最终消费者向上游供应商们传递中，由于各厂商的销售、生产、运输周期等因素客观存在，如果信息没有得到充分共享，就会导致需求信息出现逐级放大的波动现象，很像一根甩起牛鞭（处于下游的消费者是根部，上游的供应商们是梢部），一旦根部抖动，传递到末梢端就会出现很大的波动效应。

② 如本书第 1 章所言，核心企业的供应链管理要义是：通过技术集成信息流、物流、资金流，有效整合供应链上成员们的业务活动，以确保生产出来的产品能以恰当的数量和质量，在恰当的时间被送往恰当的地点，从而实现在满足服务水平要求的同时，使整个供应链系统的成本最小化。

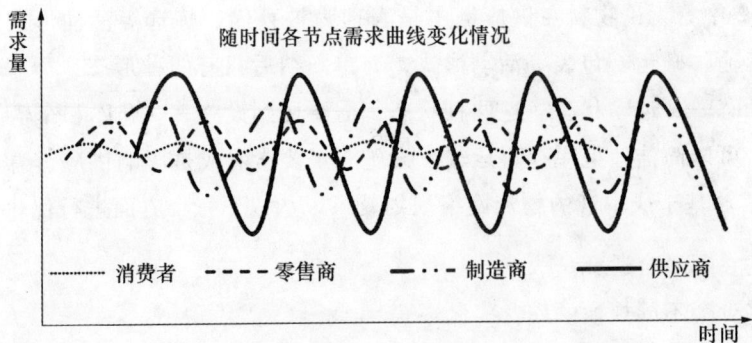

图6-3 需求的放大现象——牛鞭效应

- 原材料库存：为生产和加工原料形式。
- 在制品库存：为生产过程中的半成品形式。
- 产成品库存：准备售出的完成品形式。

根据"利特法则"[①]，供应链中的库存与流程时间成正比。如果单位时间产销率一定，那么物料流程时间（物料进入供应链中某个节点到离开该节点的时间）越长，库存水平也会提升。如果能降低流程时间，那么库存水平就可以减少。而流程时间的长短，必然与上下游之间的交易原则、业务方式、步骤等软性因素有关。

因此，对库存因素的运筹帷幄，应该包含着对以下问题的解答。

- 库存的作用是什么？——与单位时间产销率有关。
- 库存放在哪个节点合适？——与响应客户的单位时间产销率有关。
- 上下游之间的"库存管理关系"如何？——与流程时间有关。
- 怎样根据需要迅速地"汇集并配送"物料？——与流程成本有关。

这里，笔者仅针对"库存放在供应链中的何处？"这个议题提炼出两点建议，相关内容也可直接翻到参见本书第9章第3节，或者查阅国内外有关库存管理和控制、仓储管理等方面的专业书籍。[②]

（1）库存放在哪个环节与这些库存的作用是什么相关联。

---

① "Little's law"，一个表示"库存、流程时间、单位产销率"三者关系的定律（法则）。即库存＝单位时间产销率流程时间。其中任何一个指标固定，就能预知另外两个指标的联动效果。

② 详细内容请参见国际贸易中心（ITC）编著，中国物流与采购联合会（CFLP）译，《如何进行库存管理》，中国物资出版社2005年版。

如果一个企业的竞争战略要求是高度响应客户需求，那么它可以使大量库存靠近客户。或者，也可以通过集中存储减少库存来提升效率。如果单位时间产销率相对固定，那么库存水平则与流程时间成正比。各企业中的库存有如下类型。

- 正常库存：需求和前置期稳定的情况下，企业为了在某个时间点上满足客户需求所必需的。该库存通常应该尽量接近零，但为了适应运输、生产或者配送的规模经济性，库存不可能为零。在某个给定的时点上运送、制造或者配送的货物数量通常都超出实际需求，这样固定成本就被分摊到大量的单件产品上，使总成本下降，同时还节省了供应链其他部分的费用。

- 周转库存：为了满足在供应商两次送货之间发生的需求而安置的库存量。即为了周转用。周转时间越长，相应的库存就会越高。因此，设置周转库存量的大小时，应该考虑是选择大量库存的成本（此时的周转库存高），还是选择频繁订货的成本（周转库存低）。

- 安全库存：为了处理需求超出预期的情况而持有库存，以应对不确定性。安全量的大小，则要权衡库存积压所带来的成本与库存短缺所损失的销量。

- 季节性库存：为了处理预测需求的波动用途而持有库存。当然，如果一家公司在产品需求的旺季，仍能以较低成本迅速调整产能，那么可以不用季节性库存。除非调整产能的代价太昂贵，此时应该考虑在保持稳定的产量水平下，淡季建立库存。季节性库存的建立，要权衡保有额外的季节性库存的成本与产量调整所带来的成本。

以上无论是哪种形式的库存，增加库存往往使满足客户订单方面的满足率得以提高。因此，越是靠近消费者的零售环节，越要保证库存水平；另外，库存水平越高，也便于利用规模经济，降低企业生产和运输成本，但是库存持有成本有可能也会增加，也有可能暗藏着许多可以改善的成本因素。

因此，应该考虑在不增加成本或不降低响应性的前提下尽量减少库存数量，这确实是一个两难问题。单个企业容易做到，而一条供应链中的伙伴们一起做到，确实是需要协调一致、共同面对库存水平与成本问题。

这里，仅针对核心企业已经对供应市场进行"瞭望"后（见本书第2章）所形成的采购品定位矩阵，明确安全库存量的控制原则。见图6-4所示。

（2）库存放在哪个环节与上下游之间的库存管理关系相关联。

需要明确一个观点，"单位时间的产销率"表示一个组织在一定时间内生产

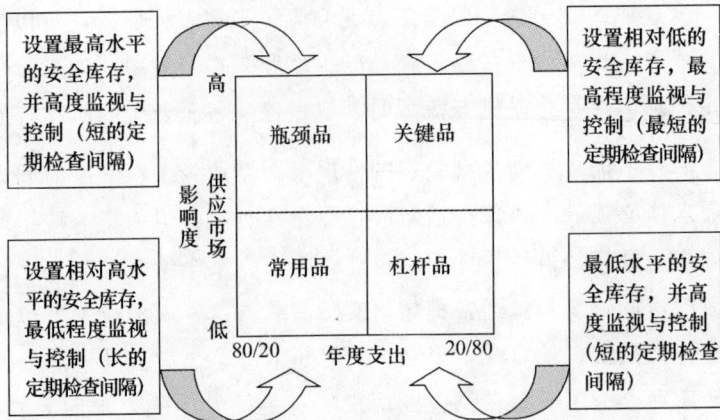

图 6-4　对不同采购品的安全库存量管理原则

和销售产品的能力。从供应链流程的角度看，每个组织的单位时间产销率的大小实际上与其下游客户的需求紧密相关。

- 在供小于求时，存在供应约束，此时企业会根据客户需求想法提升自身的单位时间产销率以满足客户需求。
- 在供过于求时，企业自身的单位时间产销率如果不改变，那么库存自然就会增加。因此，企业通常会降低这个指标去适应客户需求，或者想办法刺激客户需求。

单位时间产销率一旦确定，影响库存高低的就只有流程时间了。而缩短流程时间最好的办法就是规划流程中一切可以调整的因素，包括流程步骤、每个步骤的时间压缩等，而这又与组织之间的关系紧密程度有关。

图 6-5 中，供应链上下游之间的"库存管理关系"被笔者简单地分为以下三种类型。

类型一，表示在供应链结构中，产品组装/制造商作为核心企业与其供应商们的库存管理关系。

通常是以供应商管理库存（Vender Management Inventory，VMI）的模式来界定关系的远近。在这种类型中，制造商在加工自己的产品时，一般不希望短料、断料情况发生，通常也会考虑构建有一定库存水平的原材料库，并且这个原材料库最好与生产线相连，做到生产多少就取多少。于是，制造商/装配商与供应商协商，由其代管所需要的原材料量，由供应商来进行管理。

这是一个庞大的不断改善的过程。供方管理库存可以节约需方库管成本，供

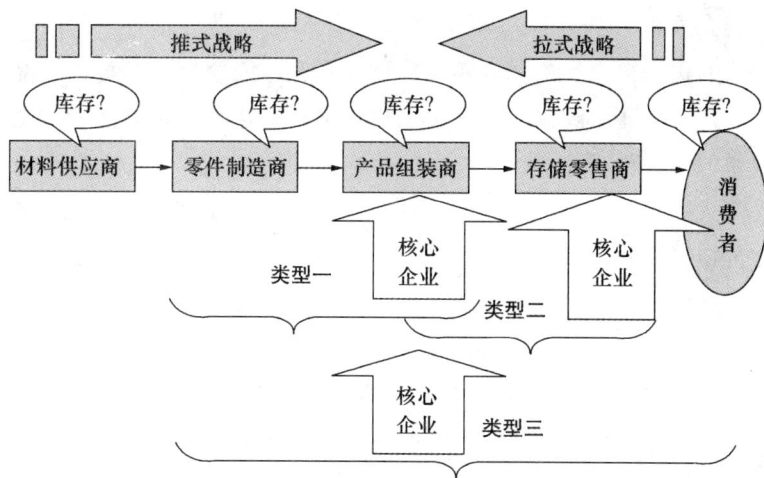

图 6-5 运筹物流、协调资源（库存）

方在其中由于获得需方需求信息而减少了因需求预测不准可能会产生的损失（过量而产生过剩成本、不足而产生缺货损失）。因此，这种模式对双方而言都是共赢的局面。典型的例子是日本丰田汽车的生产模式。丰田公司把供应商的库存与自身生产线的需求直接做到了对接，实行 Just-in-Time，让与之相关的供应链伙伴们也一起减少库存，是典型的精益供应链。

至于这些生产线上需要的原材料，是放在制造商自己的仓库里（位于厂区范围内由自己管理），还是放在供应商的成品库里（这个仓库的具体位置，可以位于供应商的厂区范围由供应商管理，也可以位于制造商的厂区范围由供应商授权委托管理，还可以位于某个公共的有特殊优惠条件的区域范围，比如某些港口的免税区由其他组织代为管理），或者干脆放在第三方物流提供商（3PL）[1] 的仓库里并由其进行全权管理，等等，都是有可能的。这要根据供需双方的关系远近和经营战略等而具体商议。

类型二，表示在供应链结构中，零售商作为核心企业与其供应商们的库存管理关系。

通常是以零售商的分销网络和实力来界定其供应商的关系远近。在这种类型中，零售商为了保证销售（或者说为了满足客户的直接需求），一般会建有一个成品库备货，而且这个库是越靠近消费者越好。供应商们的货物（商品）可以放

---

① 特指独立于需求方和供应方的专业提供物流职能的经济组织，即物流企业。

在零售商的仓库里（该仓库可以是"自营"也可以是"他营"[①]），也可以直接放在零售商的卖场里，比如：沃尔玛、百安居等超级仓储式卖场，成品批量堆放在货架上，消费者随看随取。宜家卖场中的第一层通常被布局为货架式，用于存放一定数量的模块化成品。

但这些货物的所有权（属性）归供应商，双方要签署协议，统一签订某个账期日进行货物销售额结算（这种贸易方式通常也叫寄售[②]）。期间，供应商不过是先期把货物堆放在零售商门店的卖场空间里，而关于这些货物的现场管理（位置、保管、清洁）由卖场提供（有时也由厂商提供驻场员、推销员、引导员进行），这些货物的补货量（何时、多少、品种）等信息，一般是由卖场及时提供给供应商。比如零售商与供应商之间的联合预测补货系统[③]就是一种很好的选择。

总之，这种类型中的零售商鉴于自身与客户比较接近的角度，可以实时掌握客户的需求信息，在满足客户需求方面显得比供应商更"得心应手"。因此零售商往往借助自身强大的与客户接触的分销网络，拉动供应商们"适应、配合"这个体系，典型的例子是美国的沃尔玛以及日本的7 – 11连锁店，均是典型的效率型供应链。

案例   **沃尔玛的联合预测补货系统**

1995年，沃尔玛及其供应商华纳·兰伯特制药公司（Warner Lambert）和他的管理软件开发商一起，联合成立了零售供应和需求链工作组，进行联合计划预测补货系统的研究和应用，并获得了很大的成功。

在供应链运作的整个过程中，联合计划预测补货系统是应用一系列技术模型，对供应链上不同客户、不同节点的执行效率进行信息交互式管理和监控，对商品供应商、制造商和物流配送进行集中管理和控制。

---

① 简单地说，"自营"就是完全由自己构建这个仓库并且自己经营这个仓库；"他营"可以是把仓库本身和仓库的管理全部外包给某些物流提供商来经营，或者租借物流提供商的仓库但由对方来经营。

② 寄售是一种委托代售的贸易方式。它是指委托人（货主）先将货物运往寄售地，委托国外一个代销人（受托人），按照寄售协议规定的条件，由代销人代替货主进行销售，在货物出售后，由代销人向货主结算货款的一种贸易方式。

③ 联合预测补货系统（Collaborative Forecast And Replenishment，CFAR）是零售企业与生产企业利用互联网合作，就某种产品进行各种数据的交换，将这些数据放置在电子揭示板上，双方共同对这些数据进行分析，最后形成一致的商品生产和销售预测的决策，并以此为基础进一步制订商品生产、销售规划、库存和物流等计划，实行连续补货。

在联合计划预测补货系统中，数据采集是从沃尔玛的数据库开始，通过 Retail Link 整合沃尔玛与合作企业之间的交易记录和销售数据。各种相关信息储存在联合计划预测补货系统的服务器中，采用标准化的格式加以分类整理。

沃尔玛的联合预测补货系统可以做到由卖场的终端 POP 机直接向厂商传递各自的日销售信息。目前，该系统正在向联合计划预测补货系统（Collaborative Planning Forecasting and Replenishment，CPFR）发展。后者是在前者共同预测和补货的基础上，进一步推动共同计划的制订。通过基于信息技术的快速、准确、完整和及时的信息处理，对物流乃至整条供应链进行整合优化，实现成本的有效控制。

如今，沃尔玛正是基于联合计划预测补货系统，通过共同管理业务过程和共享信息，来改善零售商和供应商的伙伴关系，提高了采购订单的计划性、市场预测的准确度、供应链运作效率和存货周转率，并最终控制了物流成本。

资料来源：胡松平，《向沃尔玛学供应链管理》，北京大学出版社 2006 年版。以上资料经过整理。

这里应该特别指出的是：零售商，尤其是连锁百货超市，由于经营的品种多、日消费快等特点，在进货渠道方面决策时，对于众多供应商应该有不同的考虑。沃尔玛的这种集"规模、技术、信息透明"等一体化的有效响应模式可以作为一个标杆，但并不是每个零售商都能模仿的。

类型三，表示在供应链结构中，产品组装/制造商作为核心企业直接与其消费者和供应商之间的综合库存管理关系。

通常是产品组装/制造商们借助于新技术手段、灵活创新的模式来决定其供应链的效率。比如戴尔公司响应型供应链模式。通过互联网，戴尔公司客户端获得关于电脑产品的直接需求信息，同时这个信息直接"串联"到其零部件供应伙伴的信息平台，在戴尔公司承诺给客户的期限内，戴尔公司与供应商共同运营的零配件供应中心和靠近市场的组装厂，保证将合格的产品及时送到终端客户手中。

案例　　　戴尔和供应商之间的"交易引擎"

戴尔和供应商信息共享的工具就是"交易引擎"。它使得戴尔的目光越过企业的四面围墙，把供应商看成了自己的车间。在这个被称作"交易引擎"的信息平台上，戴尔和供应商双方的信息得到极大程度的共享：戴尔客户中心的采购人员可以从这个平台上看到供应商生产的情况是怎样的、对方工厂里的库存是怎样的、供应商有多少货正在运向戴尔的途中、供应商在戴尔附近的中转仓库有多少存货等，各种运营状况都一目了然——就像一个工厂了解它的车间里的情况一样。

"交易引擎"帮助戴尔实现了 Make to Order 和 JIT，这两样都需要快速的反应能力。戴尔完全按订单生产，客户打电话来或者从网上下订单之后，生产才开始。这种生产和销售方式使得戴尔可以按照顾客实际需求的变动不断地调整自己的物料需求，并通过信息系统和供应商共享这些信息。

戴尔每隔一个半小时便把清单发送给中转仓库，同时，还会发给供应商的总部，供应商会根据中转仓库里库存的波动情况确定要不要发货过来，并且根据这些信息安排生产。

和其他厂家一样，戴尔对未来市场需求的认识也是从预测开始的。戴尔首先要给出未来一年的最低生产预测，比如会卖出去多少万台等，供应商会根据这个预测做产能的准备，然后戴尔会给供应商未来三个月的滚动计划：要什么货，要多少，这些信息要细化到每一周。

在这之后，当戴尔看到预测和实际情况出现差距，便会马上进行调整。调整过程中，戴尔与供应商的信息高度共享，它们就像一个整体一样亲密无间地协调运转，从而近乎完美地实现了戴尔"虚拟整合"的管理思想。正因为如此，戴尔能够根据市场需求不断调整自己的需求计划，并且供应商也相应调整生产计划，从而使得生产在不停调整的过程中逐步贴近市场的真实需要。

戴尔出色的信息共享，为企业和它的供应商带来了巨大的利润并很大程度上增强了市场竞争力。

资料来源：Richard Li，《解开戴尔供应链的秘密》，见于世界经理人网，2007 年 2 月 26 日。以上资料经过整理。

2. 就运输而言

企业所使用的运输方式同样也影响供应链中库存和设施的位置。

运输使产品在供应链的不同环节之间移动。运输方式是产品在供应链网络中从一个位置移向另一个位置的方式，包括航运、海运、陆运（公路、铁路、水路）。每种方式都有不同的特点，包括速度、装运规格（单个包装、托盘、满车、整船）、成本、灵活性等。[①]

---

① 关于运输方式等详细资料，请参阅有关运输管理和物流管理的专业书籍。本书不再详细展开。

站在企业自身运作的角度看运输，运输模式又分为：内向和外向运输①。两者的主要区别在于：

- 外向运输需求被认为比内向运输波动性更大，不确定性更强；
- 内向运输的配送规模倾向于大货量，操作特点也不同，外向运输的货量要小些，货物更趋向同类；
- 企业趋向于将内向运输成本归为不需深入分析的"总交付成本"。

运输决策的基本取舍是在运输成本和运输速度之间。通常，想提高运输速度以提高响应性，会增加运输成本，但同时也会降低库存持有成本。因此，良好的运输管理应该设计以下议题：

- 对各种运输模式的评估；
- 了解影响运输的规则，以便决定使用3PL服务还是自有车队；
- 拥有评估承运人绩效的程序；
- 权衡平衡运输中成本和服务。

3. 就设施而言

存货（库存量）是供应链中被传递的货物，运输是传递方式，而设施就是货物被传递的地点——起点或者终点。所以，就设施而言，存货（库存量）要么是被转换成生产状态，要么是仓储状态。

设施的位置也是影响供应链响应和效率的关键。一般在进行设施选址时需考虑的共性因素有：

- 当地劳动力条件；
- 该设施与市场接近程度；
- 当地的生活环境质量；
- 该设施与供应商和资源的接近程度；
- 该设施与企业其他设施的相对位置。

对于生产设施，企业要确定是专用设备还是通用设备（柔性化设备），前者因专一功效而高效率，后者可用于多品种生产。

---

① 内向运输：进入企业方向的运输；外向运输：企业向外部的运输。

比如，当供应链上的某些生产制造型企业采用产品导向型布局①或者工艺导向型布局②时，意味着其生产规模的可调性有了强弱之分。通常产品导向型布局具有投资大、一旦开工可以很快获得规模效应；而工艺导向型布局则很灵活可开展多品种的生产，一旦开工，每种产品"穿梭"于工艺设备之间，可能会有物流路径迂回的现象。这涉及企业内部的"物流路径规划"问题。

除了考虑以上的作用以外，设施的产能大小也很关键。基本的思路是，为了获得规模经济效应而采取集中布局方式，还是为了更靠近消费者、提升响应性而分散布局。

6.2.2 发展中的物流配送中心

"货畅其流"一直是充分考核物流职能绩效的"最高境界"，随着经济生活中人们越来越看重货物交付地点和时间因素，现代化的物流管理在设计物料传递和存储的思路中，都力求在地点和时间两个因素中做到进货与发货同期进行。这意味着作为设施形式之一的仓库，从设备、结构、功能、流程等方面的全面变化，即从静态管理向动态管理发展。于是更多的仓库逐渐发展成"新型物流据点"，一般称之为"物流中心"。

在这个物流中心里，可以从事集货、分货、加工、配送等物流职能，通常因其功能不同而命名不同。

- 集货中心：将零星货物集中成批量货物称为"集货"。可设在生产点数量很多，而每个生产点产量有限的地区，只要这一地区某些产品总产量达到一定程度，就可以设置这种有"集货"作用的物流据点。
- 分货中心：将大批量运到的货物分成批量较小的货物称为"分货"。企业可以采用大规模包装、集装货散装的方式将货物运到分货中心，然后按企业生产或销售的需要进行分装。利用分货中心可以降低运输费用。
- 配送中心：包括集货、储存、分货及配货和送货。
- 转运中心：承担货物的转运。
- 加工中心：进行流通加工。
- 分销中心：一个具有聚散功能的设施汇集地。可以是货物的迅速集散，也

---

① 产品导向型：为生产某一类产品而将不同功能的加工设备连成生产线。
② 工艺导向型：为了生产不同类型的产品而把功能相类似的工艺设备放在一起。

可以是货物的长期存储，因企业的战略目标而定。

目前国内外具有实力的物流企业，都在倾向于 Cross-docking[①]（越库）的物流分拨模式。这种模式具有强大的货物聚散效用。

概括地说，这种模式就是在一个中心地点，利用拣货区的高效自动化拣选系统，将不同供应商的大批量杂货集中后迅速地重新分装、拼装成较小的批量，迅速地配送给众多门店（收货人、客户），即：卸货—上自动拣选传送带—分装（配货）—拼装—送货至门店地址。整个中心所处理的货物从进到出一般控制在 12~24 小时之间，最长不超过 48 小时。因此不算入库存放。这种迅速地直接转运的方式，为供需双方节约了交货时间和等待时间。

越库作业模式的基本原则如下。

- 供应商只需将散装货物送至越库中心即可，没有发货计划的货物不得进入作业库。
- 在越库中心，由入库卡车装运的散装货物立即被分为以箱或托盘为单位的货物，进行拣选。根据货物特征，可采取自动化、半自动化等形式。
- 货物应被快速分送至各发货站台，等待的卡车再将货物送至各最终送货点。

与传统的分销系统比较而言，越库作业模式的优势还体现在：

- 从制造商的角度，越库可用来强化与供应商的关系，这有利于装配生产线上的及时生产（Just-in-time）；
- 从配送中心的角度，越库可用于合并不同供应商的进向产品，拼装、配货直至送完最后一批货，整个流程环节保持着连贯性；
- 从运输的角度，越库方式可以汇集几个供应商的某一批货物（常常是零担批次）以实现规模经济；
- 从零售商的角度，越库可以迅速地接收多个供应商的货物进行拣选，并按照门店明细要求，迅速对出向货物进行配货和送货。

---

① Cross-docking is a practice in logistics of unloading materials from an incoming semi-trailer truck or rail car and loading these materials directly into outbound trucks, trailers, or rail cars, with little or no storage in between. This may be done to change type of conveyance, to sort material intended for different destinations, or to combine material from different origins into transport vehicles (or containers) with the same, or similar destination. 资料来源：http://en.wikipedia.org/wiki/Cross-docking。

在图6-6和图6-7中，越库中心将不同来源的大宗散货集中起来，拼装成较小的批量配送给众多收货人。理顺了分拨调度流程，至少可以减少汽车行程。

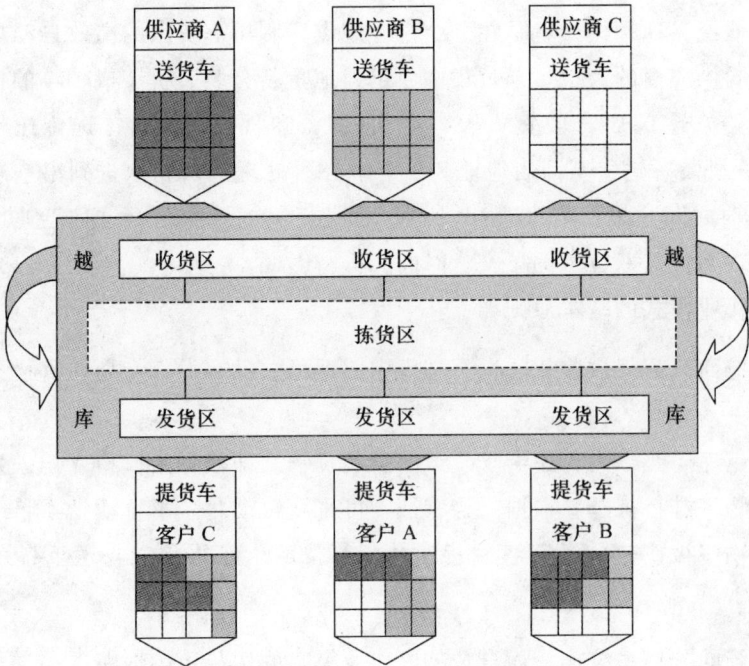

图6-6　越库作业示意

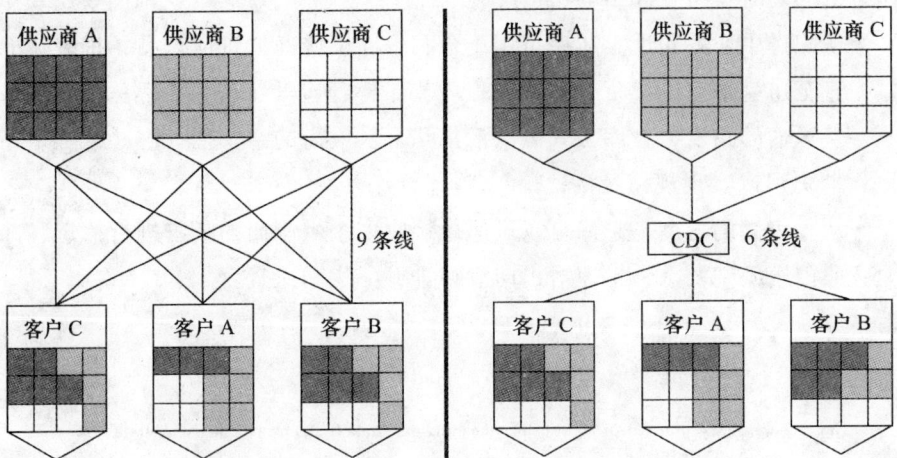

图6-7　传统分销系统与越库中心系统的对比图

以下是沃尔玛的物流配送中心的模式案例。

案例　　　　　　　　　沃尔玛的物流配送中心

　　沃尔玛素以精确把握市场、快速传递商品和最好地满足客户需要而著称，支撑起业绩的因素就是其强大的自营物流配送系统。沃尔玛认为，物流配送中心的好处不仅仅是使大量进货（降低采购成本）变为可能，而且通过要求供应商将商品集中大量送到其配送中心后，由其统一接收、检验、配货、送货，比让供应商将商品分散送至沃尔玛各门店更为经济，更便于各门店接收，使各门店能一次性地收到各自需要的品种，实现了多品种、大批量的低成本物流配送和销售需求。

　　自从 1969 年沃尔玛在其公司总部所在地建立起第一间物流配送中心（Distribution Center）用以集中处理高达 40% 的商品配送开始，伴随着几十年来不断增长的业务规模以及遍及全球供应商的过程，如今沃尔玛已经建立起 100 多个物流配送中心，直接为其全球 5300 多家门店约 80000 多种商品之中的 85% 提供物流配送服务，而其竞争对手只有 50% ~65% 的商品集中配送。这些配送中心的检验、拣选、配货等高度自动化，每天可配送 150 卡车货物、卸下 160 卡车货物，向 150 家门店运输。沃尔玛的各门店通过电脑向总部订货，平均两天就可以到货，急件是一天就到货。通常，沃尔玛为每家门店的送货频率是每天一次，而其竞争对手一般都是 3~4 天一次。

　　目前，沃尔玛有六大类配送中心（DC），分别如下。

- 干货物流 DC：用于生鲜食品以外的日用商品进货、分装、储存和配送。
- 食品物流 DC：包括不易变质的饮料等食品，以及易变质的生鲜食品等，需要有专门的冷藏仓储和运输设施，直接送货到店。
- 山姆会员店物流 DC：批零结合。
- 服装物流 DC：不直接送货到店，而是分送到其他 DC，再统一组装配套配送。
- 进口商品物流 DC：为全球沃尔玛门店服务，主要作用是大量进口以降低进价，再根据门店要货情况送往其他物流 DC。
- 退货物流 DC：主要接受店铺因各种原因退回的商品，其中一部分退给供应商，一部分送往折扣门店（如 OUTLET），一部分就地处理，其收益主要来自出售包装箱的收入和供应商支付的手续费。

沃尔玛在美国有 25 个规模很大的物流中央配送中心（CDC），每个中心要为 100 多家零售店服务，一般都设在 100 多家零售门店的中央地理位置，其商圈的"运输半径"为 320 公里，日处理量为 20 多万箱。大量的商品停留时间总计不超过 48 小时，在 13.7 公里的传送带上流动着，借助其强大的信息处理系统（UNIX 系统）、开放式平台、产品条形码（在逐步实施 RFID 技术）、自动补货系统和激光识别系统以及自营运输车队途中的 GPS 定位系统等，使得 99% 的订单都准确无误。所有这些高新技术的系统整合为沃尔玛的"天天平价"奠定了基础。

沃尔玛的物流配送中心实际上起到一个中枢的作用，一方面为供货厂商减少由于供货频率快所产生的供货成本，另一方面，也便于其统一控制由于品种多而分散配送的供货成本。

资料来源：胡松平，《向沃尔玛学供应链管理》，北京大学出版社 2006 年版。以上资料经过整理。

>> 本章学习总结

知晓物流的价值，并了解供应链中的物流职能的"管道"特征将有助于核心企业的供应链总监：

- 积极地做正确的事，即运筹物流、调配资源，把对物流职能进行管理的核心从"仅对由信息流引导下的产品流进行计划协调控制"过渡到"对供应链伙伴间的买卖流程进行协调与管理"；
- 正确地高效做事，即以"是否在执行供应链管理的基础要求①"为绩效考核重点去衡量"物流企业的物流管理"和"核心企业物流管理"。

如果把仓储看成是"点"，运输看成是"线"，那么运筹"物流网络"就是要让资源随着线流向点，再由点入线，"线点—点线"，不断寻求平衡。看的就是"点成本——库址、存料的等产生的成本"和"线成本——运具、物料传递成本"所构成的"物流职能总成本"的相对最小化。

---

① 此时，物流管理是一个仅对经营过程中的产品和信息进行管理的计划系统和结构体系，而供应链管理扩宽了这个概念，是对供应链成员之间进行流程协调和管理。基本原则就是通过可靠的快速响应的物料流动和准确的信息流动来满足最终消费者的需求。

这些"点"所产生的成本与"线"所产生的成本在供应链中将会"此起彼伏"，应对原则是：深晓资源流动的效益与效率，根据组织战略目标，设计出有益于供应链上成员们获取利益的结构蓝图。犹如古人所云："水火之性，相灭也。善于之者，陈釜鼎于其间，煮之灶之，而能两全其用。"

第7章 改善

评价供应链绩效，做创新企业客户价值的探索者

创造，或者酝酿未来的创造。这是一种必要性：幸福只能存在于这种必要性得到满足的时候。

——罗曼·罗兰

如果我们不仅用"客户价值"去激发客户需求，而且善于感知供应商意愿，那么我们必能与上下游伙伴随供应链变动而快乐前行！

- 建立供应链客户价值观
1. 明确客户需求及客户关系
2. 理解客户感知与价值取向
3. 权衡服务水平与客户满意度
- 探索供应链绩效评价之路
1. 辨析评价目的与内容
2. 找出评价系统的构成要素
3. 尝试 SCOR 模型

7.1 供应链中的客户价值观

7.1.1 客户需求与客户关系

1. 客户的含义

客户的含义有很多种描述，比如：

- 从经济交换角度，客户是采购者。这是商业关系中最普遍的表达；
- 从关系沟通角度，客户是那些获得产品/服务或信息的个人和组织；
- 从价值形式角度，客户是指在商品交换中为获得商品/服务的使用价值（需求）而承接价值（付款）的主体；
- 从需求得到满足角度，客户是那些为满足需求而购买商品/服务的主体；
- 从供应链管理角度，供应链关系中的上下游企业彼此互为客户。下游企业是上游企业的"产品"客户，上游企业是下游企业的"订单"客户（即当上游企业的经营从"推式"过渡到"推—拉式"，这意味着只要获得下游企业的订单，就能奠定并促使其生产正常进行，从而满足其运作的需要）。

综合以上五种描述，可以归纳出以下观点。

（1）客户只是需求的载体或代表，满足客户本质上是要满足客户需求。

（2）客户需求本质上体现的是客户价值观，是客户价值决定着企业价值。

（3）下游企业通过这种关系满足对产品/服务需求，上游企业通过这种关系满足对订单/应收款需求。

（4）供需关系双方彼此的了解和沟通越密切，越能为各自企业带来战略价值（而非一般意义上的财务价值）。

2. 客户关系的内涵

让我们分三个步骤来理解供应链中的客户关系，见图 7 - 1 所示。

首先，回顾第 1 章的图 1 - 10 "核心企业对上下游伙伴的理性感知"，以及表 1 - 3 "确定情况下核心企业的运营策略原则"，这些原则的建立是基于"来自于下游的需求是核心企业的立业根基，因为客户价值高于一切"。

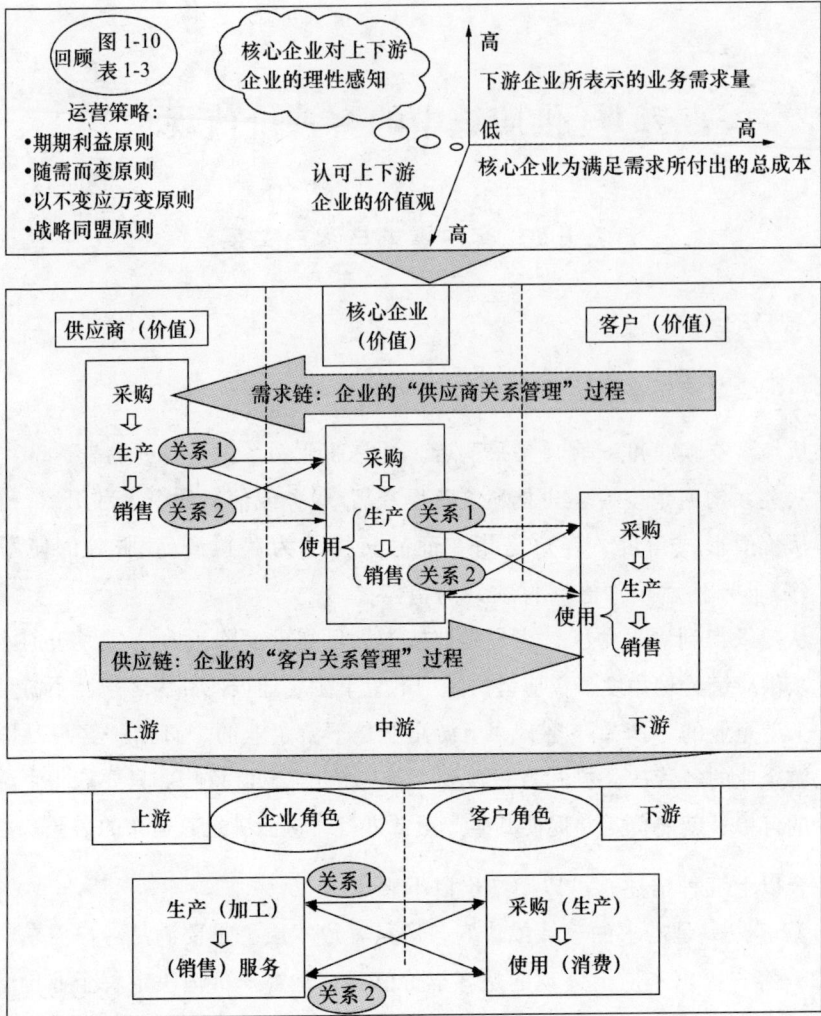

图7-1 核心企业与上下游企业的价值交互过程

其次，在供应链结构图中分清供应商、核心企业、客户的业务对接关系，即价值的双向传递过程。

最后，把"客户"这个词语放到这个传递过程，将"供需关系"中利益协调建立在"客户价值"这个基础上，重新理解"关系1"和"关系2"，创新企业价值。

图7-1中以下几点需要解释。

（1）关系1表示上游企业的生产针对下游企业的采购和使用的关系（此时的生产和销售环节相对于上游而言可看成是"使用"）。"关系2"表示上游企业的销售（服务）针对与下游企业的采购和使用的关系。分清这两种关系（或者看成是两种不同性质的"客户关系"）有利于企业从产品和服务两个方面找到业务增长的战术。作为产品的生产者，企业价值产生于如何利用其产品来满足客户作为采购和使用者的需要；作为提供产品的服务者，企业价值产生于如何利用提供差异化服务来满足客户增长的需要。

（2）对这两种关系的管理，如果从需求方角度看，是供应商关系管理（SRM）的内涵。而从供应方角度看，是客户关系管理（CRM）的内涵。核心企业的价值链实际上是这两个方向的管理内容在不断改进以获取平衡的过程，即权衡下游企业所表示的业务需求量和满足需求所付出的总成本。

（3）当核心企业视上下游企业为"客户"，并将"供需关系"中利益的协调机制建立在"客户价值"基础上时，基于满足客户需求的价值观就会引领着核心企业真正落实"上中下游企业的价值一致性"，从供应链关系中获得成功的快感！换言之，一个善于用"客户价值"去激发客户需求，并由此善于感知供应商意愿的核心企业，必能创造和谐快乐的上下游伙伴关系。

7.1.2 客户感知与客户价值

一般而言，价值是由个体的感知确定的。不同的个体出于不同目的界定或描述价值的含义，比如使用价值、比较价值、声望价值、交换价值、再利用价值等。个体（顾客、消费者）作为客户角色和企业（制造商、批发商、零售商）作为客户角色在价值感知方面表现出不一样的价值取向。

1. 客户感知与企业回应

本书中，笔者把企业作为客户角色，对上游企业所提供的产品/服务和无形资产等的整体感知定义为"客户价值"，并从两个层面——基本要求和增值要求进行描述。于是，上游企业对客户感知的回应就有了针对性。见表7-1所示。

如表7-1所示，客户对上游企业的整体感知分两个层面：基本要求和增值要求。

感知中的基本要求正是企业之所以成为企业（提供产品和服务）的根本。任何一个企业无论生产什么产品或者提供什么服务，都是为了获得其生存价值得以认可的利益组合体，所以满足客户感知中的基本要求是底线。

感知中的增值要求则有助于形成企业的竞争力。随着产品市场变得更加"大众化"，企业使其产品呈现差异化的唯一方法就是增加一些让用户觉得有用和有吸引力的服务。比如经济环境中无所不在的物流职能，因其承担着客户、企业、供应商之间关于物品实体的传递任务（本质上是在进行"价值沟通"）而成为众多核心企业提升竞争力的一种经营战略，随着竞争的加剧，有些企业引进信息新技术以不断提升服务水平。

表 7-1　　　　　　　　　　　客户感知与企业的回应

类型	（A）客户对企业提供产品/服务的整体感知		（B）企业对客户感知的回应	
	表达形式	价值描述	关联到具体的供应目标	企业对此可能的关注点
基本要求	所需与所供一致性	企业所提供产品/服务是否与客户和利益相关者期望的和需要的能力保持一致（包括企业的产品是否便于让客户发现和购买）	质量（规格、检测）	提供产品/改进服务
	所需产品的覆盖范围	企业是否根据不同需求提供专业产品、通用产品、综合性多样化的产品	可获得性（数量、品种）	开发市场/拓宽渠道
	所需价格和品牌	企业提供产品的价格与品牌的"性价比"是否合适	成本（价格、功能）	定价机制/商务氛围
增值要求	差异化服务	企业是否提供了区别于竞争对手的差异性服务，是否通过和客户持续互动来确定客户未来的需求	技术（现状、未来）	差异特征/保留特色
	关系维护	企业是否提供一些契机和场景，以保住现有客户（保持客户良好的体验和友好的关系），并同时吸引新客户	响应（及时、连续）	服务细节/体验环节

案例　　美国联邦快递公司利用信息技术提升物流服务水平

　　任何一项新技术的发明或诞生从来就只有两个目的：满足好奇、解决问题。而作为使用者在引入、应用新技术时，从来都是出于提升能力去满足客户的价值需求。美国联邦快递公司在应用信息技术时，其思维是：技术的策略源自于客户需求。与其坐等某一项技术成熟，不如成为新技术的早期应用者。当然，只有在成本与增进客户的利益及提升效率之间取得平衡的情况下，联邦快递才会引进新的技术。尤其是这项技术"如何能在传递实时信息的同时提高系统响应事件的能力"。

这种做法，使得联邦快递与合作伙伴共同构成了一个良性循环系统——联邦快递负责系统的后端整合，而终端使用者（客户们）能自行查阅货物的运送进度（货物追踪实时信息），并采取行动。例如，这家客户可以通过联邦快递的逆向货物追踪应用系统，就可以知道有多少货物即将到来，进而实施工作计划。

联邦快递正在有计划地导入无线射频识别（RFID）技术，例如，利用RFID标签追踪该公司3万辆联结车与货车在集散场内外的移动状况，并自动排定货车运送某个包裹到指定地点的路线，而不需要在装卸作业的时候把货物一个一个拿下来看。尤其是在生鲜食品的"超高速"运送上，比如可以实时监控肉品和血液的温度变化并发出预警信号。在联邦快递看来，包裹是否在移动中并不重要，与这个包裹有关的信息才具有客户价值。

2. 企业价值与客户价值

既然客户价值是企业作为客户角色对上游企业所提供的产品/服务和无形资产等的整体感知，那么企业价值本身又是如何界定呢？

本书认为，既然企业经常从组织形式自身的"成本加成"思路形成企业价值（比如总成本、利润率、销售额、产值等），而企业的"客户或利益相关者等"也会通过某些指标及其组合来描述企业价值（比如投资收益率ROI、销售总额、营运资金、库存量、固定资产等），那么，让价值一致的最好办法可以用一句英文谚语来表达："Value is in the eye of beholder"。直译为"价值在旁观者眼中"，即是客户价值决定着企业价值。换言之，企业为了满足客户或利益相关者的需求并有所增值，就必须站在客户价值角度去重新度量并奠定企业价值，有所为有所不为。

更进一步，在供应链中，是客户价值推动着供应链的发展和进步，进而决定供应链的未来形象。

7.1.3 服务水平与客户满意度

事实上，对客户价值的理解有多少，就多少种对其进行度量的指标。然而，通常最普遍的关键指标有两个：企业提供的服务水平和客户满意度。

理论上讲，界定服务水平首先要满足表7-1中所列的基本要求，其次要有针对性地满足增值要求；实践中，对企业提供的服务水平的度量，无论企业提供什么服务方式，最终都会以稳定的质量、无货损、准时交付给客户为基础而设定服务水准（服务水平）。

　　因此，本书对"服务水平"下个定义：服务水平指的是企业按照客户要求（质量、价格、交期等）准确交付的能力。显然，企业按照客户要求（质量、价格、交期等）准确交付的能力越强，一般就意味着服务水平高。然而，服务水平高并不必然意味着客户满意度也高。这是因为：第一，在实践中，企业通常会根据不同的服务方式主观地设置一系列指标体系，用以记录、测算、印证服务水平的进行程度；第二，客户满意度是一个相对概念，指的是客户期望值与最终获得值之间的匹配程度。

　　例如，某快递公司提供同城一小时的交货速度，并以此领先于其他快递公司的交货速度来界定自身的服务水平。但是收件方客户恰巧在1小时后送货到达时不能接收也无法代收。而此时，这家快递仍坚持1小时的投递原则，最终导致该客户放弃收件。在这个极端的情境中，相对于同行，快递公司的服务水平已经很高，但是依然没有获得客户满意。表现为：委托方（客户）不满意货物退回，接收方（客户）也不满意，因没有别的可接收时间供选择。这里，客户的期望值与最终获得值/感知值严重不匹配。

　　所以，企业在界定服务水平等级或者在与客户签订服务水平协议的时候，最好的办法是要不断地去挖掘客户对于该服务的真实期望值，以便获得更好的客户满意度。

　　这里列出两个主要偏差来源（理解并满足客户期望值方面），便于企业区分导致客户满意度低的内外部原因。见表7-2所示。

表7-2　　　　　　　　　理解并满足客户期望值方面的偏差来源

来自于企业单方		来自于客户和企业双方	
企业管理层对于客户期望值的认知与企业提供的服务水平标准之间存在差距	企业制订的服务水平级别与操作人员的实际执行能力之间存在差距	企业管理层对客户期望值的认知与客户本身对于客户期望值的认知之间存在差距	客户对于企业所提供服务的感知程度与客户自己对于服务的期望值之间存在差距
①需要加强内部沟通与体验	②需要加强内部管理与培训	③需要加强外部沟通与体验	④需要找准"客户满意度"动因

在表7-2中，列出了解决偏差的四个途径，其中的①②③提出了针对企业与客户对服务水平和客户期望值的理解不同所产生的偏差的解决之道，即需要企业主动加强内外部的沟通与管理。这里笔者建议可以通过"客户关系管理中的三种能力：了解、联系、管理"[①] 去进行沟通，缩小偏差。见图7-2所示。

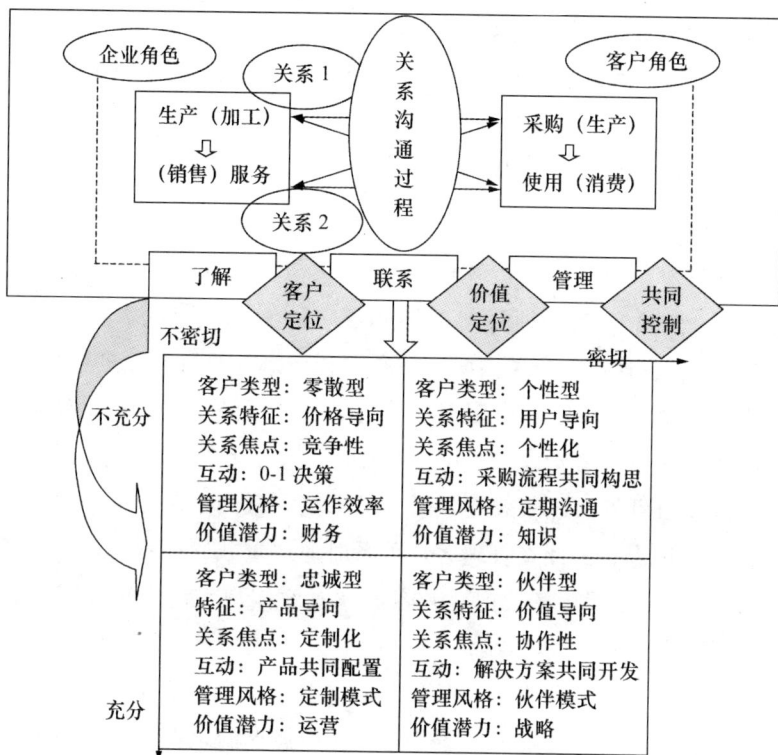

图7-2 企业如何在消除偏差方面有所作为

在图7-2中，企业与客户之间的沟通过程，本质上就是"了解和联系"的过程。根据企业对客户了解的充分程度和联系的密切程度，可以界定出四类不同的客户群：零散型、忠诚型、个性型、伙伴型，于是针对不同客户群进行"客户关系管理"就显示出明确的目的和价值潜力特征。这里要说明的是关于"了解、联系、管理"的含义。

（1）了解，即企业对与客户信息的知晓与分类，尤其要明确：谁是企业的客户、客户的期望（值）是什么、客户价值的潜力在哪里。

① 参见：国际贸易中心（ITC）编著，中国物流与采购联合会（CFLP）译，《如何管理客户关系》，中国物资出版社 2009 年版。

（2）联系，即企业在自己与客户的两种交互关系（图7.2中的"关系1"和"关系2"）中建立起某种沟通渠道，并明确不同沟通渠道中的关键特征。比如价格导向渠道的竞争特征、产品导向渠道的定制特征、用户导向渠道的个性化特征、价值导向渠道的协作特征。

（3）管理，即企业对客户关系的计划、组织、协调、控制过程，其根本目的在于缩小企业和客户相互在客户期望值方面的偏差。因此，要明确企业是谁，如何从战略、战术等方面管理客户关系，怎样衡量管理的绩效。具体实施和操作时，可以根据不同客户群有所为有所不为。

- 对于零散型客户，企业应该把自身定位于"以标准的低成本产品和服务的销售者形象"。由于决策互动只涉及"买与不买"（0-1决策），其客户价值只在于财务效应（即买与不买所带来的销售额、成本和利润的计量结果），因此在管理客户关系时应注重运作效率，没有必要进行共同控制。

- 对于忠诚型客户，企业应该把自身定位于"以满足客户专业需求的定制产品和服务的生产者形象"。由于决策互动主要是"产品共同配置"，其客户价值潜力可以从运营效应方面（即保持联系的定制化生产和销售所带来的收益）挖掘，因此在管理客户关系时应注重共同设置按订单生产的"定制点"，进行延迟生产，把提升客户满意度体现在离客户最需要最敏感的环节。

- 对于个性型客户，企业应该把自身定位于"愿意花费时间充分理解客户需求，并能够以独特的解决方案来满足客户需求的个性化服务供应商形象"。由于决策互动主要是"采购流程共同构思"，其客户价值潜力在于理解把握知识效应方面（即密切与客户保持关于知识信息的沟通，互相促进共同学习等），因此在管理客户关系时应注重定期专业沟通技术信息，与客户共同改进、持续发展。

- 对于伙伴型客户，企业应该把自身定位于"通过共享信息、知识和资源，与客户共同进行产品和服务开发的业务解决方案提供商形象"。由于决策互动主要是"解决方案共同开发"，其客户价值潜力更多的要体现在战略效应方面（即投入一定运营成本共同研发的产品或解决方案，一定要有利于首先提升客户满意度，其次才是降低供应风险与成本等），因此在管理客户关系时应注重伙伴关系模式的构建和维护，与客户共同成长。

至于表7-2中的④：寻找客户满意度的动因，也可以根据图7-2中所显示四类客户群（零散型、忠诚型、个性型、伙伴型），有针对性地了解各类客户群的期望值，再利用 CRM（客户关系管理）软件诸如产品目录、门户店面、联系人栏目、多媒体频道、专业栏目、ASP（应用服务供应商）等工具进行分时段、分内容、分主题、分方面的信息收集、整理、评价。另外，在评价客户满意度的动因时，需要注意以下两点。

第一，在企业与客户进行关系沟通时（即企业的"关系 1"和"关系 2"与客户建立联系时），要注意设法明确以下信息的价值，这对于最终评价客户满意度非常重要。这些信息包括：

- 企业所提供产品和服务的价值定位是什么、该产品和服务的利润模型是什么、企业是否考虑其产品和服务的总价值链；
- 企业是否充分了解客户特征、企业是否了解其客户试图实现的目标；
- 客户对企业响应的感知如何、客户正在尝试的新业务模式是什么。

第二，在供应链管理中，沿着"客户价值决定着企业价值"这条思路，还面临着一个投入多少资源和如何有效投入等效率问题。于是，提供一定程度的服务水平与保证一定程度的客户满意度之间，需要从效益与效率两个方面来度量。

例如，一般而言，应该是保持或者提升客户满意度的基础上，降低或者保持一定的投入。但是，如果可以通过降低某些不必要的服务水平指标值而换取了相当大的成本节约指标值，同时让客户满意度的降低保持在一个可接受的范围内，那么，客户价值的意义就是可以作为推动供应链发展和进步的车轮！

麦肯锡华盛顿特区分公司在 2008 年对 10 个行业中客户服务表现最佳的企业进行的考察表明，问题的关键不在于如何改善客户体验以提升服务水平，而在于"如何在最大限度地减少浪费性支出的同时，学会投资于提升客户满意度的驱动因素"。

案例　　　　建立客户对服务水平产生变化的敏感点

某公司呼叫中心常用"平均应答时间"作为衡量其服务水平的一个重要指标，以前通常是根据规定或者先例来确定这个时间的长短，并由此计算人员配备。经过观察，他们发现服务水平提高 10%，需要增加的人员远远超过 10%。即，要维持服务水平颇具挑战性，而要提高服务水平则需要高昂的成本。

该公司管理客户体验的人员彻底抛弃了传统的提升服务水平的思路，开始仔细测量"平均应答时间"的两个点:"愉悦临界点"和"可容忍临界点",用以理解客户对于服务水平变化的敏感度。在获得相关数据后,该呼叫中心根据情况把服务水平降低到刚刚高于"容忍极限点"。即,放低服务水平但不低过容忍极限,结果是:客户满意度的下降程度不那么明显,人员配备方面的节省却颇为显著,每年节省超过几百万美元。

资料来源:Adam Braff, John C. DeVine,《Maintaining the customer experience》,载于《Mckinsey Quarterly》,2008 年 12 月。以上资料经过整理。

上述情景目前被众多呼叫中心所模仿,其中的关键点在于:如果能使节省的成本大大高于客户满意度下降所带来的损失,那么权衡效益和效率就成功了。

关于效益与效率的权衡,见图 7－3 所示意。

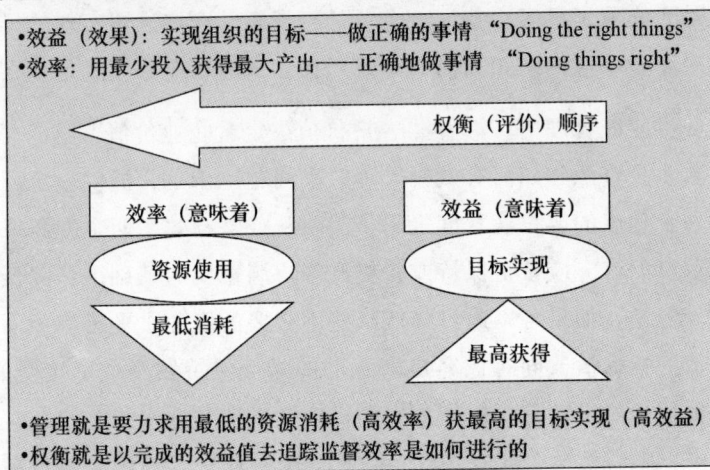

图 7－3　权衡效率与效益

总之,企业本质上是为追求价值的一种组织形式。纵观世界上无所不在的企业广告,其基本用意无不是在唤起客户的潜在需求,以便从客户的眼中定位自身价值并最终获得价值!换言之,营销广告不仅在"卖产品",其真正用意是在"买订单"。如果把这种理解放到在供应链中,实际上就是"上游供应商在买下游企业的订单,下游企业在买上游供应商的产品和服务",那么供应与需求双方均应为对方的客户。所以,供应链中的客户价值观就是把供应链视为"客户价值链"。

核心企业一方面要以企业角色知晓客户需求,或者善于激发并满足客户的潜在需求,另一方面还要以客户角色感知供应商们实现自身的需求。这样做的目的就在于：不断改善、不断创新上下游伙伴关系，以"客户价值"带动自身的良性发展和战略伙伴们的共同发展。

7.2 探索供应链绩效评价模式

7.2.1 供应链绩效评价的目的

本书开篇就提出，供应链从来就存在，只因全球化浪潮而日渐显出其"被关注的星光"，用一句英文描述是："What gets attention is taken care of. What is taken care of gets improved."直译为：只有被关注的问题才会被采取行动，只有被采取行动的问题才会得到改善。于是，关注供应链绩效评价的第一个目的就是要回答：供应链到底能给企业带来什么？——这可以看成是提升供应链总监职位意义的一面镜子。

另外，鉴于供应链结构受制于两个基本因素——产品和成员的影响，于是，关注供应链绩效评价的第二个目的就是要回答：在供应链结构中，成员们是如何相互配合传递着不同形式的产品以获得各自的价值的？——这可以看成是供应链总监职责"常变常新"的真功夫所在，因为供应链链条结构的稳定性随着业务边界的范畴变化而变得不确定。

一般而言，对于"供应链到底能给企业带来什么"这个问题的解释，很多现成的资料都有共识，比如：

- 供应链管理的结果应该是"总体成本降低、总体库存水平降低、总体交货时间缩短"；
- 链条上的企业们各自能获得控制库存成本、提升敏捷性的益处；
- 稳定的供应源关系，使得链条上的伙伴们持续不断地获得竞争优势。

……

对于"在供应链结构中，成员们是如何相互配合传递着不同形式的产品以获得各自的价值"的解释，也存在着不同的理论和评价方法，比如：

- 针对产品质量体系的六西格玛方法（一种通过产品质量改进而带动整个组织的业务流程改进的技术）；

- 针对产品传递过程的物流计分卡方法（一种记录、测算物品在存储、运输等物流环节中的指标业绩的技术）；
- 针对成员的价值取向的绩效棱镜方法（一种考虑到链条内利益相关者们在战略、流程、能力等方面所贡献程度和所获得满意程度的计量技术）；
- 针对成员在链中地位的平衡计分卡（一种综合了"客户、流程、创新、财务"四个方面业绩的战略实施的技术）；
- 针对成员之间相互配合协作的供应链运作参考模型（一种跨行业供应链管理的标准模型）。

……

不能否认，这些评价方法各自有其应用的领域和成功的案例，也各自存在着局限性，这里没有必要一一找出每种评价方法的特征，因为相关的书籍资料浩繁，很容易找到，尤其是互联网上已有充分的资料。于是，问题的关键又回到了本章的主题：只要不满足，就要进行改善。

比如下面这个案例，就不能归结为是上面评价方法中的某一种。虽然案例所描写的内容过去很久，但是也能说明一点："创造是幸福而无止境的，但要满足于合适的原则。"

案例　　　　　　　　克莱斯勒的供应链关系改造

在跨企业流程重组方面，最典型的例子之一，可能是美国的汽车制造商克莱斯勒公司在 1989 年之后进行的供应链关系的变革。

克莱斯勒供应链关系改造是一项以企业外部的价值链的改革为核心，带动企业内部供应链环节改造的整体价值创造过程的变革。在整个 20 世纪 80 年代期间，克莱斯勒公司的汽车产量及其利润率与它的主要竞争对手福特与通用汽车公司相比，都处于不断下滑的局面。与此同时，以本田汽车为首的日本汽车制造商步步为营，不断蚕食美国的本土市场，在美国建立自己的制造与销售基地。面对如此严峻的内忧外患，克莱斯勒公司对日本本田公司的供应链关系进行了有针对性的研究。研究发现：本田汽车模式是一个一体化的供应链关系，同供应商长期合作，拥有供应商部分股权；供应商参与生产的全过程，关心汽车最终的市场效应，有创新的动力。而在克莱斯勒的模式中，供应商只是一个给老板打临时工的角色，按项目一一竞标，按要求提供零部件，因此创新的愿望极其淡薄。

该项研究结果最终导致克莱斯勒的决策层于 1989 年开始对其供应链关系实施改革，其核心模式称为 SCORE——供应链成本降低计划（Supplier Cost Reduction Effort）。这项改革的主要内容是：减少供应商的数量、稳定供应商的利益关系、鼓励供应商更多地参与汽车生产的全过程、奖励供应商的创新活动与建议。

功夫不负有心人！改革的成果相当令人信服——1994 年，克莱斯勒形成了自己全新的供应链关系：供应商的选择标准不再是——竞标、低价获胜、不考虑过去的成绩，而是变成了事先评定、合理价格以及考虑过往合作的历史；公司与供应商的利益关系也由原来的短期合同、不关心供应商的赢利变为了长期合同和注重双赢；分工协作方面不再是不同的厂商分别负责设计、模具和零部件，而改成一个厂商负责一个零件研发、生产的全过程；此外，公司为供应商的创新建议提供了畅通的渠道反应，允许供应商参与整个价值链的改造等。

SCORE 计划的实施也获得了巨大的成功。在实施开始的头两年——1991 ～1992 年间，这项行动共产生了 875 个改进生产的新建议，每年降低成本约 1.7 亿美元；1994 年，供应商提供了 3786 个新的建议，降低成本 5.04 亿美元；至 1995 年底，克莱斯勒公司共实施了 5300 多项新建议，节省了 17 亿美元的开支。改革前克莱斯勒公司一辆新款汽车的研发时间平均为 234 周，改革后缩短至 166 周；改革前克莱斯勒公司车均利润是 250 美元，改革后一辆车的平均利润增至 2110 美元；改革前克莱斯勒的资产利润率低于福特与通用汽车平均 2 个百分点，改革后资产利润率平均高于上两个公司 4 个百分点。克莱斯勒一跃成为美国最具盈利性的汽车制造公司。

资料来源：林玲玲主编，《供应链管理》，清华大学出版社 2004 年版。

7.2.2　对供应链绩效评价系统的要求

事实上，国内一项自然科学基金项目的研究成果《集成化供应链绩效评价体系及应用》[①]，已经非常清晰地指出以下几点。

- 供应链绩效评价是指围绕供应链的目标，对供应链整体、各环节（尤其是核心企业运营状况以及各环节之间的运营关系等）所进行的事前、事中和事后分析评价。

---

① 霍佳震，马秀波，朱琳婕：《集成化供应链绩效评价体系及应用》，清华大学出版社 2005 年版。

- 供应链绩效评价是供应链管理的重要内容，对于衡量供应链目标的实现程度及提供经营决策支持都具有十分重要的意义。
- 供应链企业绩效评价指标应该能够恰当地反映供应链整体运营状况以及上下节点企业之间的运营关系。
- 评价供应链的绩效，是对整个供应链的整体运行绩效、供应链节点企业、供应链上的节点企业之间的合作关系所做出的评价。因此，供应链绩效评价指标是基于业务流程的绩效评价指标。
- 评价供应链运行绩效的指标，要综合考虑节点企业的运营绩效及其对其上层节点企业和整个供应链的影响。

笔者这里仅从供应链总监的运营实践出发，把这个宏观的议题缩小到一个职能部门——采购与供应部门，旨在通过简要分析评价这个与外界有着直接联系的部门的绩效过程，延伸理解供应链绩效的评价。换言之，正是采购与供应部门在供应链管理中承担着"窗口和门"的作用，所以评价可以举一反三。

一般而言，对于采购与供应部门的绩效评价，在基于供应链环境下要特别重视以下方面的目的性：

- 理解客户（外部和内部）的满意度，建立更好的客户关系；
- 理解可能产生问题的不同因素以及解决问题时将关注的某些重要方面；
- 寻求改进绩效的新途径、采取补救措施、所需要的资源或组织安排；
- 开合并激励员工和团队、确认是否需要开展培训和建立更好的工作组织。

采购与供应部门的绩效评价的过程可以分三个步骤进行：首先要建立一种评价流程框架，然后要设定出这样评价要达到什么样的满足程度，即"良好绩效评价系统的要求"，最后才是具体实施过程。关于评价流程框架例子见图7-4所示。

关于"良好绩效评价系统的要求"如下：

- 要支持公司总体目标，并与之保持一致；
- 要明确内外部客户需求和期望达到的满意度；
- 要包括采购供应整个流程环节；
- 要考虑公司不同类型的采购品特征；
- 要考虑到管理控制以推进持续的改进活动；
- 要把供应战略转化为供应目标并可实施；
- 要考虑到公司的内部环境与外部环境，并考虑环境的变化；

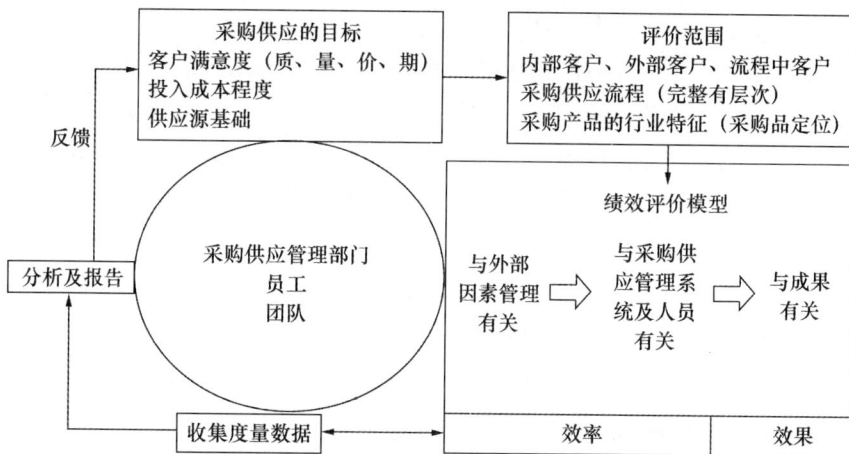

图 7 - 4　对采购与供应部门的业绩评价流程及内容框架

- 要有广泛的客户参与基础，并建立及时有效的反馈流程；
- 要对照确定的目标、标准、标杆及预测来度量成果；
- 要节约评价开销。

其中"要考虑公司不同类型的采购品特征"，指的是：核心企业的采购部门要针对供应市场进行"瞭望"（见第 2 章），以便明确界定出需要优先单独进行供应链业绩评价的品项，并根据公司战略目标与评价深度，有所侧重。比如一旦主要设备类被优先选出进行评价，那么在评价设备采购的成本因素时，一般应侧重于生命周期的成本；而在评价原材料采购的成本因素时，则更注重价格水平。因为，服务采购与商品采购的评价所涉及因素是大不相同的。

7.2.3　理解供应链运营参考模型

在本书第 1 章里，笔者谈到一个观点——要想保持一个相对稳定的供应链系统，核心企业必须解决以下几个关键问题：

- 成员们的企业价值观（包括利润和风险观）的一致性；
- 成员们的关系紧密度；
- 成员之间的信息通透程度；
- 对于资源可持续发展的共识程度等。

就目前实业界的运作实践和学者的研究来看，基于"流程观"思维的 SCOR

模型内涵能直观地给出"最佳实践"的解释。

比如，首先可以构建一副供应链结构图：一条链上的各成员的业务内容，从战略层看都具有五个基本特征——计划、采购、生产、分发、退货，将其细化后所带来的成员之间的业务联系，自然就会展现出错综复杂的结构图。然后按图索骥，寻求达到供应链运作最佳效果（总成本低、总效率高）并持续地全局优化。

以下是关于这个模型的相关介绍①。

1. 总概括

SCOR 模型（Supply-Chain Operations Reference Model，供应链运作参考模型）② 是用于供应链诊断和供应链绩效度量的工具，可以帮助企业实现从基于职能管理到基于流程管理的转变。该模型体现了业务流程重组思想，运用基准比较方法，综合了不同产业供应链管理的最佳实践。

2. 产生源

1996 年，两个位于美国波士顿的咨询公司 Pittiglio Rabin Todd & McGrath（PRTM）和 AMR Research（AMR）牵头，69 家公司参与，成立了供应链协会（SCC）。该协会向对供应链感兴趣的组织和个人开放。1996 年 11 月，供应链协会发布了 SCOR 模型，由基本流程、流程分类结构、流程体系层次结构和绩效度量指标属性四部分组成。用于供应链的诊断和供应链绩效的度量，帮助企业更好的实施有效的供应链，实现基于职能管理到基于流程管理的转变。

3. 细节

SCOR 模型将供应链流程体系概括为计划、采购、生产、交货和退货五个基本流程，这五种标准流程是对供应链流程体系的一种标准描述，既适合于整体，也适合于供应链的各个阶段。这些流程具体采取什么程序，取决于生产方式是备货生产、按订单生产还是按订单设计制造。见图 7-5 所示。

上述基本流程可以按性质分为计划、实施和使能三种类型，如图 7-6 所示。该分类体系中的使能流程包括绩效评价流程、数据管理流程、库存管理流程、资产管理流程、客户投诉管理流程等支持流程。

---

① 资料来源：http://www.supply-chain.org。
② 供应链运作参考模型：一种用流程观来表述企业经济活动中共性职能之绩效的模块化结合形式。这种实践的推行，有利于企业在分析业务流程时，辨明那些驱动企业实现价值观的要素，并以此与链条上的其他企业的各要素共同构建稳固的网链，从而产生整体竞争优势。

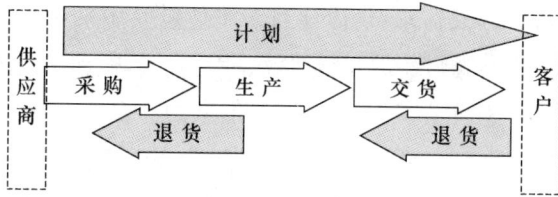

图 7 - 5   SCOR 模型的基本流程

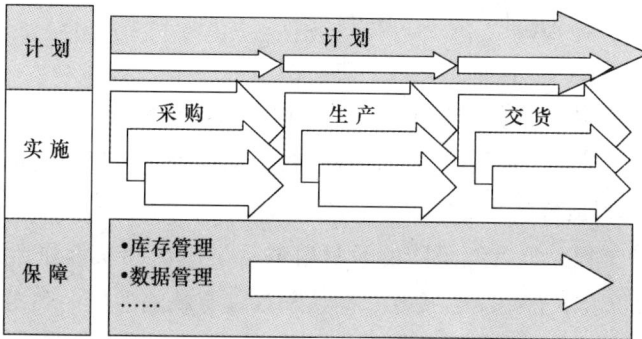

图 7 - 6   SCOR 模型的流程分类结构

SCOR 模型包括三层详细内容，见图 7 - 7 所示。

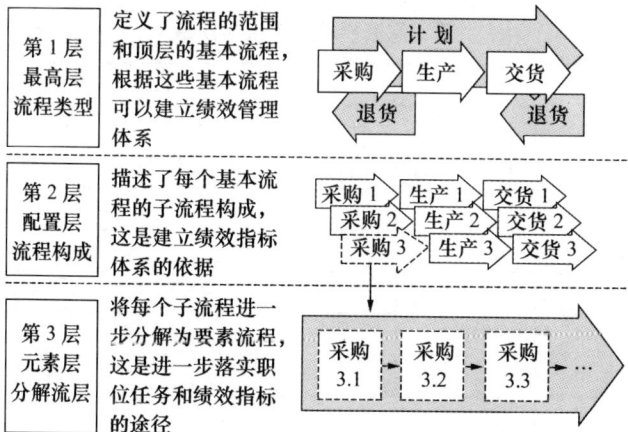

图 7 - 7   SCOR 模型的流程层次结构

图 7 - 7 中，计划流程贯穿整个供应链，为供应链中所有成员采用，另外四个流程由各成员根据复杂性程度的不同来执行。根据供应链中各企业的核心职能的不同，在采购、生产、交货及退货这四个流程上或多或少有所侧重。例如，一个企业主要以运输服务为主，它就不会重点强调生产流程，而是把工作中心放在交货流程。

（1）计划流程：涉及需求/供应计划，即是根据需求平衡资源，为供应链建立沟通计划、管理商业规则、供应链绩效、库存、运输和法规的要求。

（2）采购流程：对库存产品、按订单生产的产品（MTO）和按订单设计的产品（ETO）进行外购，它包括确定和选择供应商、评价供应商绩效、管理进货库存和供应商合约以及批准供应商付款等流程。

（3）生产流程：涉及按库存生产产品（MTS）、按订单生产的产品以及按订单设计的产品，它包括生产活动的进度安排、生产、测试、包装、分段运输和发货，以及管理在制品、设备、工具和生产网络。

（4）交货流程：包括订单管理、仓库贮存、运输、交货和所有产品的安装，从询价和报价到装运及运输公司的选择、收货、选货、装货和发货、给客户开具发票和进口/出口流程要求。

（5）退货流程：涉及把采购的原材料退给供应商和从客户那里收到成品退货，它包括批准和安排退货、接收、确认和处理有缺陷的产品和多余的产品、退货的更换或退款以及管理退回的库存等。

将第一层的绩效属性和度量指标结合就可以构成第一层流程的绩效指标体系，如表 7-3 所示。

表 7-3 第一层流程的绩效指标体系

第一层性能指标	绩效属性				
	面向外部			面向内部	
	交货可靠性	响应性	柔性	成本	资产利用
完成订单性能	√				
订单完成周期		√			
生产柔性			√		
供应链管理总成本				√	
产品销售成本				√	
现金周转时间					√
库存周转率					√
…					

以下为关于 SCOR 的应用案例之一[①]。

---

① 资料来源：姜铁虎、丁叔，《供应链运作参考模型（SCOR）简介》，见于 http://articles.e-works.net.cn，2001 年 6 月 27 日。

为了使用 SCOR 这个供应链诊断工具，第一步应从企业供应链的物理布局（Physicallayout）开始构建供应链的工作，见图 7-8。第二步就是根据企业自身供应链流程的特点，适当选择 SCOR 模型第二层中定义的标准流程元素来描述其供应链，见图 7-9。此时，企业通过使用 SCOR 模型可以了解每一个流程元素需要哪些信息输入，并期望哪些信息输出，见图 7-10。

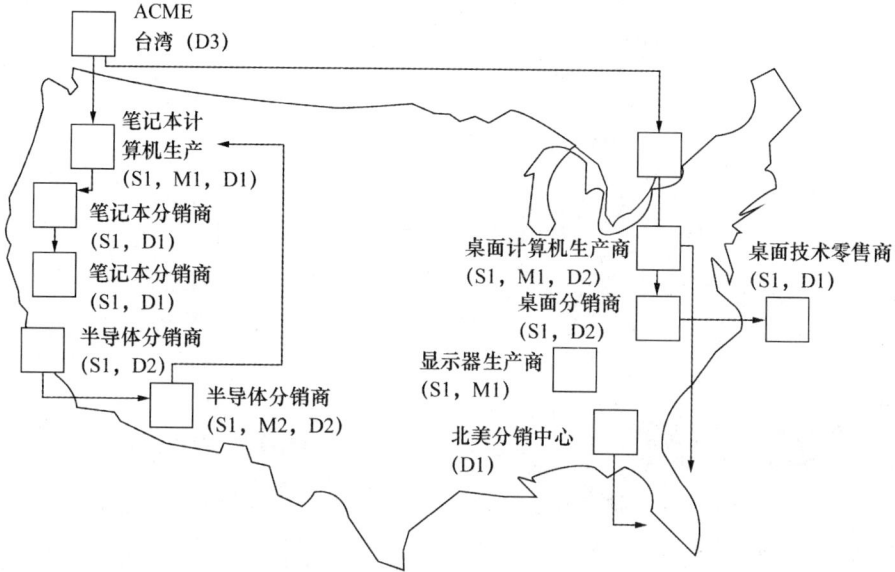

图 7-8　供应链的物理布局

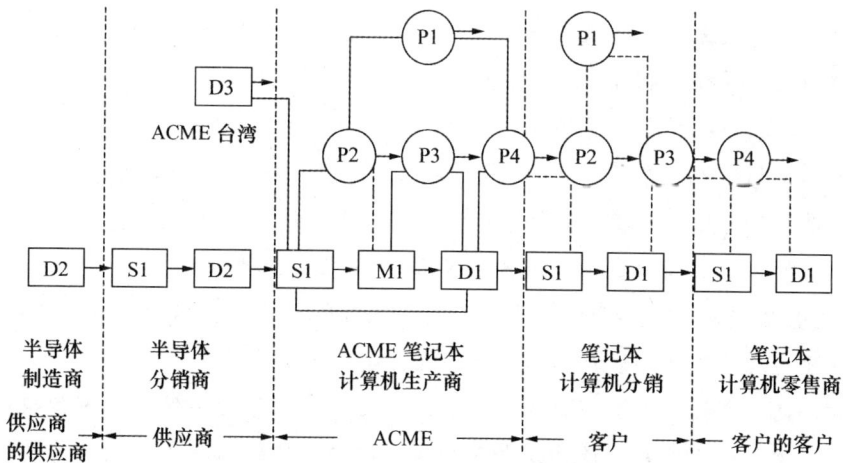

图 7-9　用 SCOR 模型第二层流程元素描述的供应链流程

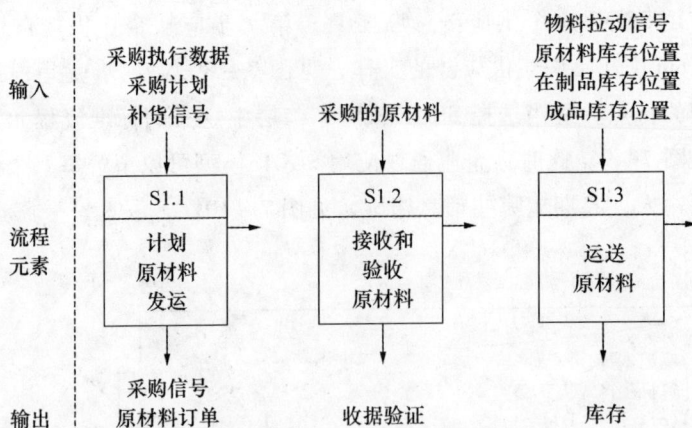

図 7 - 10 　流程元素所需要的输入和可能的输出

>> 本章学习总结

一条供应链的形成关键在于上、中、下游企业之间内外部的价值沟通，是客户价值决定着企业价值。

"价值观的统一"要求供应链总监的首要职责应该是：以其职权范围的能力，与他人共同构建、执行、维护本组织存在的价值，并让这种"有价值"的理念与上下游组织共同分享，打造出一条以合适的交易成本通畅而有序地满足终端客户预期价值的"价值增值流"。

目前，供应链总监更多的任务在于，如何花更少的时间做"维修"工作，花更多资源做创造性的东西。这种"维修"主要是协调部门关系，并创造性地根据组织发展目标，建立起稳定的供应流程。

成功的供应链绩效衡量，首先要看链中各级企业的满意度，包含企业外部（上下游）客户满意度和内部满意度。在供应链的关系中，强调沟通和协调的意义还在于通过获得外部客户满意度来促使内部满意度的提升。

爱因斯坦曾说：不要去尝试做一个成功的人，要尽力去做一个有价值的人。实际上对这个说法进一步延伸，发现价值、创造价值的过程本身就是有价值的。因此"做一个有价值的人"是一个系统工程，是一种产业技术革命浪潮的"软技术"创新，充满了由于各组织内"人、产品、资金"等多方面的协调复杂性之风险，以及更为关键的、来自于组织外部的一切不确定性因素风险。但是，借用法国人罗曼·罗兰在《母与子》中措辞来总结："创造，或者酝酿未来的创造。这是一种必要性：幸福只能存在于这种必要性得到满足的时候。"

第8章 博学

贯通供应链环节，做推动可持续性发展的拥簇者

博学之，审问之，慎思之，明辨之，
笃行之。

——《礼记·中庸》

如果在供应链管理领域里，我们不仅
博问而善学，并且灵活决断于慎辨
处，那么"术可成、功可至"就不会
是一句空话！

- 学习电子商务信息技术
  1. 电子采购角度
  2. RFID、GPS、ERP 的融合
- 思考供应链的可持续性
  1. 清洁生产与环保采购
  2. 逆向物流的发展空间

8.1 电子商务的新视野——电子采购

8.1.1 电子商务简介

但凡接触互联网的人们，都有"或多或少的触网经历"。从网虫、网友，到网民、网商，不同时期不同的称谓告诉我们，互联网的应用正在深度进化，从娱乐、社交、生活再到电子商务，人们已经认识到自己的工作模式、商业模式和商业形态正在或已经发生日新月异的改变。

正如美国人托马斯·弗里德曼在他风靡全球商业界的畅销书《世界是平的（第2版）》中所说：21世纪进入全球化3.0版，这个版本的主要动力是个人的能力——个人的全球化参与能力，由此这个世界在10个因素的驱动下将更进一步微型而趋于平坦！尤其是电子技术的发展所带来的商务变革，以及无疆界合作与竞争所导致的资源环境变化等，大大小小的公司已经在全球范围内亲密无间地合作。

应该看到，在全球化2.0版本过渡到3.0版本的背景下，电子商务在供需关系中逐渐发展壮大的原因有三点：

第一，产品的非本地化生产导致了供应与需求关系日趋复杂；

第二，国际竞争导致了电子技术应用和服务日趋复杂；

第三，个性化需求的广泛性导致组织与个体之间的协调日趋复杂。

基于此，供求市场需要一系列广泛而有效的电子信息技术来贯穿供应链始终，为商务活动提供便捷有效的技术支撑，于是电子商务应运而生。

1. 电子商务的定义

电子商务（Electronic Commerce）[1]：利用计算机技术、网络技术和远程通信技术，实现整个商务（买卖）过程中的电子化、数字化和网络化。人们不再是面对面的、看着实实在在的货物、靠纸介质单据（包括现金）进行买卖交易，而是通过网络，通过网上琳琅满目的商品信息、完善的物流配送系统和方便安全的资

---

[1] 资料来源：http://www.hn.xinhuanet.com。

金结算系统进行交易（买卖）。

理解电子商务，应该从以下四个角度出发：

（1）电子商务是一种采用电子信息技术的买卖方式；

（2）电子商务实质上形成了一个虚拟的电子市场交换场所；

（3）电子商务是"现代信息技术"和"商务活动"的集合；

（4）电子商务不能简单理解成是商务电子化。

信息技术（Information Technology，简称IT）：在信息科学的基本原理和方法的指导下，以电子计算机和现代通信为主要手段实现信息的获取、加工、传递和利用等功能的技术总和。

2. 电子商务的分类

根据进行交易双方的性质以及交易内容，电子商务又可分为以下几类。

（1）企业内部电子商务——通过防火墙，公司将自己的内部网与互联网隔离的一种商务工具。可以用来自动处理商务操作及工作流，增加对重要系统和关键数据的存取，共享经验，共同解决客户问题，并保持组织间的联系。

（2）企业间电子商务（B2B）——进行电子商务交易的供需双方都是商家（或企业、公司），使用了Internet的技术或各种商务网络平台，完成商务交易的过程。

（3）企业与消费者间电子商务（B2C）——基于互联网的商家直接面向消费者销售产品和服务的网上零售网站，比如国内最大的中文网上书店当当网（www. dangdang. com），美国的亚马逊网上商店（Amazon. com）等。由于这种模式节省了客户和企业双方各类不必要的开支，从时间、空间等方面大大提高了交易效率，因而得到了供需双方的极大认同，发展迅速。

（4）消费者之间电子商务（C2C）——消费者与消费者之间的在线交易平台。卖方在这个平台上发布商品信息或者提供网上商品拍卖，让买方自行选择和购买商品或参加竞价拍卖。比如国内发展迅速的淘宝网和eBay网等。

当商务关系的一方是政府机构、代理机构等形式时，还有以下的模式：

• 企业与政府机构间的电子商务（B2G）；

• 消费者与政府机构间的电子商务（C2G）；

• 企业与代理销售者或经理人之间的电子商务（B2M）。

以上这些模式相应的知识性介绍请读者查阅相关文献资料，这里不再一一描述。但是，从采购角度关注供应链上各"企业间电子商务（B2B）"应用模式，对于供应链总监而言，更多的是要关注用"电子采购"这个概念来重新规划或设计其供应链的效率运营模式。换言之，如今的企业在论及如何有效获取供应资源方面的效益时，由采购方主导主营的运营模式（反向拍卖、目录和征询报价等）是电子采购应用中不可缺少的一部分。

另外，随着企业与消费者间电子商务（B2C）模式的蔓延，从销售角度关注最终消费者的需求信息，从而也有利于供应链总监把握买卖之间关系的演变，建立适合自身的电子采购策略。比如，以亚马逊网站为典型代表的在线书店，是电子商务中普遍的企业对消费者（B2C）模式中的 B2B 版本。随着它变成了所有耐用品的大型电子购物中心（这让采购方有机会同时访问几个供应商，连通不同的产品并很容易进行比较），实际上给采购方提供了合成目录的优势条件，很容易创建和管理目录，从而以不同的理由选定以供应商网站应用软件作为他们的电子采购方案。

概括地说，互联网时代的电子商务模式扩展了供应链上那些"核心企业"的业务范畴和运作绩效，使得"业务关系无缝连接"；增强了那些"头尾兼顾、头尾呼应"的中小企业的生命力，犹如"长尾"滋润自养、逆风飞扬；还将成就一批博问而善学并决断于慎辨处的供应链总监们，在供应链管理领域里如鱼得水，游刃有余。

8.1.2　电子采购之路

基于互联网技术的应用普及之广之快，网上购物已经变成了这个时代最为显著的贸易方式。作为供应链网络结构中某节点的企业们，为配合低成本战略的实施，在采购供应部门的供应策略中，也早已形成了一种思潮："如何能在采购环节利用电子信息技术手段更快捷地进行交易，以便在降低获取成本的同时提高获取效率？"——这就是电子采购的本源。而做到敏捷响应、规范而顺畅，则是一个最基本的功能要求。但是，需要明确以下两点。

第一，是谁在驱动着电子采购：采购方、卖方还是中立方？——这是供应链总监需要思考的一个问题。因为，采取主动意味着使用价值的传导和普及。

第二，电子采购不仅仅是采购行为电子化的过程。事实上，随着企业战略的变迁，电子信息技术手段的升级换代，电子采购完全可以从战略的层面去提升企业的竞争力。乐观地看，未来的 10 年，电子采购会是一种战略术语！

1. 电子采购概念

电子采购（E-Procurement）[①]：电子采购是由采购方发起的一种采购行为，是一种网上交易，如网上招标、网上竞标、网上谈判等。人们把企业之间在网络上进行的这种招标、竞价、谈判等活动定义为 B2B 电子商务，事实上，这也只是电子采购的一个组成部分。电子采购比一般的电子商务和一般性的采购在本质上有了更多的概念延伸，它不仅仅完成采购行为，而且利用信息和网络技术对采购全程的各个环节进行管理，有效地整合了企业的资源，帮助供求双方降低了成本，提高了企业的核心竞争力。可以说，企业采购电子化是企业运营信息化不可或缺的重要组成部分。电子采购使企业不再采用手工办法购买和销售它们的产品，在这一全新的商业模式下，随着买主和卖主通过电子网络而联结，商业交易开始变得具有无缝性，其自身的优势是十分显著的。

2. 电子采购的由来

回顾电子采购的历史，最先兴起于美国的电子商务（电子采购）的最初形式是一对一的电子数据交换系统，即 EDI。即使联合国制订了商业 EDI 标准，但是该系统主要运用于某些行业的专业领域，价格昂贵、耗费庞大。在具体实施过程中，在行业内及行业间的协调工作举步维艰。因此，真正商业伙伴间 EDI 并未广泛开展。

20 世纪 90 年代中期，一些大型跨国公司开始在 B2B 模式中使用电子目录方式，由供应方负责提供给采购方关于产品规格、服务、价格和交货期等方面的任何数据变化，由采购方负责组织管理维护目录。采用电子目录方式的通常是一些保持组织日常运营的非关键产品，包括办公设备、家具、文具、差旅服务、清洁服务等，被称为 ORM 采购品，还有一部分用于维护保养和运行的标准品，比如通用机器的标准零部件和标准维修服务等，被称为 MRO 采购品。

当采购需求扩大后，出于采购方需要合成不同供应商的所有目录和维护单一格式目录（经过整理便于对比报价的一种格式）的复杂度正在增加，第三方应用服务提供商（ASP）诞生。随着信息技术的扩展，一种允许买卖双方使用单一接口协议的诞生了，这直接产生了 B2B 交易方式。这又分为以下两种方式。

- 纵向电子交易市场——针对特定的某个行业内多个企业向上游采购的交

---

① 资料来源：http://wiki.mbalib.com。

易。比如化工、汽车等行业内的企业与供应源之间的交易。简单地说，就是行业内核心企业主导的供应链向上游传递的供应源之间的交易。

- 横向电子交易市场——不同行业内的企业对 ORM 和通用的标准的 MRO 提供者之间的交易。

客观地说，电子采购中的目录方多数来自于采购方驱动（Buyer-driven）或者说是采购方网站计划（Buy-side initiatives）。因此，从供应链广义价值链的观点出发，是供应链中的下游企业推动了电子采购的运用。这意味着采购方（或者是设法满足采购方需要的第三方软件公司）已经建立起许多采购技术工具并设法畅化和增强他们的采购活动。

图 8-1 显示了随着时间的发展，贸易交往中电子技术工具的使用概况。

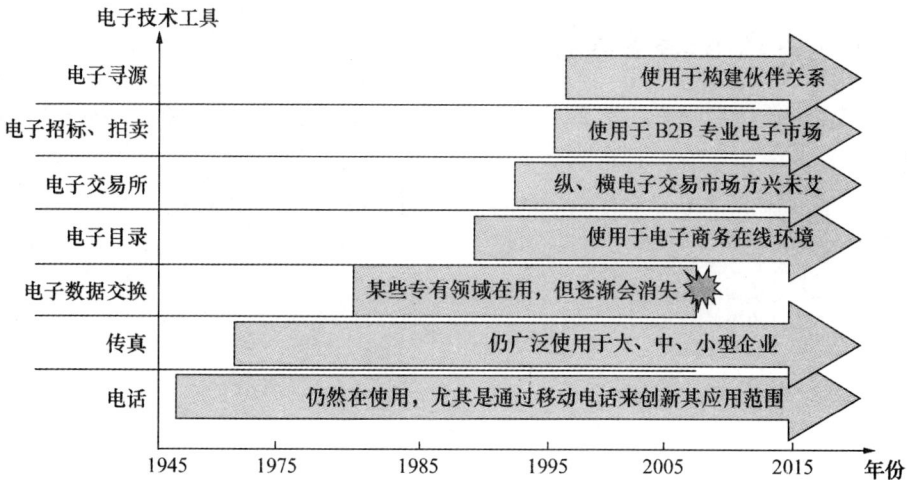

电子技术工具

电子寻源	使用于构建伙伴关系
电子招标、拍卖	使用于 B2B 专业电子市场
电子交易所	纵、横电子交易市场方兴未艾
电子目录	使用于电子商务在线环境
电子数据交换	某些专有领域在用，但逐渐会消失
传真	仍广泛使用于大、中、小型企业
电话	仍然在使用，尤其是通过移动电话来创新其应用范围

1945　1975　1985　1995　2005　2015　年份

图 8-1　采购中用到的电子技术工具

正如我们在第 4 章的图 4-8 中所描述的关于"采购"这个术语的英文范畴有 Procurement 和 Sourcing 的区分一样，目前一些欧美公司的电子采购（E-Procurement）业务主要界定在"电子寻源"（E-Sourcing）方面，内容包含征询报价单、征询建议单和征询信息单。主要目的在于以一种固定、快捷、节省寻源成本的方式满足采购方关于不同供应源的关键信息，以便于为奠定伙伴关系做好前期工作。有时候，在一些公司的培训课程上，也把电子寻源称为"征询 X 解决方案"（RFX solutions），因为"X"能代表 Q、P、I。一旦这种解决方案能从企业的经营战略出发，那么这些工具本身就会上升为一种战略选择。

- 征询报价单（RFQ：Request For Quotations）。是一份为了让供应商就买方所要求的特定产品或服务而提出报价的请求，包括满足问题的基本资格、必须的可以做比较的响应格式、判断每种响应的评价标准、供应方的其他专业门槛资格条件等详细要求。通常采购方发出一份 RFQ，就意味着将提供给供应商某种入选的可能性（但也不一定保证入选）。

- 征询建议单（RFP：Request For Proposals）类似于征询报价单，但通常要求供应商响应他们将怎样满足采购方对产品和服务的需要。常被用于当供应商比采购方具有很强的专业经验时。

- 征询信息单（RFI：Request For Information）意味着对于任何响应方而言采购方无任何承诺。它要求供应商提供采购方需要的信息，以帮助采购方作出是否他们要承担某个特定项目或者与特定供应商一起共事的评价信息。

3. 电子采购技术工具的选用

现在，让我们结合在第 2 章中得出的采购品定位矩阵，明确思考一个问题：在电子采购中，如何针对每一类品项使用上述的电子技术工具？

根据上述电子技术工具的特征，图 8 - 2 给出一个合理化建议。

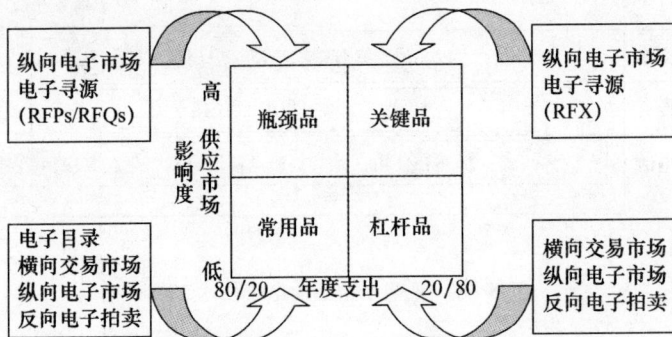

	高影响度		
纵向电子市场 电子寻源 (RFPs/RFQs)	供应市场	瓶颈品	关键品	纵向电子市场 电子寻源 (RFX)
电子目录 横向交易市场 纵向电子市场 反向电子拍卖	低	常用品	杠杆品	横向交易市场 纵向电子市场 反向电子拍卖

80/20　年度支出　20/80

图 8 - 2　采购品定位中电子技术工具的选择

4. 电子采购提供商简介

以下列出目前在 E-Sourcing 方面比较有特色的电子商务（电子采购）提供商及其网址[1]。

---

[1] 资料来源：国际贸易中心（ITC）编著，中国物流与采购联合会（CFLP）译，《如何进行电子采购》，中国物资出版社 2005 年版。资料经笔者整理。

（1）Ariba：http：//www.ariba.com。公共和私人电子市场。允许采购商与供应商进行货物、服务和信息的交易；提供针对战略寻源性质的软件和服务、合同管理、票据签发和分析模块；与其伙伴软件供应商合作提供拍卖、采购、协作和其他应用软件。

（2）Commerce One：http：//www.commerceonefinancial.com。公共和私人电子市场。提供针对战略寻源的软件和服务，拍卖软件、交易引擎、采购、工作流和自动化。

（3）FreeMarkets：FreeMarkets.com。为大公司采购提供多样化的产品和服务，也为那些想开展自己拍卖业务的公司提供独立的软件产品。寻找全能供应商、反向拍卖业务，以便供应商在合同上竞价。

（4）ICG Commerce：http：//www.icgcommerce.com。寻找供应商和组织反向拍卖的行业专家。已经与Ariba合作，为后者提供电子RFX工具，并且对后者的网上客户开放环境。

（5）I2：http：//www.i2.com。提供多样化、模块化的供应链管理产品，包括支出可视化，电子RFX工具，结算和合同等，可以完成公司在互联网下订单后的所有过程。

（6）Oracle：http：//www.oracle.com。对世界上许多顶级电子市场都有影响力。如数据库、数据挖掘、ERP软件和客户/服务端分布式结构等基于技术稳定性的集成技术方案。

（7）VerticalNet：VerticalNet.com。不卖软件，只为B2B提供纵向的、目录导向的门户站点，包含了目录、团体贸易型交易、销售、拍卖货物。也提供横向服务，包括培训、招聘、24小时快递和印刷在内的商业服务。

（8）Bravosolution：https：//www.bravosolution.com。提供电子寻源平台（供应商管理、合同管理）、电子竞价系统、采购开支分析。

5. 电子采购带来的益处

事实上，无论是按照第4章图4-8中"寻源"还是全方位的"采购"概念而规划的电子采购运营模式，对于供应链下游企业而言，一般都是看中了"电子采购能减少获取供应源的总成本"这个显著效益特征，具体体现在以下方面。

- 让执行电子采购的采购专业人员从常规性工作中解脱出来，有更多时间关注战略计划，比如分析供应市场风险与机会，这将从一开始就为降低整个采购总成本奠定基础。

- 系统的自动化和一致性很大程度上规范了所有职员遵循组织的采购政策的行为，这具有连锁效应，即组织的采购者更愿意从优选的供应商处购买，并使组织对这些供应商的采购杠杆力量得以增强。
- 系统会削减供应商的被咨询流程成本，从而帮助供应商节约流程成本，最终使得采购方间接受益。
- 无纸传输信息的自动化特征节约了管理申请和购买的每个阶段的费用，也减少了从申请到交付的人工认证时间，很大程度上也减少了误差，减少行政事务性成本。
- 可促进从供应商处自动补充存货，从而有可能降低库存成本。
- 容易辨析出例外情况（没有按照系统要求的非合同采购）并采取早期行动确保更好地控制采购过程。

6. 实施电子采购所面临的限制因素

尽管国内外无数企业实施电子采购的成功经验能证明，电子采购在降低成本、提高商业效率等方面比在线零售和企业资源计划（ERP）更具潜力，并且电子采购的投资收益远远高于过去几年内已经在企业中占主导地位的任何商业革命（企业流程再造、策略性采购等），这里还是要强调"成功运用电子采购必须关注三个关键限制因素"。

（1）具有"一定数量的可靠的供应商与采购方"，这意味着对供应源和客户源的入选应该有一个基本的价值标准。事实上，只有在那些提供标准品的稳定的电子交易市场中才能显示出上述电子采购的种种益处。

（2）具有一个有效的、透明的度量交易伙伴们进行协作和分享信息的绩效指标体系。这意味着无合同采购或者与采购活动关联的交易成本能够有效地加以控制。如果电子采购的实施有利于供应链上的企业们的交易成本降低、交易效率提升，那么群体使用价值的绩效指标就会帮助大家认识到这种方式区别于传统手工采购的巨大优势。

（3）意识到并不是所有的电子采购系统都包含同样的功能和特征，电子采购也不是那种插入电源、打开开关之后就期待着获得稳定收益和可靠回报的简单技术。尤其是当一个试图执行电子采购解决方案的公司，却选择了没有准备或者不能集成他们的系统和信息于整个系统中的供应商时，那么该公司只能获得一个有限的结果：投入时间和资金不一定能保证成功。

以上可用一句流行语总结为：电子采购虽好，还要供应链上的伙伴们喜欢！

思考　　　　　"如虎添翼"还是"与虎谋皮"

　　要说这几年企业在采购方面的信息化建设，电子采购绝对是其中之一。很多企业和集团都把电子采购建设作为企业采购管理的亮点来推出，电子采购被赋予了太多的期望，然而很多企业在现实中发现，结果看上去并不是很美好。那么问题在哪里呢？

　　电子采购发源于美国，作为一种采购工具而出现。通常都是世界500强的企业，通过电子采购来提高采购效率和降低采购成本。而在国内，由于国内企业不规范的管理流程以及不太健康的社会环境，电子采购被赋予了太多超出本身功能的期望，有些企业希望通过它来弥补制度和流程的缺陷，有些企业用来监视采购员的业务是不是光明正大，有些集团通过电子采购来和下属企业争夺采购控制权。在企业内部、集团内部相互之间的博弈过程中，电子采购成为众矢之的，大家只看到了电子采购正在夺取本来属于自己的利益，而后开始抱怨、抵制。

　　把电子采购作为包治百病的药方和作为权利争夺的工具，使得其本来的效益也被忽视了，尤其在权利争夺中，双方来回的博弈，严重削弱了电子采购的应用效果。靠行政命令来推行电子采购这条路不会成功，后果也不会很好。电子采购应该回到它本来的起点，实行电子采购的时候还是先把内部流程、人员职责、员工士气安顿好，电子采购才能"如虎添翼"，而不是"与虎谋皮"。

资料来源：http：//buyer. top-sales. com. cn。

8.2　RFID、GPS、ERP 的融合

　　信息技术的发展对企业建立管理信息系统，甚至对改变管理思想起着不可估量的作用。管理思想的发展，尤其是供应链管理思想的提出、发展和运用与信息技术的发展是互成因果的。经济实践已经证明信息技术在企业的管理层面扮演着越来越重要的角色，可以目前在某些大型企业中运用得比较普遍的 RFID 技术、

GPS 技术、ERP 技术为代表。

8.2.1 RFID 技术

无线射频识别（RFID：Radio Frequency Identification）[①] 是一种非接触式的自动识别技术，它通过射频信号自动识别目标对象并获取相关数据，识别工作无需人工干预，可工作于各种恶劣环境。可识别高速运动物体并可同时识别多个标签，操作快捷方便。

一套完整的 RFID 系统，是由读写器（Reader）、电子标签（TAG）（也称应答器）、天线、中间件和应用软件系统组成。每个 RFID 标签包含有一个类似于 UPC 并被称为"产品电子编码"（Electronic Product Code，EPC）的识别码，采用无线电通讯的方式，由阅读器读取标签中的数据后，进而由系统数据库或其他应用软件进行处理，以及实现对商品的跟踪等功能。

RFID 标记有多种形式。有的是带有小天线的微芯片，有的看上去像钞票上的防伪标记，有的以标签形式附加在产品包装上。由于 RFID 技术本身的特性，使得相关产品不需要光源，甚至可以透过外部材料读取数据，而且使用寿命长，能在恶劣环境下工作，读取距离远，具有相当显著的优势。

理论上讲，RFID 技术可以有效解决供应链上各环节数据的输入与输出、业务过程的控制与跟踪，同时实现信息的实时共享。目前主要被推荐应用在以下方面：物流供应链跟踪、公路不停车收费、图书馆管理系统、畜牧管理系统、纺织品生产管理系统等。实践中发现，无论是质量控制、自动化管理、产品的生命周期管理，或是装箱销售、出口验证、到港分发、零售上架等各个物流环节，RFID 技术也显示出"便利和高效率"的潜力。

比如，在货物识别与存储方面，与现行的条形码技术相比较，RFID 可以在一定距离之外对商品进行扫描，在不打开包装的情况下就能准确识别箱内商品的规格与数量，从而大大提高了货物的处理效率和准确率，这使得物料的精细化管理思想能很快深入到物流管理每个环节。另外，条形码的信息容量有限，通常只能记录生产厂商和商品类别；而 RFID 可以加密标签数据、存储数据容量更大。而且，RFID 标签具有防水、防磁、耐高温、使用寿命长、读取距离远等优点，这为供应链系统的信息收集奠定了基础。

---

① 资料来源：陶玉芬，《RFID 技术应用展望》，载于《电脑应用技术》，2006 年总第 68 期。

依照目前业界对于新技术的普及速度，细心的人只要在 Google 中敲入"RFID"，就可以查询到大量的咨询信息。然而，不管这些咨询信息为供应链总监们带来会意的微笑还是审视的疑虑，本书要强调的是：关注 RFID 技术，就是关注供应链中伙伴之间"用货物流串起的贸易诚信和效率关系"。在跟踪货物（产品）的整个生命周期的进程方面，RFID 标签提供了很好的透明机制，使得订单速度和准确率、发票支付等环节得到改善，并为供应流程出现的诸如逆向召回、市场调研等管理措施提供数据支撑，也有利于减少供应短缺和库存水平、减少货物损失等。

此外，RFID + 传感器网络 + 互联网，就是目前业界推广的"物联网"，这让供应链更加透明、清晰可控，从而减少供应链中的不确定性。

案例　　　　　　　我国铁道部的调度利器

我国铁路的车辆调度系统是应用 RFID 最成功的案例。铁道部在中国铁路车号自动识别系统建设中，推出了完全拥有自主知识产权的远距离自动识别系统。在 20 世纪 90 年代中期，国内有多家研究机构参与了该项技术的研究，在多种实现方案中最终确定了 RFID 技术为解决"货车自动抄车号"的最佳方案。

过去，国内铁路车头的调度都是靠手工统计、手工进行，费人、费时还不够准确，造成资源极大浪费。铁道部在采用 RFID 技术以后，实现了统计的实时化、自动化，降低了管理成本，提高了资源利用率。据统计，每年的直接经济效益可以达到 3 亿多元。

这是国内采用 RFID 唯一的一个全国性网络，但是美中不足的是，这个系统目前还是封闭的，无法和其他系统相连接。如果这个系统开放，将有利于推动整个物流行业的信息化和标准化，有利于像 RFID 这样的技术得到更有效应用，有利于物流全流通的整合。

资料来源：http://cio.it168.com。

8.2.2　GPS 技术

全球定位系统（GPS：Global Position System）[①] 是一个由覆盖全球的 24 颗卫

---

① 资料来源：http://www.chinabaike.com。

星组成的卫星系统。这个系统可以保证在任意时刻、地球上任意一点都可以同时被 4 颗卫星观测到，以保证卫星可以采集到该观测点的经纬度和高度，从而实现导航、定位、授时等功能。这项技术可以用来引导飞机、船舶、车辆以及个人，安全、准确地沿着选定的路线，准时到达目的地。这个系统由三部分组成：空间部——GPS 星座、地面控制部分——地面监控系统、用户设备部分——GPS 信号接收机。

随着互联网技术与电子商务的发展，基于互联网的 GPS 技术在现代物流及供应链管理领域有着广阔的前景，并逐渐成为一种新的趋势。它对于优化资源配置，提高市场竞争力起到极大地促进作用。目前主要运用于车辆的运行管理、物流系统的合理高效运作，并在提高客户满意度上有着重要的作用和意义。

1. GPS 系统的组成部分

（1）网上服务平台：由专门提供公共 GPS 定位服务的运营商负责运营管理。

（2）客户端：客户端需配备一台可与互联网连接的普通计算机。当接受服务时，客户通过互联网浏览器使用授权的客户名和密码就可以进入服务系统客户界面。

（3）车载终端设备：主要由 GPS 定位信号接收模块集 GSM 通信模块组成，用来实现监控中心对移动体的跟踪定位与通信。

2. GPS 系统的工作原理[①]

（1）车载终端设备（GPS 接收机）在接收到 GPS 卫星定位数据后，自动计算出自身地理位置的坐标，后经 GSM 通信机发送到 GSM 公用数字移动通信网，并通过与物流信息系统连接的 DDN 专线将数据送到物流信息系统监控平台上；

（2）中心处理器将收到的坐标数据及其他数据还原后，与 GIS 系统的电子地图相匹配，并在电子地图上直观的显示车辆信息的收发，查询移动体的动态信息，同时还可以在移动体遇险或出现意外事故时进行必要的遥控操作。

3. GPS 系统的作用

可以预见，这种基于互联网的 GPS 系统的出现，对于供应链中物流与信息流

---

① 资料来源：宋博，《GPS 与 Internet GPS 在物流中的比较研究》，载于《合作经济与科技》，2009年第 22 期。

的全方位结合有很强大的现实意义。尤其在物流领域，GPS所起的作用[①]可以归纳如下。

（1）实时监控功能：在任意时刻都能查询到运输工具所在的地理位置（经度、纬度、速度等信息）并在电子地图上直观地显示出来。

（2）双向通讯功能：有了GPS，用户就可以与司机通话或者进行消息收发对话。驾驶员通过按下相应的服务动作键，将该信息反馈到GPS，质量监督员可确认其工作的正确性，了解并控制整个运输作业的准确性（发车时间、到货时间、卸货时间、返回时间等）。

（3）动态调度功能：调度人员能在任意时刻通过调度中心发出文字调度指令，并得到确认信息。可进行运输工具待命计划管理，操作人员通过在途信息的反馈，运输工具未返回车队前即做好待命计划，可提前下达运输任务，减少等待时间，加快运输工具周转速度。

（4）数据存储分析功能：实现路线规划及路线优化，事先规划车辆的运行路线、运行区域，何时应该到达什么地方等，并将该信息记录在数据库中，以备以后查询分析使用。比如：

- 可以对服务质量进行跟踪——可将车辆的有关信息（运行状况、在途信息、运能信息、位置信息等用户关心的信息）让有该权限的用户能异地方便地获取，同时还可对客户索取的信息中的位置信息用相对应的地图传送过去，并将运输工具的历史轨迹印在上面，使该信息更加形象化；

- 可以依据资料库储存的信息，随时调阅每台运输工具的以前工作资料，并根据各管理部门的不同要求制作各种不同形式的报表，使各管理部门能更快速、更准确地做出判断及提出新的指示。

以上两种技术的结合，比较典型的例子当属零售业的沃尔玛。事实上，RFID技术正在成为沃尔玛"向产业链上游进行整合"的强大工具。而RFID和GPS的结合，使得沃尔玛甚至可以实现供应商到门店的直接补货方式，即门店发出补货订单，沃尔玛的供应商按照商品在门店中陈列，将位置相邻的各种商品打入同一个包装，然后直接发送到门店上架出售。

[①] 资料来源：赵继新、孙学琴，《网络GPS在物流业中的运用》，载于《物流科技》，2004年第7期。

案例　沃尔玛利用新技术降低供应链中每一个环节的成本

沃尔玛之所以能提供低廉商品的原因是什么？

A. 规模大可以跟供货商谈到最好的价格

B. 给员工的薪水和福利低于一般标准

C. 去掉供应链中各环节不必要的成本

D. 本地采购——生产——销售

或许你认为，这些选项都能导致沃尔玛的"天天平价"。然而，如果是让沃尔玛总裁 S. Robson Walton 来选择，他会毫不犹豫地说："沃尔玛之所以能够每天维持低价的真正关键是公司成功地去除掉供应链中每一个可能环节的不必要成本。"

该公司认为，自身作为链条上的零售终端要充分发挥"渠道权利"，向供应商提供使用工具和实时数据，帮助他们对商品需求作出更好的预测，进而在生产规划与产品交付进程上做得更有效率。因为，就供应链上的伙伴关系而言，沃尔玛不仅是供应商的客户，更重要的是提供客户价值的商业伙伴。

回顾该公司领先同行 5~10 年的对信息科技的大量投资历史，不难得出一个结论，即在运用新技术方面，沃尔玛无一例外地把目标对准了"改善供应链与物流管理的每个环节"，一直扮演着技术先锋的角色。

早在 1969 年，沃尔玛就安装了第一台计算机，用于追踪物流中心的存货，并于 70 年代小型计算机普及时建立起计算机终端网络，用于连接商店、物流中心与总部办公室。80 年代，沃尔玛开始使用条形码，购买商业卫星构建全球通讯网络，建立规模庞大的电子数据交换（EDI），并进而演化成具有多种功能的 Retail Link 系统，落实电子化及电子化发票，实现非本地化供应商可以随时进入公司的实时销售数据库以监控自己产品的销售状况（数量、品种、价格），从而及时补货。90 年代，沃尔玛为专业运输车队装备了卫星定位系统（GPS），以提高物流管理效率。2005 年，沃尔玛率先引进 RFID 标签，与 600 家商店和 12 家物流中心进行大规模的新技术应用模式"实验"。

以下的场景描述将便于我们了解这个实验的内涵。

- 沃尔玛的供应商按照配送中心发来的订单分拣好产品，随即交付运送。
- 在沃尔玛配送中心的接货口，商品通过门口时即由 RFID 阅读器自动完成盘点并输入沃尔玛的数据库。

- 商品被直接送上传送带后，配送中心按照各个门店所需要的商品种类与数量进行配货——无需人工调整商品摆放朝向。
- 商品装车发往各门店的途中，借助 GPS 定位系统和沿途设置的 RFID 监测点，就可以准确地了解商品的位置与完备性，从而准确预知运抵时间。
- 运抵门店后，卡车直接开过接货口安装的 RFID 阅读器，商品即清点完毕，直接上架出售或暂时保存在门店仓库中，门店数据库中的库存信息也随之更新。
- 随着商品减少，装有 RFID 阅读器的货架即自动提醒店员进行补货。
- 由于顾客改变了购买决策而随意放置的商品，亦可以通过覆盖了整个门店的 RFID 阅读器非常容易地找到并由店员归位。
- 顾客选购结束后，只需要推车从安装有 RFID 阅读器的过道中通过，商品的统计即自动完成。
- 一般顾客可以选择现金、信用卡等传统结算方式，而使用带有 RFID 标签结算卡的顾客则可以选择 RFID 结账，即由系统自动扣除款项，排队付款的烦恼就会大幅减少甚至全部消除。
- 而商品一旦进入到 RFID 阅读器覆盖的各个场所，RFID 系统就自动承担起 EAS（电子商品监控）的功能，从而有效地防止商品失窃。

这样，从商品的生产完成到零售商再到最终用户，即商品在整个供应链上的分布情况以及商品本身的信息，都完全可以实时、准确地反映在零售商的信息系统中，从而整个供应链和物流管理过程都将变成一个完全透明的体系。

资料来源：石新泓、石志华：《RFID—沃尔玛强化核心竞争力的新武器》，载于《物流技术》，2004 年第 1 期。以上资料经过整理。

8.2.3 ERP 技术

1. ERP 的发展简史

企业资源规划（ERP：Enterprise Resource Planning）[1] 是由 Gartner Group. Inc 于 20 世纪 90 年代初提出的对企业所有资源进行计划、控制和管理的一种手段和

---

[1] 资料来源：http://www.chinabaike.com。

方法。经过近 20 多年的发展，ERP 不仅是一种软件系统，而是已经发展成为建立在信息技术基础上的（其信息来自于财务、物流、制造、人力资源几个主要业务流程），以系统化的管理思想为企业决策层及员工提供决策运行手段的管理平台，也被视为是现代企业合理调配资源的一种先进模式。

追溯 ERP 技术的应用之路，可以从 20 世纪 60 年代初的库存计划管理看到其踪迹。之后经历 70 年代物料需求计划（开环 MRP、闭环 MRP）、80 年代制造资源计划（MRPII）、90 年代的面向企业全面资源管理的 ERP，以及 21 世纪的面向全球化网络时代的 ERPII 等，如今，基于供应链背景下的 ERP 技术应用前景也愈来愈辽阔。如图 8-3 所示。

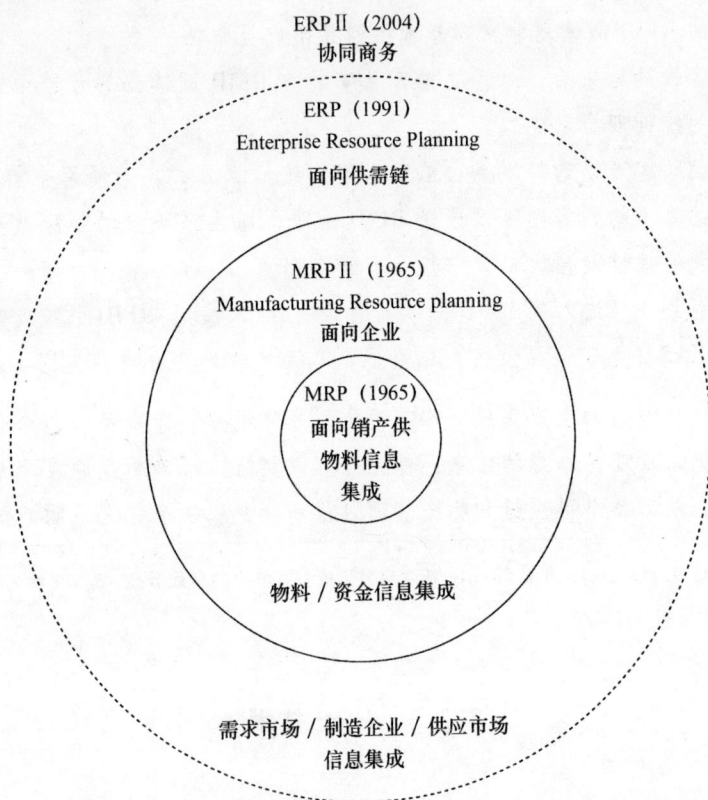

ERP II （2004）
协同商务

ERP （1991）
Enterprise Resource Planning
面向供需链

MRP II （1965）
Manufacturting Resource planning
面向企业

MRP （1965）
面向销产供
物料信息
集成

物料 / 资金信息集成

需求市场 / 制造企业 / 供应市场
信息集成

图 8-3 ERP 的发展示意[①]

目前在互联网上已经有许多关于 ERP 应用的介绍，从本质上看，这个以客

---

① 资料来源：陈启申，《供需链管理与企业资源计划》，企业管理出版社 2002 年版。

户驱动的、基于时间的、面向整个供应链管理的企业资源计划，体现了供应链管理思想的重要精髓——全职能、全流程地协调资源。据美国权威市场预测研究机构 AMR Research 公布的资料表明，全球 ERP 市场在近五年内将以年综合增幅 37% 的速度发展。越来越多的企业已经利用 ERP 的系统管理思想制订其运营战略和策略，以提升竞争力。

2. ERP 的模块化建模特征

德国 SAP 公司是世界著名的提供 ERP 系统的软件集成商，其模块化的建模思想和对业务流程的管理经验也一直影响着业界管理软件开发的思路，其 SAP R/3 系统就是一个典型软件。2005 年此软件更名为 mySAP ERP。2007 年，SAP R/3 的客户仍享有更新和维护。SAP R/3 是为客户服务设计的。R 指的是实时资料处理（realtime data processing），而 3 表示组成 R/3 系统的三层。见图 8-4 所示。

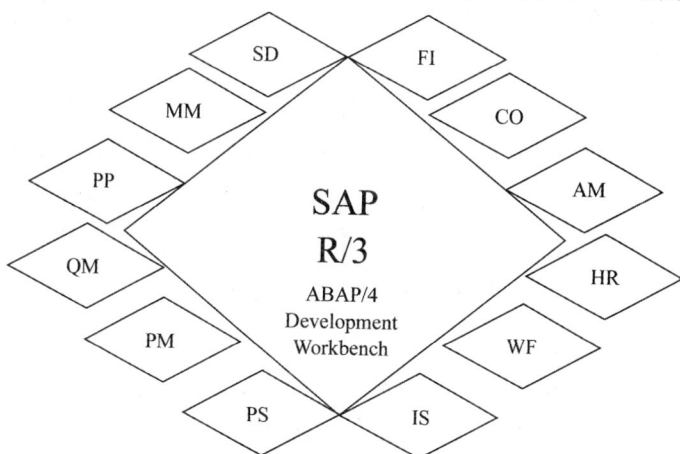

图 8-4 SAP R/3 系统模块化示意图

图 8-4 中的模块解释如下：

- SD——Sales & Distribution（分销管理）；
- MM——Materials Management（物料管理）；
- PP——Production Planning（生产计划）；
- QM——Quality Management（质量管理）；
- PM——Project System（项目系统）；
- IS——Industry Solution（行业解决方案）；
- WF——Workflow（工作流）；

- HR——Human Resources（人力资源管理）；
- CO——Controlling（控制）；
- FI——Financial Accounting（财务、会计管理）；
- AM——Fixed Assets Management（固定资产管理）；
- ABAP/4 Development Workbench——以 ABAP/4 语言编写的开发平台（一种可扩充平台）。

以上模块可以有多种不同的方式来组织，这取决于来自于客户的需求分析报告，以及客户的业务流程分析。这些模块每两年更新一次。该系统在 2009 年已经有许多新的发展，可以在其网站查到其资料。比如 SAP ERP 运营（SAP ERP Operations）解决方案。

然而，不管怎样变化，该系统特性有两个显著特征确实值得借鉴①。

（1）业务智能化。比如"早预警功能"，这意味着可以有效监控分析指标，当指标超出了预先设定的警戒线时将生成例外信息提供给管理者。例如，系统能够比较计划与实际生产的数据，并对差异建立报警信息；也可对库存项目的周转率设定允差极限并让系统定期搜索例外情况。同时，还能够对超出容差极限的数据设定特殊显示色彩，典型的有菊黄和红色，以起到警示作用。

（2）计划集成。比如"系统内可以同时保留不同的计划版本"，这意味着允许在系统内的计划编制过程，将系统内的相关数据下载，同时也可以在外部使用电子表格等形式对数据进行编制和加工，再将修改过的数据上载到系统中。该系统的开放式信息数据库提供当前和历史统计数据作为计划生成的基础数据，便于管理层对数据的汇总和统计功能、日常业务中超正常情况的例外分析以及趋势和预测分析。决策支持系统（EIS）包含企业方方面面的汇总分析数据，可以很容易地将这些数据进行组合，生成所需要的执行信息报告。EIS 系统操作方便，即使对于临时使用人也是如此。另外，当该系统使用频繁时，用户可以利用 MS - Excel 作为 EIS 表格处理前端，这就意味着能够使用他们已有的办公自动化软件进行工作。

3. 应用 ERP 的建议

据美国权威市场预测研究机构 AMR Research 公布的资料，全球 ERP 市场在近五年内将以年综合增幅 37% 的速度发展。越来越多的企业已经利用 ERP 的系

---

① 资料来源：沈晓静等，《采购管理》，中国物资出版社 2003 年版。

统管理思想制定其运营战略和策略，以提升竞争力。目前在互联网上已经有许多关于 ERP 应用介绍，从本质上看，这个以客户驱动的、基于时间的、面向整个供应链管理的企业资源计划，体现了供应链管理思想的重要精髓——全职能、全流程地协调资源。不同公司的 ERP 产品的对比和选择，可以在 http：//articles. e-works. net. cn/erp/寻找到咨询结果。

另外，根据众多实施 ERP 项目的经验总结，这里列出了几点实施前的建议。

（1）企业要有长期的经营战略，产品要具有生命力，能持续稳定地占有市场。因为，实施 ERP 系统不是一朝一夕就能成功的，而且费用也比较高，如果没有一定的基础就贸然设计与实施 ERP 系统，就有可能无法体现出 ERP 的优越性甚至为此付出沉重的代价。

（2）贯穿在整个 ERP 系统的是各类数据信息，其准确性与及时更新对于系统的有效实施有着至关重要的作用。因此在设计系统与实施系统的过程中，要做好基础的管理工作，收集完整的数据并确保数据的准确性。

（3）企业的高层要有改革开拓、不断进取的精神，有决心对项目实施的成败承担责任，其他各个高层也需正确理解 ERP，做到内部需求明确，有统一目标。

4. ERP 应用的成功案例

ERP 不是一个简单的信息系统，它的设计、运作离不开人的因素和作用，归根到底还是管理层面的问题。本书也仅仅是从信息技术的发展角度，对供应链总监提出建议，在供应链管理的视野里，已经存在于某些以制造为主的企业里的 ERP 系统，可以成为核心企业贯彻价值观的有力的执行工具。关键是把握核心企业的供应链网链结构的牢靠程度以及对业务伙伴关系的影响力。

下面是国内企业内部成功应用 ERP 系统的例子，从中可以看到"神奇"的电子信息技术的功效。

案例　　　青岛啤酒成功实施 ERP 打造管理新平台

青岛啤酒（哈尔滨）有限公司根据集团国际化的发展要求，顺应时代信息发展的潮流，实施 ERP 工程，打造管理新平台。项目于 2007 年 8 月正式启动，并已于 2007 年 11 月成功上线。前后四个月的时间，在公司成功实施了 ERP 的 8 个核心模块，这 8 个模块是：财务总账、销售系统、固定资产、库存系统、采购系统、现金模块、应收模块、应付模块。

整个 ERP 系统的实施分为 6 个阶段：项目启动阶段、项目调研阶段、系统整体方案设计阶段、系统创建与测试阶段、系统切换阶段和新系统独立运行阶段。其中有两个阶段最为关键："整体方案设计"阶段和"系统创建与测试"阶段。在这个"整体方案设计"阶段，所有在业务调研阶段定义的处理流程和功能将被配制实现。因此所有的业务流程必须重新审视，并且与 ERP 系统相结合，并在以后的生产过程中确保运行正常而不妨碍业务流程，也不能因业务流程的改变而影响系统的运行。

通过 ERP 系统的实施，深化了企业信息化层次，实现了内部资源的共享，增强了企业内部流程操作的有序性，加强了各业务部门之间的沟通和整合，重组、优化和改造了企业的物流、资金流、信息流，从而促使企业在管理水平和生产能力上发生了质的变化，进而带来巨大的效益和潜能。

首先，加强了公司内部资源的协同，使产品从生产到销售，从原材料的采购到领用，从产品的生产到入库，都实现了网上传递，大大缩短了部门之间信息传递的时间，节省了大量的人力物力，加速了存货的周转速度，大大提高了公司的市场反应速度。

其次，通过 ERP 系统的实施，加强了公司各业务线（研发、制造和营销）之间信息共享，使各部门在统一的管理平台上协同工作，达到部门间运作的集成和流畅。由系统按照事先定义好的任务、对象、角色、事件和整个工作流来运作，等于是把人工用纸复杂的操作流程自动化无纸化。在此次 ERP 系统实施中，工作流程还被用在申请人采购订单到采购订单处理流程的自动化中。这种新技术有效地提高了工作效率，加深了公司的信息化层次，加快了公司的反应速度，增强了公司的灵活性。

再次，通过 ERP 系统的实施，外部资源：供应商和经销商的管理上升到了信息化的管理水平。以前由于管理上的疏漏，有些供应商和经销商的资料不完整，有时候还容易丢失。上了系统以后，把他们归类，相关资料补充完毕，在这样一个平台上，他们的能力与水平，以及诚信度，一清二楚，以前的管理弊端再也不会出现了。

资料来源：http：//www.cnki.com.cn。

总之，以上提及的三种信息技术在如今的供应链管理实践中都各有应用，对于供应链总监而言，最大的挑战在于，如何借助整体最优的思想，建立一个集成的供应链管理决策系统，将 RFID、GPS 和 ERP 进行全面整合。这是供应链优化中信息流与物流整合的关键所在。或许，对某些企业而言，问题没有那么复杂，而仅仅在于为什么要融合、能不能融合这个层面。

笔者这里设想：在这个供应链管理决策系统中，RFID 起着信息采集、追踪的作用，这些唯一的信息可以进入 ERP 系统中进行处理。在商品的整个运输环节，利用 GPS 技术（包括 Internet-GPS 技术）来实现实时监控。利用 RFID 所得到的信息准确、唯一，不仅可以保证信息进入 ERP 系统的统一性，还可以提高系统运行的速度。

在设想的融合中，信息作为联结和沟通供应链上各个环节的载体，对企业间的合作、资源的有效利用起着十分重要的作用，而信息的真实性、完整性及透明度既是供应链企业之间紧密合作的重要保障，又是影响供应链企业之间有效合作的风险因素之一。

合作伙伴之间的相互信任既是供应链得以存续和发展的必要前提，又是供应链实现高效运转的助推器和润滑剂。而建立起供应链合作伙伴之间的信任程度，主要取决于对诚信水平、技术保障能力、经营管理机制、财务状况等方面的认知和认同程度。正如第 1 章所言，价值观一致首先就奠定了信任的基础。

8.3 可持续发展理论中的挑战

8.3.1 可持续的由来

可持续是指一种可以长久维持的过程或状态。最早开始谈及"可持续发展"概念是 1972 年在斯德哥尔摩举行的联合国人类环境研讨会上。这次研讨会云集了全球工业化和发展中国家的代表，共同界定人类在缔造一个健康和富有生机的环境上所享有的权利。

1987 年世界环境与发展委员会在《我们共同的未来》报告中第一次明确阐述了可持续发展（Sustainable Development）的概念，得到了国际社会的广泛共识。该报告提出了全球可持续发展的五个要点。

- 发展援助：发达国家向发展中国家增大经济援助的力度，其援助比例达到其国内生产总值的 0.7%。

- 环境保护：工业化国家应当恪守"京都议定书"关于限制温室气体排放量的规定，保护地球环境，防止全球继续变暖。
- 能源开发：大力推广清洁能源及电能的应用，提高可再生能源在能源消费结构中的比例。
- 清洁水源：节约用水，并到2015年实现为一半以上缺乏清洁饮用水源的人口提供洁净饮用水。
- 绿色贸易：促进世界生产及贸易过程中的环保意识和社会责任感。

自此以后，各国致力界定可持续发展的含意，现时已拟出的定义已有几百个之多，涵盖范围包括国际、区域、地方及特别界定的层面。

图8-5显示了可持续发展与经济、社会、环境三个要素的关系。当综合考虑经济与社会要素的时候，公正与公平是人们关注的重点。而一旦引入环境要素后，人们关注的焦点就多元化了。比如，经济中的环境因素，带给人们关于是否切实可行的思考，社会中的环境因素，引出人们"可容忍"程度的探讨，经济和社会中的环境因素，则促使人们必须面对可持续的挑战，这是事关人类社会生存发展的核心议题。

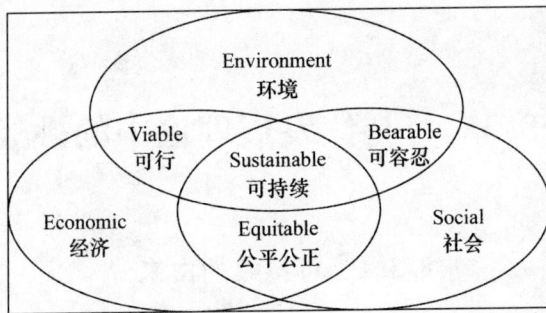

图 8-5　可持续性发展与经济、社会、环境的关系

从经济学上来说，可持续发展不仅是一种崭新的发展思想和战略，也是一种崭新的经济哲学，是一种人们保持经济"偏好率和长期利率"长期一致的状态。这种状态可称之为经济天国，是经济发展的最理想的模式。要想走进这个"经济天国"，需要长期的磨合才能逐步接近。

对于供应链总监而言，在全球化视野中，对可持续的重视主要体现在供应链的绿化过程。从供应连上游开始到终端，不仅仅强调清洁生产，还要重视环保采购、逆向物流等。

正如第1章的图1-12所示，随着时代的发展，经济社会的管理实践所产生的竞争优势要素，已经从价格、质量、交期、响应转到了环保。换言之，现在以及未来15年，环保正在成为供应链中的企业们各自赢得订单的"Order winner"（订单赢得要素）①。

本书认为，以下两个现实背景推动了"环保"要素成为企业的订单赢得要素。

- 许多企业在投入大量的人、物、财力，用于构建和完善自己的供应链系统时，却忽略了从用户手中回收产品这一逆向物流所能带来的巨大的经济与社会效益。
- 随着人们环保意识的增强，人们不再满足于购买的是物美价廉的商品，而倾向于选择环保商品。环保已经成为一种时尚，并且将是一直被人们所重视的行为。

在这样的背景下，企业的"清洁生产、环保采购、逆向物流"也就成为企业在供应链管理议题中，走可持续发展之路的重要推动力。

8.3.2 清洁生产与环保采购的内涵

1. 什么是清洁生产

联合国环境规划署与环境规划中心（UNEPIE/PAC）界定："清洁生产（Gleaner Production）是一种新的创造性的思想，该思想将整体预防的环境战略持续应用于生产过程、产品和服务中，以增加生态效率和减少人类及环境的风险。对生产过程，要求节约原材料与能源，淘汰有毒原材料，减降所有废弃物的数量与毒性；对产品，要求减少从原材料提炼到产品最终处置的全生命周期的不利影响；对服务，要求将环境因素纳入设计与所提供的服务中。"②

不难想象，一旦对从原料、生产工艺到产品使用全过程的污染防治途径给予监控，那么，不同于传统生产线性模式（输入—转换—输出）的新模式就会诞生。这是一个循环生产模式（输入—清洁转换—输出—输入）。在这个模式中，

---

① 伦敦商学院教授德瑞·黑尔就运营策略中竞争优势要素提出两个概念：（1）订单资格要素，是指允许一定企业的产品参与竞争的资格筛选标准，即企业可以获得订单必须具备的最基本的各项资格；（2）订单获胜要素，是指企业在市场竞争中能够战胜对手获得利润的订单具备的资格要素。

资料来源：[美]理查德·B．蔡斯，*Operations Management for competitive Advantage – 9ᵗʰ ed*，机械工业出版社2003年版。

② 资料来源：http：//baike. baidu. com。

提倡持续采用综合的环保原则（预防、防范、统筹兼顾、参与、效率与效果），从产品开发、产品制造、产品包装和分销到提供服务等环节，注重提高生态效应并降低对人类和环境的风险。

清洁生产模式体现了决策者的"主动性"思路，目的是在发生浪费前进行防止，以减少污染。概括"清洁"二字的含义，主要体现在以下三点。

（1）能源清洁：应该尽可能地使用可再生能源和通过不破坏地球或生态环境所得到的常规能源。

（2）生产过程清洁：企业应采用的是节能技术，并尽可能不用或少用有毒有害原料和中间产品。对原材料和中间产品进行回收，改善管理、提高效率。

（3）产品清洁：指的是生产出来的产品不危害人体健康和生态环境，并且在产品使用之后能够尽可能地回收利用，减少原材料和能源使用。

2. 清洁生产从哪里开始——从环保采购开始

所谓环保采购（Environmentally Preferable Purchasing，EPP）有时也被称为"绿色采购（Green Procurement）"，其基本含义是：应该采购那些对环境的负面影响较小的产品和服务，因为就生产和使用而言，总是在消耗某些原材料并产生浪费。

与许多减少污染的努力集中在生产方面不一样的是，环保采购将注意力转向消费方面。这是因为，常识告诉我们：消费产品、接受服务是人类的基本需求，也是对更好的生活品质的追求。然而，如果能够在产品生命周期内最小化使用天然资源和有毒原材料、减少浪费和污染的扩散，使其不会危及下一代人的需要，那么就做到了"可持续消费"，这才是非常明智的、更有效的消费！因此，如果在消费前习惯地多问几个问题，比如是否真正需要这个产品、能否杜绝了哪些浪费、怎么做能从开始时就减少开支、这将随后帮助我避免哪些麻烦等，那么这样的可持续消费就是环保采购的开始。

事实上，一个企业实施环保采购能表明其对社会和环境责任的承诺，并能提高在合作伙伴、客户、委托人和大众中的形象。从实践的观点出发，如果企业的采购政策中没有制订"采购业务员在计划采购时的环保一票制原则"的规定，那么有可能即使采购价格低廉，最终还是会因此而受到意想不到的责任事故伤害。

联合国环境规划署与环境规划中心在提倡清洁生产的同时，也鼓励使用 4Rs 的绿色设计资源回收系统的原则：Rethink——重新考虑需求以减少对环境的影响；Reduce——减少原料耗用；Recycle——再循环使用原料/废弃物；Reduce——减少能量消耗。另外，环保采购的对象应该是具有如下特征的"绿色产品"（Green Product）。

（1）节约了资源的产品：在生产中更少地使用原始的原材料和能量。

（2）可减少污染的产品：更少地使用有毒物质和不能降解的原材料，以及减少在空气和水中的有害排放。

（3）可减少浪费的产品：在产品生命周期的各个阶段产生更少的浪费，可再循环使用的或耐用的。

3. 如何寻找到这些绿色产品

重要的是记住看起来是绿色的产品可能并不满足所有的标准（比如一个再循环的产品可能是以不经济的方法生产的），要看是否是清洁生产。

还应该有意识地了解那些在不同场合和背景下所发生作用的环保标志或生态标志。可以利用某些网站寻找标志，比如：http：//task. hudong. com；http：//www. fziso. com。也可以直接到国际标准化组织（ISO）的知识库了解。

国际标准化组织对环保标志作如下的描述："环保标志/说明提供了一个产品或一项服务关于环保方面的特征，一个具体的环保属性或更多的属性。购买者在购买他们需要的产品或服务时，能像他们在其他方面的考虑一样，根据自身对环保的考虑充分利用这些环境的信息进行选择"。（CASCO，1996）

美国环保署（USA-EPA）对环保标志的定义如下："为消费者提供相关的环保信息。环保标志是综合考虑与环境相关的各方面因素，给产品加上标签。（这些环境因素诸如危险警告、被鉴定的市场索赔和信息公开标签。）"（USA EPA 742-R-98-009，1998）

综上所述，作为供应链总监，不仅在"寻源"和"定夺"供应源的时候，要把环保采购的理念纳入评价体系，而且要善于从可持续消费角度去实施环保采购。图 8-6 显示了在构建企业环保采购机制的框架性建议。

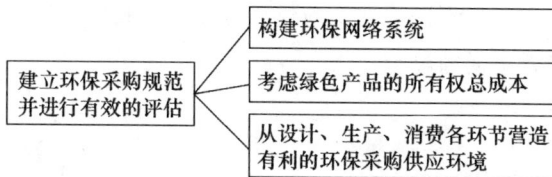

图 8-6 制造企业实施环保采购的思路

除了清洁生产和环保采购，在供应链管理中谈可持续发展，不可忽视的还有一项重要活动，那就是逆向物流。

8.3.3　逆向物流

1. 什么是逆向物流

1992 年美国学者詹姆斯·斯多克（James Stock）最早提出"逆向物流"（Reverse Logistics）概念：逆向物流是一种包含了产品退回、物料替代、物品再利用、废弃处理、再处理、维修与再制造等流程的物流活动。从物流实体来看，逆向物流活动主要包含以下七个方面的内容。

（1）产品退回，包含投诉退回、商业退回、产品召回等，主要是由于损坏、过期、库存积压、产品设计缺陷、市场营销不利等方面的原因造成。

（2）包装材料的循环利用，以及空容器再利用。

（3）生产加工中的报废品、残次品及其副产品的再生利用。

（4）产品维修、翻新及再制。

（5）废旧设备的处理与处置。

（6）消费废弃物的再生利用。

（7）有害物资的处置和治理。

我国（GB/T18354 - 2001）中界定：逆向物流是指物品从供应链下游向上游的运动所引发的物流活动。

从供应链的构成来看，参与逆向物流的基本实体主要有用户、回收商、集中退货及回收中心、原制造商（OEMS）、供应商、服务商、销售商等，集中退货及回收中心可以是原制造商的一个部门或者是一个独立的企业。与正向物流一样，逆向物流也都是由不同的点和线构成的网络结构，见图 8 - 7 虚线所示。

通过逆向物流渠道，清洁生产中谈及的循环利用问题可以很好地得到解决。这不单纯是一个企业自身环保的问题，而是一系列企业的共同行为作用。站在供应链角度来看，这是一条逆向供应链，通过对回收品（退货正品、废旧品、废弃品、残次品、返修品等等）进行合理有序的处置，或者再利用，能有效地提升供需双方以及最终消费者的满意度，也有利于经济、社会、自然环境的可持续发展。

这是另一座隐藏在海水里的冰山，也是供应链运营中巨大的成本与利润交战的冲突点。而评判的关键就在于：在"逆向"流中，必须要清晰地明了哪些

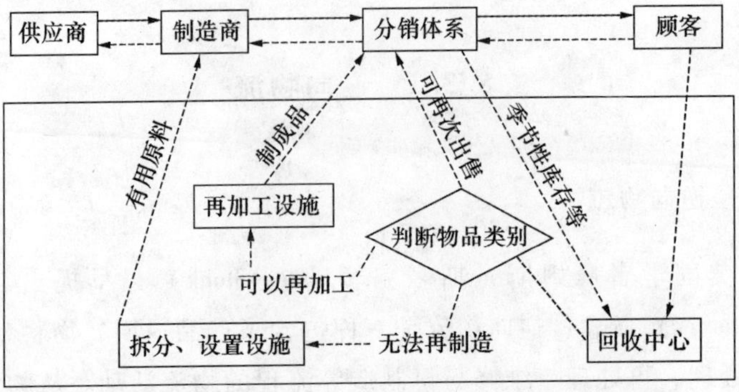

图 8 - 7 逆向物流的循环网络结构（虚线）

"流"有利于"清洁"，哪些"流"不利于"环保"。只有建立在"可持续发展"基点上的逆向物流系统才有构建和发展的必要。

2. 逆向物流的驱动力——理论与实践的关注

国际学术界和企业实践对逆向物流管理的重视始于 20 世纪 80 年代末。主要是从"逆向物流对商业和社会的重要性——再利用和循环利用"探讨出发，逐渐扩展到物流技术、制造系统优化、物流配送渠道的构建、环保法律法规等多方面。

据全球著名市场调研机构 Gartner 估计，逆向物流可吞噬企业高达 35% 的利润。低效的逆向物流供应链及其对利润产生的负面影响通常是显而易见的。例如，大量的货物被退还到仓库意味着企业要准备额外的仓储空间，并且还加剧了废弃物料的产生。表 8 - 1 是美国教授 David J. Bloomberg 所做的研究。

表 8 - 1　　　　　　　　　**企业引入逆向物流系统的原因及例子**

引入逆向物流系统的主要原因	使用逆向物流系统的典型例子
为获得补偿或退款而退还产品	不能满足客户期望的高品质而被退回，以得到退款
归还短期或长期租赁物	当天租赁的场地装备的返还
返回制造商以便修理、再制造或返还产品的核心部分	返还用过的汽车发电机给制造商以期被再制造和再销售
保修期返回	电视机在保修期内功能失灵而被退还
可再利用的包装容器	返回的汽水瓶、酸奶瓶、饮料瓶被清洗和再使用

引入逆向物流系统的主要原因	使用逆向物流系统的典型例子
寄卖物返还	寄存在商店的音箱没有变卖又返还给物主
卖给顾客新东西时折价回收旧货	出售新车时代理商回收旧车准备再卖
产品发往特定组织进行升级	旧电脑被送往制造商以安装光盘驱动器
送还	不必要的产品包装或托盘在不需要时被送还
普遍的产品召回	由于安全带失效汽车被返还给代理商
产品返还给制造商进行检查或校准	医学设备被返还以检查和调校仪表
产品没有实现制造商对客户的承诺	如果电视性能与承诺的不一致则可以退还它

资料来源：〔美〕David J. Bloomberg, Stephen LeMay, Joe B. Hanna 著；雷震甲、杨纳让译，《综合物流管理入门》，机械工业出版社 2003 年版。

理论界的研究也带动了企业的实践。

案例　　　　　　雅诗兰黛公司的实践

1998 年，雅诗兰黛公司作为较早投身于逆向物流领域的企业之一，投资 130 万美元购买用于逆向物流的扫描系统、商业智能工具和数据库。在系统运转的第一年，其就为该公司带来了以前只有通过裁员和降低管理费用才能产生的成本价值。其后，逆向物流系统通过对公司 24% 以上的退货进行评估，发现可以再次分销的产品居然是真正需要退回的 1.5 倍。与此同时，系统对超过保质期的产品识别精度也得到提高。1999 年，公司因为产品超过保质期，销毁了 27% 的退货。而在 1998 年，这个比例是 37%。据雅诗兰黛逆向物流部门的主管经理预计，今后几年只要信息系统和营运系统能够正常运行，产品销毁率完全可以降到 15% 以下。

雅诗兰黛的成功并非个案。IBM、通用汽车等企业也纷纷于几年前涉足逆向物流这一"油田"，使得企业运营成本下降、服务满意度提高。

案例　　　　IBM 成功运用逆向物流系统回收产品

Fleisch mann M 等在 2001 年到 2002 年期间针对 IBM 公司产品的特点，研究了从其使用过的产品中回收可再利用零部件的网络结构，以及回收行为对企业经济效益的影响。电子产品的回收再利用给该行业带来了巨大的潜在效益，结果促使 IBM 公司调整其营销计划：在北美、欧洲和亚洲中无偿或有偿地回收使用过的产品并大力推行租赁服务。图 8－8 是 IBM 回收产品再利用闭环流程图。

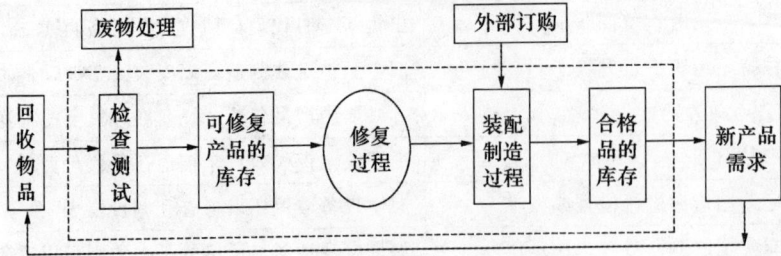

图 8－8　IBM 的产品回收流程

IBM 回收产品再利用闭环流程是这样操作的。IBM 的电脑零售商将所有从消费者处收集的退货集中送到 IBM 的材料回收中心，可利用的产品会被支付一定的报酬。经回收中心检测后，对于新旧程度尚可、没有大的损坏的成品机，回收中心会将其进行再次简单包装，并交由第三方进行再分销处理，准备售与二级市场；对于无法再次出售的产品，IBM 会将其纳入本企业的拆解和再制造系统，拆解下的完好或可继续利用的零部件重新进行数据标志，即更换条码，方便进行产品跟踪，随后进入备件库，准备再次利用。

资料来源：崔介何，《企业物流》，北京大学出版社 2003 年版。以上资料经过整理。

　　然而，正如环保采购关注的是"应该采购那些对环境的负面影响较小的产品和服务"一样，在逆向物流渠道构建中也应该遵循环保因素，不能仅仅看到这种理念所带来的运营成本的节约，更多的还是应该看是否有利于社会环境保护的需要以及是否是清洁生产的程序安排。

　　日本的电子电器类企业在逆向物流方面的经验很值得借鉴。笔者从对日本企业的访问中了解到，日本政府制订出相关的环境保护的法律法规，从国家生存的角度出发，约束社会中具有法定资格和民事权利的组织与个人（产品提供者、经营者、运输者、消费者）各自应承担的环保行为责任。即任何一方都需要为使用产品后处置担负责任，生产厂要付出产品处置费（出资资助专业废旧电子电器回收处理中心运转，废旧电器分解粉碎处理后的原料按比例返还各大电子生产企业）、经营者和消费者要为产品处置时的流程环节付费（销售价格中已包含这部分费用）、运输者要承担由于交通所付出的环保费（由于专门承运废旧回收品业务而消耗的燃烧汽油费用）等。正是这种全民强化的环保意识——产品从诞生到坟墓伴随着正向物流和逆向物流的全过程，使得日本企业在供应链管理方面始终保持着它独特的不可模仿的特色，这也是日本企业具有竞争力的一个原因。

3. 逆向物流的几个原则

逆向物流作为产业而言还只是一个新兴产业，但是逆向物流活动并非新生事物，它是伴随着人类的社会实践活动而生，只不过是在工业化迅猛发展的过程中使这一"暗礁"浮出水面而已。笔者认为，于供应链总监而言，在投入逆向物流或者逆向供应链运作之前，一定要明了以下几个基本的原则。

（1）法制化为先，社会共识同步——政府立法。事实上，在发达国家，政府通过环境立法，实行"生产商延伸责任制"，有效地遏制了废旧电子电器产品对环境的污染，同时也对废旧电子电器产品的逆向物流起到了有力的推动作用。例如：德国于1991年7月颁布了《电子废弃物法规》，1992年起草了关于防止电子电器产品废弃物产生和再利用法草案，德国的循环经济法中规定，废弃电子产品的利用和处理责任原则上由废弃物产生者和保有者承担；日本在2001年4月正式实施的《家电资源回收法》，明确规定了电冰箱、洗衣机的回收率必须达到50%以上，电视机的回收率必须达到55%以上，空调器的回收率达到60%以上；瑞典电子电器产品废弃物法令中规定，再生利用的费用由制造商或政府承担。

（2）事前防范重于事后处理——生产商延伸责任制。随着各国法规的纷纷出台，生产商延伸责任制正受到越来越多的关注。换言之，这个责任制要求生产商不仅要对生产过程中产生的环境污染负责，而且要对产品在整个生命周期内（包括生产过程和生命结束阶段）的环境影响负责，尤其是对生命末期（End of Life，EOL）产品进行回收、再循环、再利用和废弃处理，从而实现资源的循环利用和环境保护的目的。严格来说，这个制度是传统的污染者付费原则的深化和延伸，是对可持续发展理论的有力支撑。

（3）生态效益与经济效益并存——循环经济。循环经济是通过"资源—产品—废弃物—再生资源"的循环过程——这是个封闭的系统，使资源在不断的经济循环中得到合理和持久利用，减轻经济增长对资源供给的压力，缓解资源约束矛盾，从根本上解决经济发展与环境保护之间的矛盾。它的实现需要顺畅的逆向物流作为支撑。

（4）用信息技术绿化供应链——可持续发展基础。通过信息技术的应用，比如条形码技术、GPS技术、EDI技术等，不仅方便正向物流中的货物流经环节

（关于商品的结构、生产时间、材料组成、销售状况、处理建议）的信息统计，同时也便于进入回收流通的商品进行有效及时的反馈追踪。如果在产品的设计、生产、采购、运输等环节加入环保因素并有效强化，这就从信息技术的操作层面保障了可持续的要求，绿化供应链就是一系列信息技术落实的结果。

所以，首先是政府立法，在社会中推广"可持续消费、环保采购、清洁生产、合理逆向物流"，其次是政府、企业、消费者之间的和谐共存，最后可探索出一条可持续发展的供应链管理之道。

思考　　　　　**我国废旧家电逆向物流回收机制探讨**

中国家电业目前已是一个超过 6000 亿元市场规模的成熟产业，中国已成为全球家电的生产、消费和出口大国。当前我国已销售使用的家电产品大多生产于 20 世纪 80 年代末至 90 年代，据中国家用电器协会的数据统计，仅电视机、洗衣机、电冰箱、空调器、电脑 5 种电器的年报废量就超过 1.5 亿台。而目前在逆向物流方面仍属空白，构建家电行业逆向物流网络迫在眉睫。

下面提供开展逆向物流回收机制的几个思路。

（1）必要性论证：废旧家电中含有大量可以回收再利用的黑色金属、有色金属、玻璃等资源，如处理得当其再利用价值不可低估。

（2）落实生产者延伸责任制："谁生产谁负责回收处理"。

（3）起草《电子信息产品污染防治治理办法》和《废旧家用电器回收处理治理条例》，将废旧电视机、电冰箱、洗衣机、空调器、电脑纳入首批回收产品目录。此条例适用于我国境内从事家用电器生产、进口、销售、使用、维修和废旧家用电器回收、处理活动的自然人、法人及相关组织。

（4）建立再生资源回收体系：2006～2007 年，全国确立了 26 个建设试点城市。

（5）兼顾"第三方负责回收、零售商负责回收、生产商联合体负责回收、多方负责制（制造者、消费者、零售商、回收处理商和政府）"等逆向物流回收机制。

（6）推出家电产品"以旧换新"政策。

资料来源：刘建敏，《我国废旧家电逆向物流回收机制探讨》，载于《物流科技》，2008 年 8 月。以上资料经过整理。

电子商务，最重要的是"商务"，而非简单的"技术网站"。电子商务本身包括内部信息交流共享、网际合作及电子交易等几个方面。利用电子商务的真正目的应该是全面提升企业管理水平、运营效率和市场竞争实力。

电子采购的优越性是显而易见的，从电子目录到电子寻源，供应链的下游企业可以通过网络直接接触到千里之外的供应商，从根本上精简了采购流程，降低获取成本，提升竞争力。

RFID 技术是实现供应链可追溯的基础。如今，RFID + 传感器网络 + 互联网形成物联网，这让供应链更加透明、清晰可控，从而减少供应链中的不确定性。

GPS 技术是实现供应链信息可传播的基础。只有准确的信息交流，才会把握供应链的不确定性波动。

ERP 技术是企业现代管理的系统之路。然而，水能载舟也能覆舟，只有真正把握企业管理的目标需求，才是用好 ERP 软件的前提。

可持续是当今社会经济企业生存的一个核心议题，要从可持续消费观念出发，把环保采购、清洁生产、合理逆向物流等这些管理模式集合在供应链的可持续发展理论的指引下。

总之，新技术的发展总是让人心动，就像推动历史的车轮，踏着滚滚红尘决然地向着每一个目标直奔而去。然而，行程中最重要的是方向，每种技术之妙之精，全然是为了方向的正确、准确而有存在价值，所以，不可本末倒置一味地追求技术的先进性，适用为上。

让视野透过每一桩业务活动沿着新技术发展的脉络前行，让思维环顾每一项业务经营所赖以生存的资源环境而清晰冷静，这是供应链总监们即将面临的最大挑战。互联网时代将成就如鱼得水的供应链总监们。

不妨重温《礼记·中庸》名言："博学之、审问之、慎思之、明辨之、笃行之"，在供应链管理领域里，用于学术，博问而善学——术可成；用于实战，决断于慎辨处——功可至！

第 9 章 分享

深悉供应链精髓，做增进企业内外共识的传播者

欲致鱼者先通水，水积而鱼聚。

——《淮南子·说山训》

如果我们能从战略高度，构建起与伙伴们共享利益共担风险的沟通机制，从战术层面保障信息"准确而可视"，以项目团队方式进行创新，那么今天为提升供应链管理绩效的坐而论道，正是为了成就明天的起而行之！

- 共建供应链的全局优化观

1. 了解不确定性的存在

2. 树立全局优化理念

3. 普及"利益、信息、风险"一致原则

- 创新"分享"的沟通机制

1. 重新思考组织文化及其机构

2. 营造学习型组织氛围

3. 引用新的信息平台

- 明确协调供应链的目标：匹配供需

1. 调整产能和影响需求

2. 界定供应链策略矩阵

3. 谋略"推—拉"战略分界线

9.1 供应链中的不确定性与全局优化

9.1.1 关于不确定性

在经济学关于风险管理的内涵中，通常用"不确定性"来描述经济主体对于未来的经济状况（尤其是收益和损失）的分布范围和状态不能确知。于是，就有了各种应对不确定性的相对确定的预测方法。

在管理行为中，不确定性指管理者事先不能准确地知道自己的某种决策的结果。或者说，只要管理者的一种决策的可能结果不止一种，就会产生不确定性。那么在供应链运营中，不确定性又如何描述？这里，有必要先回顾第1章的基本概念供应链与供应链管理。

"恰当的"、"服务水平"、"成本最小化"这几个关键词语的内涵和外延并没有给出明确的标准界限。这至少暗含着两点原因：

- 某些不可控因素的实施（比如冲突的目标、动态管理、系统性）使得供应链管理从过程到结论都处于变化中，即变化是供应链管理的常态；
- 这个标准界限是随着核心企业的业务延伸程度水到渠成而已，即使每个企业对达成这些目标给出了确定的绩效考核指标，但得出的确定性结果依然是短暂的。

因此，供应链中的"不确定性"应该描述为：指处于变化常态的供应链条中供应与需求难以匹配的状态。例如，这种不匹配经常具体地表现在以下方面。

（1）某知名制造公司某年由于"原材料短缺、内外部零件短缺"导致生产效率下降最终停产两个月，造成账面亏损30亿元。

（2）某公司新推出的美容产品深受市场青睐，上市不到一个月就全面脱销，货源短缺可能造成数百万潜在收入的损失。

（3）某能源公司一直是在现货市场采购原材料，但最近由于需求方不断扩产，导致本企业产品供不应求，不得不调整采购策略，紧急寻求新的供应源，由此导致获取总成本超出预算50%。

（4）某地区发生毁灭性大地震，导致某公司的电子零部件供应中断，影响了产品总装，延期交货。

（5）某经销商出于客户需求变动原因，增加了仓库的库存量并要求供应商缩短交货期，这引起上游供应商不得不加大力度调整自身的生产计划量及采购量；一个月后，该经销商又减少了订单量，导致供应商原先的生产量过剩，原料库存总成本也上升。

9.1.2　关于全局优化

随着不确定性给供应链上的企业们所带来的震荡加剧，必然会促使核心企业主动把运营目标锁定在：**力求匹配上下游之间的供需不平衡，全面预防、避免、减少供应链中的一切不确定因素，追求上中下游的全局优化。**

这里，"全局优化"四个字虽简犹繁，尤其是寻求上中下游的全局优化。正如本书第1章所言，供应链是一个复杂的地理网络，不同地区（环节）的企业各自经营目标往往会冲突（例如：A企业要满足最终客户需求，往往取决于其上游B企业保证供应不间断，而B企业最近却因为种种原因需要减产；C企业在考虑降低库存水平的同时，必须考虑可能从D企业处增加的运输成本）。供应链同时也是一个动态系统，也会随时间的流逝而变化（例如，供应商的关系、客户定制化水平增加、市场中竞争者数量的增减），供应链总监视野中的"全局"应该包含如下含义。

- 就范畴而言，是指核心企业所延伸的供应链网络结构长度和宽度。换言之，核心企业的边界有多远（即使是跨越了地理上的东西南北），这个"全局"范畴就应该有多远。

- 就内容而言，是指核心企业的业务流程所涉及的各职能部门在满足最终客户利益前提下的流程汇集。凡是涉及的流程环节以及职能活动，都应该集成在这个"全局"管理效应中。

- 就执行力而言，是指核心企业与战略伙伴们彻底地、无缝地、全方位地贯彻利益共享、信息共知、风险共担等"全局"原则。

通常认为，"优化"是一门发现满足给定约束条件和目标函数最优解的科学。供应链总监视野中的"优化"至少要包含如下含义。

- "优化"，本意是选择最适合的，是动态的概念。即在限定条件下一旦做出某种选择，意味着相对于其他可供选择的路径而言，这次就是最合适的。

- "优化"的意境应该是"没有最好，只有更好"，因为要把不确定因素转化为确定的因素，进而做出选择，本身就是过程包含着结果。过程好不代表结果一定好，过程差也不代表结果一定不好，只有过程好结果也好才是完美、才是更好。

因此，我们谈到"全局优化"这个概念，应该是一个寻找最优策略的过程。如果是针对工程项目，指在物理限制和技术规范等约束条件下，彻底地"搜索"求出满足工程最终目标的"最优解"；如果是针对商业目标，指在有限的资源、成本、时间、雇员等约束范畴下，取得整个组织系统的收益最大化；如果是针对供应链管理，指匹配上下游之间的供需关系，全面预防、避免、减少供应链中的一切不确定因素，寻求各方利益最合适的均衡。

9.1.3 关于利益共享、信息共知、风险共担的一致性原则

本质上，不确定性的产生源于"信息不明之下的利益不清"。正如笔者在第1章的图1-6中谈及"供应链"概念的演变时特别指出的：供应链从来就存在，其稳定性随着业务边界的范畴变化而变得不确定了！

显而易见，当供应链上各企业管理层对于不确定性的意识、来源、判断、防范措施等等存在理解和行为上的不一致时，供应链风险便悄然而至！如果有一种沟通机制，能让这些具有合作伙伴关系的企业们能随时随地就上述内容（来源、判断、防范措施）有所共识并进而有所共为，那么形成一条相对稳定的供应链就不是没有可能（见第1章案例"美国赛斯纳公司如何优化供应链"）。

需要指出的是，这个沟通机制首先要遵循一个基本原则，即沿着广义供应链最广范围地普及和贯彻利益共享、信息共知、风险共担的一致性原则。其管理层面上意义见图9-1所示。

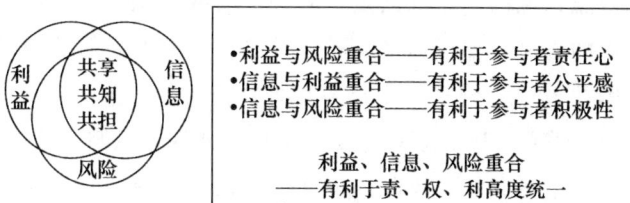

- 利益与风险重合——有利于参与者责任心
- 信息与利益重合——有利于参与者公平感
- 信息与风险重合——有利于参与者积极性

利益、信息、风险重合
——有利于责、权、利高度统一

图9-1 共享、共知、共担在管理实践层面的意义

图中三者重合处，代表了利益共享、信息共知、风险共担。

利益共享：指的是一条供应链上的参与者们共享由于供应关系所带来的利益，以及各自的价值增值部分。这是调动广义供应链上伙伴们积极性的基本思路，也是构建广义供应链的根基。

信息共知：指的是一条供应链上的战略伙伴关系在获取和付出信息方面的一致性和便捷性。这样可以减少由于各企业在获取、利用各类信息时所花费在挑选、辨析、发出信息准确与否等方面的时间精力成本。信息准确、一致互通是构建良好的广义供应链战略伙伴关系的保障。

风险共担：指的是一条供应链上的参与者们面对诸多经营风险时共同承担的义务。尽管风险表现形式不同，例如由于终端消费者需求不确定而形成的向上游传递的需求效应放大（牛鞭效应）的市场风险，由于某企业技术进步使其老产品淘汰从而给下游企业带来的技术更新风险、由于某企业管理者经营不善导致上下游供应销售关系断链的管理风险等等。但是，一旦形成这条供应链的战略伙伴关系，在利益共享和信息共知的前提下，各企业除了要承担自身的运营风险以外，也要分担链条中的风险，换言之，风险共担是必然的选择。这也是维持广义供应链战略伙伴关系长久与否的黏合剂。

9.2 供应链中"分享"的方式

随着互联网技术的发展，海量信息随着宽带通信技术延伸到我们每个人的桌面，让我们体会到"千里眼、顺风耳"的诸多便利，同时也诞生了一个新名词——信息共享。这让生活在知识经济年代的人们感到如此的幸运。不仅每个人从外界汲取信息，每个组织也在种种条件下从外界获取信息。

然而，笔者想强调的是，既然是供应链上的战略伙伴，"信息共享"的含义应该包含两方面的含义：不仅仅是从对方获取，更为重要的是向对方付出，尤其是核心企业。因此，用"分享"来形容这种经济行为更为贴切。换成供应链管理的语言来描述"分享"，其本意就是要建立起一种沟通机制，让参与者从中受益。而贯彻利益共享、信息共知、风险共担这个一致性原则，本身也就体现在供应链全局优化的过程中了。

更进一步地说，供应链中的分享意味着上下游企业之间在管理思想与方法、资源利用、市场机会、信息处理、先进技术引进、面对风险等方面的一致性。因此，有必要从分享的行为方式（如文化、组织结构、技术手段）等方面来探索供应链总监的新使命。

9.2.1　战略层面的包容

在企业管理的词典里，战略是一个组织长远的发展方向和规划。笔者认为，从战略层面看待供应链中的分享行为，需要供应链总监具备海纳百川的宽容胸怀，在组织文化中植入学习习惯，重视和发展战略伙伴关系之间的责、权、利分布，并以团队组织结构形式实现分享的过程。

1. 了解组织的文化类型

组织文化包括价值观念（例如运营中应该遵守的道德）、信仰（职员个人应该被鼓励提高自身技术）和行为规范（什么决策应该由什么人来制订）。

众所周知，文化的一致性对于提高组织中那些彼此高度依赖的职能之间的工作效率非常重要。同理，如果供应链上的伙伴们在业务流程中保持一致的文化特性（如本书第1章图1-10所描述的情景），那么供应链的运作效率也会提升。

实践中已经能找到寻求组织文化一致性的某些运作做法，如下：

"一些具有某些技术能力的核心企业，在差异化战略的总体指导原则下，根据市场需求研究开发自己的新产品，不仅要收集来自客户端的需求信息，结合自身的运营能力，而且还要更多地研究对上游资源的获取途径，要让经过认证和选择的合作伙伴参与新产品开发，另外在选择供应商时，不仅仅是质量价格交货期的衡量，还要看供应商的资源供给情况。"

鉴于组织文化常常在潜意识的层次上对组织工作方式和制订决策方式产生直观的影响（例如，不同文化背景下的管理者会对同一环境背景下的相同资源做出不同的战略决策），有必要分析不同的组织文化特征，以便提升供应链中分享的效率。

各种决定文化的因素（例如民族、行为方式、对环境的风险意识，对交往的重视程度以及时间安排方式等）的综合程度，可以将组织文化分为四种类型——任务型、权力型、角色型、个体型。

（1）任务型文化。这种文化追求的是将适当的人选与其他必要的资源有效地组织在一起以完成某些特定的项目或任务，因此具有很强的适应性与灵活性。例如那些具有所需技术与专业知识的项目小组，拥有为了不受阻碍地执行任务所需要的全部决策权力。此时，专家力量处于首要位置，组织的效率在很大程度上取决于小组成员之间的合作与相互支持的能力，而不是个人独立工作的能力或对他人发号施令的能力。

任务型文化通常存在于从事非常规性工作和环境迅速变化的组织中。例如，一些研究与开发项目的团队、管理咨询机构，负责投标与客户咨询的营销部门等等。适合于那些掌握着专门知识与技术的专家或顾问。

（2）权力型文化。这种文化是由一个决定着组织发展方向和制订所有重要决策具有"全部管理权力"的关键人物来塑造的。这个人物既发放薪酬也给予处罚，但可能没有明确规定出更高的工资与更好的工作条件、获得更多资源的权力，处罚还可能包括对于工资、工作条件和资源使用的限制，直到最终解雇等。

由于没有规则与程序的约束，而且关键人物制订决策时并不需要寻求大多数人或委员会的支持，因此这种文化对于变化的环境能够做出迅速的反应。

权力型文化可存在于各种规模的组织中，具有权力倾向和富有雄心壮志的个人适合于这种文化。

（3）角色型文化。随着组织变得越来越复杂，专业分工开始出现，工作的规范化要求开始被采用，以保证必要的控制。于是，权力文化通常演变为角色文化。

在这种文化中，组织制订的关于决策和组织运转的一整套规章制度，组织的工作被划分为许多不同的任务，每项任务都具有详细的工作描述。承担不同任务的人们，根据上述规则和程序执行着他们特定的工作。相互关系是由规章制度决定的。在这种组织中的任务趋向于分工和专门化，例如机械工程部门、顾客投诉部门各自的专业化特征就非常高。

角色型文化通常存在于大型组织——特别是公共管理部门稳定的组织环境中，以及那些从事常规工作与具有可预见性工作的组织（例如会计部门、质量检验部门、从事服务性工作的办公室）。适合重视可靠性与稳妥性的个人。一个具有雄心壮志、寻求快速发展的人，有可能在这种文化中遭遇较大的挫折。

（4）个体型文化。在这种文化中，由于没有高于一切的公司目标，每个个体有着很大程度的自由去做他们愿意做的事情。组织可能存在一种共同协商的协议，没有什么严格的规章制度要求。

个体型文化通常存在于小型管理咨询公司，如律师事务所和建筑师事务所等机构。组织中的每个人都有自己追求的目标，与组织的关系只是一种松散的联合。适合于那些自己认为具有很高的"权威"又不能丢弃自由行事原则的个人。

上述四类组织文化存在于正式或者非正式的组织结构中，与组织结构共同对组织产生强大的影响。

2. 创新组织的信息传递结构

随着组织的发展，以下几种组织结构是可以归纳出典型特征的正式结构形式。这些结构将不同职能和不同流程的责任明确地分配到不同部门和不同员工，于是，明确的责任带来了管理控制的授权和分权的范围。

（1）等级结构。见图9-2所示。

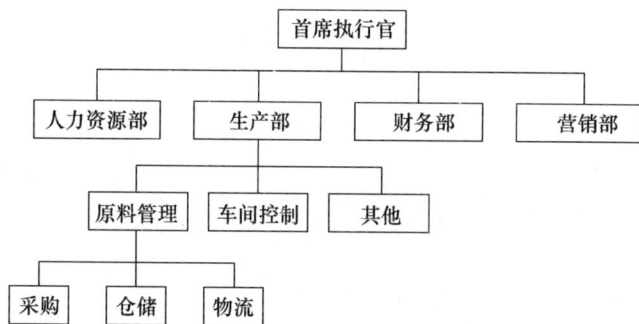

图9-2 组织结构形式——等级结构

这种结构具有清晰的责任分配和明确的分工，许多政府组织和大型公司具有这种结构，信息传递的正式渠道伴随着权力等级范畴行进。

但是，该结构的最主要问题是在绩效考核时，每个职能都过分关注内部利益，从而导致"在每个独立的部门内实现了最优化决策，而不是在组织的整体利益上实现最优化"的结果。由于上下级权力关系，跨部门之间的协调以及整个流程效率会受到限制。

（2）矩阵结构。见图9-3所示。

这种结构经常出现在以项目为主要工作形式的组织中（例如工程承包商）。与等级结构相比较，这种结构在促进跨职能部门的运作时更为有效。但是，在项目经理和职能经理之间也可能发生冲突（例如，在确定哪个项目具有最高的优先权时，当工作任务比较多而员工资源有限时）。

在该结构中，通常是项目经理充当关键的决策者角色。然而，由于项目经理并不是所有相关职能的专家，因此组织通常会建立一系列的程序与规定来控制专业技术流程的执行。

（3）网状结构。见图9-4所示。

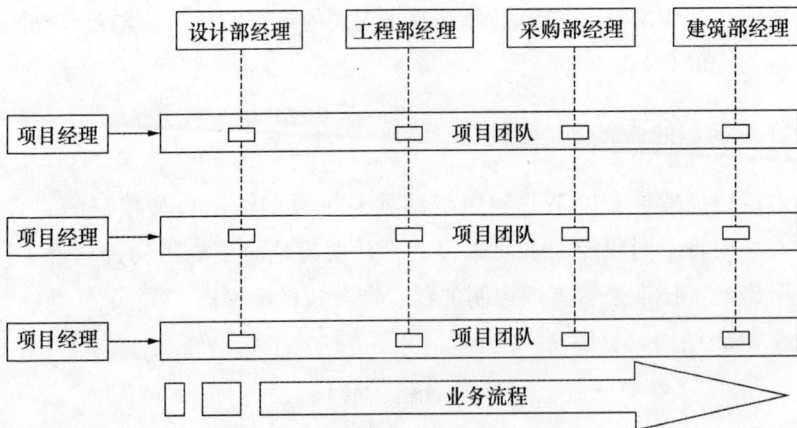

图 9 - 3　组织结构形式——矩阵结构

图 9 - 4　组织结构形式——网状结构

这种结构最突出的是有一个"全权"的中心人物,他制订关键的决策并发布命令。其周围人物负责一些具体的职能。他们接受中心人物的指令,接着又将这些指令传达给其他人。随着组织规模不断扩大,中心人物的控制权力将受到制约。

这种结构几乎没有正规的流程以及明确的部门界限与专业分工。当遇到紧急情况时,组织可以迅速地做出决策。但是由于缺少透明度可能导致无效率和失误。

这种结构最典型地出现在小型企业中。

(4)星系结构。见图 9 - 5 所示。

这种结构类似"植物丛生"现象,其分支类似于网状结构,但这些分支不会受到个人权力中心的限制,而是建立在成员在专业上的相互尊重和对于组织价值认同的基础之上。每个分支保持独立但不也依赖于总部的权力控制。

这种结构经常出现在管理咨询公司和软件开发工作室。

不管以上结构形象如何,管理者设计组织结构的目的在于最大可能地提高组

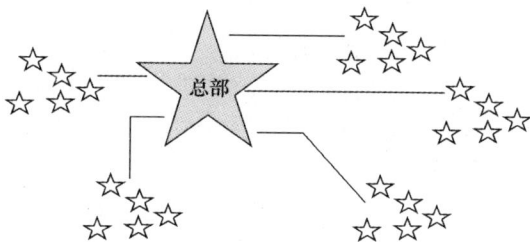

图 9 - 5　组织结构形式——星系结构

织流程的效率与效益，以及方便不同职能之间的联系。因此，从管理沟通的角度观察供应链上的伙伴们的关系及其在传递价值观、对接业务关系时，不同的组织结构和存在于这些结构中的组织文化交流的现象，就会发现供应链管理中的很多内容与各组织结构之间的平衡管理、指挥的需要与适应性、提高创造性的需要有很大的关联度。这种奇妙的组织之间的反应正是供应链总监需要去学习和分享的创新之举。

以下是 IBM 前些年对采购职能组织结构的调整过程，这项成果当时的收益是：在五年时间里 IBM 总共节约的资金超过了 90 亿美元中，其中有 40 多亿美元得益于采购流程方案（组织结构也随之调整）的重新设计。回味这个过程，分享的理念始终贯穿在流程所延伸的每个环节。

案例　　　　　IBM 的跨职能采购小组构建

作为 1992 年巨大财务亏损的结果，IBM 的采购职能被加以重组。IBM 的新采购结构采用了一个与供应商的单一联系点：商品小组（经过采购委员会的评定，IBM 将全球采购的商品分为 29 大类，每一类都由一个商品小组负责），由这一商品小组为整个组织提供对全部部件需求的整合。所有业务的采购活动都是分散的，但是公司层负责合同的集中订立。见图 9 - 6 所示。

采购部件和其他与生产相关的货物是通过分布在全球的采购经理组织的。这些经理对某些部件组合的采购、物料来源和供应商政策负责。他们向首席采购官（CPO）和他们自己所在的经营部门经理汇报。经营部门经理在讨论采购和供应商问题以及制订决策的各种公司业务委员会上与 CPO 会晤。CPO 单独与每一个经营单位经理进行沟通，以使得公司的采购战略与单独的部门和经营部门的需要相匹配。这保证了组织中的采购和供应商政策得到彻底的整合。IBM 通过这种方法将其巨大的采购力量和最大的灵活性结合在一起。

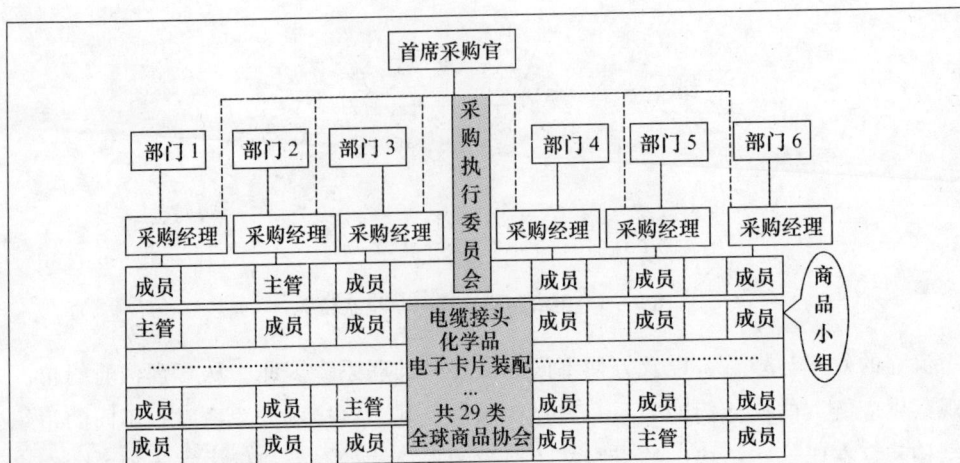

图 9 - 6　IBM 跨部门采购小组结构

对于与生产相关的物料的采购，IBM 追求的是全球范围内的统一采购程序。供应商选择和挑选应遵循统一的模式。它们越来越集中于主要供应商的选择和与它们的合同签订，这些供应商以世界级的水平提供产品和服务并且在全球存在。这导致了更低的价格和成本水平、更好的质量、更短的交货周期，并因此造成更低的库存。这种方法导致了更少的供应商和逐渐增加的相互联系，因为采购总额被分给更少的供应商。因此可以更多地关注价值链中的与单个供应商的关系，并可以发展以持续的绩效改善为基础的关系。

资料来源：谢勤龙等，《企业采购业务运作精要》，机械工业出版社 2002 年版。以上资料经过整理。

综上所述，不管这些组织结构具有什么特征，对于供应链总监而言，记住分享不仅仅是需要，更是这个角色的基本素养。"记住你是谁，正是你在与大家分享！"

3. 开展学习型组织活动

所谓"学习型组织，指通过培养弥漫于整个组织的学习气氛、充分发挥员工的创造性思维能力而建立起来的一种有机的、高度柔性的、扁平的、符合人性的、能持续发展的组织。这种组织具有持续学习的能力，具有高于个人绩效总和的综合绩效。"这是彼得·圣吉（Peter M. senge）在《第五项修炼》中描述的学习型组织。还有许多学者也从不同角度赋予这种组织很美好的内涵：

戴维·加尔文（Garvin）：学习型组织是"一个善于创造、获取和转化知识，并不断调整自己的行为方式以体现新知识与新见解的组织"。

鲍尔·沃尔纳（Paul Woolner）："学习型组织就是把学习者与工作系统地、

持续地结合起来，以支持组织在个人、工作团队及整个组织系统这三个不同层次上的发展。"

马恰德（Marquadt）："系统地看，学习型组织是能够有力地进行集体学习，不断改善自身收集、管理与运用知识的能力，以获得成功的一种组织。"

沃特金斯和马席克（Watkins & Marsick）："学习型组织就是通过不断学习来改革组织本身的组织。学习在个人、团体、组织或组织共同体中产生。学习是持续性的，并可以战略性地加以运用的过程，而且可以统一到工作中或者跟工作同时进展。学习不仅导致知识、信念、行动的变化，还增强了组织的革新能力和成长能力。因此，我们可以把学习型组织定义为是把学习共享系统组合起来的组织。"

派得乐（Pedler）："学习型公司是促使公司中的每一个成员都努力学习，并不断改革自身的组织。"

尽管几乎所有的组织都会在其与环境的相互作用过程中学习，但是随着核心企业的业务延伸，不仅本企业的员工善于不断学习与改善，还要把学习和改善的氛围通过业务流程传递到供应链上的伙伴们，构成一个共同愿景（Shared Vision），促使组织成员朝一个共同的目标迈进。

因此，分享的理念可以借助学习型组织所倡导的思想："有意识地激励组织学习，使组织的学习能力不断增强"，从而明确其如下作为。

（1）积极主动地、持续高效地在做中学（Learning by Doing）、在分享中学（Learning by Sharing）。这包括自我超越、改善心智模式、建立共同愿望、团队学习和系统思考。详细内容请读者参考彼得·圣吉的《第五项修炼》。

（2）让业务流程标准化，再让标准流程自动化，尽可能地弱化那些产生风险的隐患。

（3）了解满足需求的"学习曲线"、建立准确而充分的数据库、使用有效预测工具、组建商业计划学习型团队、实施采购联盟策略等。

9.2.2　技术体系的支撑

一般来说，在任何给定的目标中，追寻的目标越具体，就会遇到越多的风险，尤其是意料之外的风险。要使"分享"成为"降低"意料之外的一种有力工具，还应具有一个实时信息技术系统（以便"在正确的时间把正确的信息送到正确的人手上"）和一个有效的物流设备群的配套支撑体系（以便"把正确的货物在正确的时间送到正确的门户"），以便让供应链真正变得更加智能。这种实时信息技术应该从不同层次保障个人的、企业独特的、基础性共有的信息"准确及时而且具有可视性"。

本章要强调的有利于沟通的实时信息技术系统，不仅仅要依靠前面章节中所谈及的 ERP、RFID、GPS 以及感应器等信息处理技术手段以外，还有一种基于 Web 2.0 的新技术，完全可以成为普及供应链知识提升供应链价值的有力工具。

确切地说，Web 2.0 包含着多种技术，目前应用最广泛的是博客、维客、播客、信息标记、预测市场和社交网络等。这些工具与以往技术的不同之处在于，它们需要有高度参与才能发挥效力。例如，在 ERP 中，大多数用户或者只是以报告的形式处理信息，或者只是使用这些工具来执行交易（比如进行付款或输入客户订单等），而如果使用 Web 2.0 技术，则过程是交互式的，要求用户创建新的信息和内容，或编辑其他参与者的工作成果。

尽管麦肯锡在过去的两年里研究了 50 多家率先尝试 Web 2.0 技术的企业，调查结果发现，就应用而言，受访者中表示满意和不满意的人一样多。其中，不满意的受访者表示"无法理解这些新的变革手段以及对于如何利用 Web 2.0 工具创造价值"，某些高管对自己所感觉到的变革或风险产生"疑虑或不安"，而某些管理人员根本不知道如何去鼓励能够产生实质性成果的那一类参与等，使得往往中途放弃 Web 2.0 技术——这让这种技术面临着引入期常见的巨大挑战。

然而，如果是从提倡供应链伙伴们参与分享的角度出发，Web 2.0 的技术确实能为企业文化管理层面提供"自主参与、迅速普及"的基础，有助于帮助员工们理解和习惯供应链管理中的利益共享、信息共知、风险共担原则。

需要做的是，高管层需要深入理解并尝试接受"如何改变信息传播的传统方式"，最有效地利用这些目前已经在网络上盛行的博客、维客、播客、信息标记等工具。先机比稳重更有利于获得竞争优势。

总之，Web 2.0 技术正在传递一种信息文化管理的新观念——共建、共享、共担信息所潜藏的利益和风险，这非常符合广义供应链战略伙伴关系利益、信息、风险一致性要求。

9.2.3 典型案例的借鉴

越来越多的企业开始意识到，与供应链上的合作伙伴并肩作战，能够获得巨大的竞争优势，并且已经开始着手强化这些流程。比如微软公司的高层意识到微软的产品要在美国以外的国家上市，其速度及其产品的质量都将直接依赖于与合作伙伴的协作和分享知识的程度，微软发展史也证实了：正是靠着依赖世界上其他许多公司将其产品进行翻译和本地化，微软能够很快进入如同智利和捷克这样相差十万八千里的市场。

以下案例摘自《麻省理工学院斯隆管理评论》2004年春季号[①]"与供应商分享知识"的相关内容。

案例   共享知识盛宴，携手迈向成功
——丰田公司"把供应商网络变成知识分享网络"

丰田汽车公司在2003财年的净利润高达102.8亿美元，比它最大的三个竞争对手——通用、福特和戴姆勒-克莱斯勒的总和还要多！

究其缘由，与这些竞争对手最大的不同在于：丰田公司组建旨在促进信息交流的网络来鼓励供应商们分享知识，并协助供应商们成为最强的企业。当这些供应商们在丰田的协助下成功地改进和完善了生产运作体系时，丰田也从中得到了令人震惊的效果：与为丰田的竞争对手供货的生产部门相比，专为丰田供货的生产部门的工人的人均产出率要高出14%，存货水平降低25%，而残次品率也要低50%。

1. 如何分享

一项对丰田及其供应商的深入调查显示，丰田构筑了相关的基础设施，并且组建了一系列的组织间流程，以促进知识在其供应商网络之间的交流和传递。这项措施由公司的采购部门和运作管理咨询部门（OMCD）牵头，主要负责以下三个方面的业务。

（1）成立供应商协会（协丰会——Kyohokai）。这个协会旨在为丰田提供一个与供应商交流资讯和收集反馈信息的论坛。会员皆为自愿入会。每两个月召开一次常规会议，让各供应商高层得以分享供应商网络内关于生产计划、方针政策以及市场趋势等方面的"显性知识"。每月或每两个月还要召开一次专题委员会，使得各成员在成本、质量、安全性以及社会活动等四个方面进行更加频繁的互动。例如，质量委员会选择"消除供应商设计缺陷"作为当年的主题，每两个月召开一次会议分享有关这个主题的知识。质量委员会还赞助各种活动，其中包括每年为一百多名工程师提供质量基础培训、参观汽车制造业内

---

① 《麻省理工学院斯隆管理评论》2004年春季号，麻省理工学院2004年登记版权，Tribune Media Services International发行。

及业外拥有"最佳实践"的工厂等。

（2）组建咨询小组。早在20世纪60年代中期，丰田就成立了OMCD并派遣其专人深入供应商本部，旨在协助其本土供应商以获取、存储和传播丰田生产系统TPS知识。OMCD由6名具有丰富经验的资深经理人（其中每人都曾负责两个丰田工厂及10个左右的供应商），以及约50名顾问。顾问中的15~20人为OMCD的永久成员，其余为后备人员，在OMCD进行3~5年的岗位轮换以充实队伍。

丰田将OMCD作为一种宝贵的资源免费提供给丰田集团下的所有成员。一项面向丰田在日本最大的38个一级供应商的调查显示，丰田平均每年造访其公司的频率为4.2次，每次停留时间为3.1天。

例如，与某A公司分享项目如下：该咨询流程起始于丰田派人向其A公司（车身托架供应商）的员工传授TPS，之后一起就A公司的生产流程进行检查，将每一生产步骤区分为增值和非增值步骤。当发现在30个步骤中，仅有4步为增值流程。于是，双方对生产体系进行了重组，以去除尽可能多的非增值步骤。一段时间后，A公司一共排除了19个非增值步骤，将启动时间从原来的2小时缩减至12分钟。此外，多数零部件的库存水平也减少至原来的1/10左右。A公司从与丰田的合作中成就了自身的竞争力。

（3）成立自主学习团队。OCMD将丰田在日本的50多个主要供应商分成"自主研修组"（Jishuken），形成不同的PDA核心学习团队，以共同研究生产效率及质量改进方面的问题。学习团队在一名OMCD顾问的协助下，首先确定一个主题，随后花三个月的时间对每一位团队成员的工厂所存在的问题进行研究。自主研修组是一个先进的知识分享机制，各成员一起对有关TPS的新想法和应用进行探讨，并且作为一个团队共同学习。然后，各团队将有价值的经验传递给丰田以及整个供应商网络。

2. 如何评价——从分享中寻求合作共建竞争力

（1）知识分享令丰田及其供应商的生产效率大大提高。

首先，在供应商协会、咨询小组和学习团队这三个知识分享流程之间，丰田先是在供应商之间建立起较弱的、不会构成威胁的相互联系，以便日后发展成为稳固的、相互信任的合作关系。随着各机构的发展和关系的日趋成熟，该流程带动了所有丰田供应商彼此之间的认同。

其次，丰田通过派遣咨询顾问，以最低的成本向供应商传授有价值的知识，逐渐强化了它与供应商之间的双边关系。结果，各供应商更积极地参与到关系网络中来，不仅是为了展示他们对丰田的承诺，而且也是为了能够从丰田学到更多知识。

再次，尽管供应商协会所促进的信息交流多数集中在"显性知识"的范畴，但咨询顾问的亲自造访，以及所营造的互利互惠的氛围也有效地传递了具有更高价值的"隐性知识"。供应商们开始觉得自己有义务与丰田分享那些使生产运作得以显著改善的知识和经验。

最后，PDA 学习团队培养和巩固了供应商之间的多边关系，同时有利于他们分享隐性知识。比如，供应商们充分意识到，过去单纯依靠生产效率的提高来获取利润的做法越来越不适用；另外，供应商们认为自己有义务在信息交流的过程中与其他供应商互惠互利，因为来自丰田的业务在各供应商之间的分配是基于其相对绩效水平的改善。

（2）知识分享让丰田获得竞争对手的供应源。

例如，丰田在美国本土的汽车生产过程中，从美国公司那里采购的零部件数超过了其采购总数的 70%。因此，丰田如何在这些供应商（也是丰田的竞争对手们的供应商）处获得竞争优势？尽管丰田的产量低于美国的竞争对手，从而使其处于不利的地位。但是丰田通过向美国供应商提供知识和技术、提高那些专门为丰田供货的生产部门的生产效率的方式，克服了上述缺陷并且获得了竞争优势。这与传统的经济学理论告诉我们"通过提高相对议价能力从而获取较低的单价水平"的做法大不相同。换言之，丰田的议价能力实实在在地体现在了与供应商分享知识、技术、不断改进，让供应商也获得了价值增值。

资料来源：Jeffrey H. Dyer、Nile W. Hatc 著，魏力译，《丰田公司成功的要素之一：把供应商网络变成知识分享网络》，见于 www.ceconline.com，2004 年 11 月 1 日。以上案例经过整理。

9.3 协调供应链运营的目标——匹配供应与需求

9.3.1 匹配供需的基本思路：调整产能和影响需求

全局优化的理念从供应链供需能力的视角看，通常需要考虑上下游双方的能力因素。即核心企业的供应链运营战略，往往会从两个方面出发：其一，调整供应去适应需求的变化；其二，调整需求去适应供应的变化。

1. 调整供应去适应需求的变化

企业通用的运营策略是：主动在自身的生产能力方面想办法。如果预测需求量增大，通常采取增加产能、提升技术力量改进生产流程、改善生产质量等策略；如果预测需求量减小，则会采取削减非关键产能、外包或者外协产能等等办法，其共性特点是：随需而变。

如图 9-7 所示，企业根据需求量的变化规律，主动调整供应能力（图中以实线表示现有的供应能力和需求量状况，虚线表示经过调整的供应能力）。

- 方案 1：企业提升了产能以满足最高需求量
- 方案 2：企业降低了产能只满足部分需求量
- 方案 3：企业让产能变化与需求变化保持一致

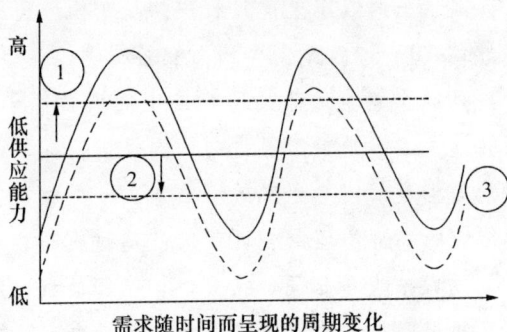

图 9-7　让供应主动匹配需求的战略路径选择

对于此图的解读，这里需要明确一点：供应能力轴的可靠性应该是建立在供应链上战略伙伴关系的基础上的。原因有如下两点。

（1）随着核心企业的业务量跨越全球区域，运营管理从关注内部集成向外部协作延伸时，上述策略就要沿着供应链关系的构建而向上游传递，其"工作内容"是下游企业对供应源的搜寻、评估、确定长期合同或者伙伴关系。即用相对稳定的与供应伙伴们一起搭建的"供应产能"来力求最敏捷地响应、适应需求。因此，用"生死与共、休戚相关"等词汇来形容"核心企业的供应能力可靠性取决于其供应商和客户们的关系"一点也不为过。

（2）战略伙伴关系的搭建成功需要有核心企业的"提议、主持、责任"等。正如我们习惯用"天时、地利、人和"来形容这种关系的合理性一样，核心企业供应链总监个人的"文化背景、协作意识、超常能力"也是非常必要的。

案例　　　　　　　天然气存储和调峰能力的建设

2009 年 11 月，一场全国范围的雨雪天气和伴随的大降温，使天然气出现"气荒"——需求出现了爆炸式增长，导致供需矛盾越来越突出。难道国内的天然气管道和气源开发的供应能力不足吗？

专家们认为，这暴露出国内能源供应现状：即使总量平衡，但天然气存储能力和调峰能力严重不足，没有多余能力应对紧急的调峰需求。

第一，从总量上看，经过近年的管道建设和气源的开发，中国现有的天然气供应能力与需求基本匹配。因为在这些天然气管道沿线地区已经形成一个基本平衡的局面，虽然市场容量和开发潜力巨大，但从总量上说并不会直接对现有的供气局面造成严重干扰。

第二，按照衡量天然气供需平衡的预算算法，供气方一般是根据天然气下游需求方签署的"照付不议"合同确定的量来供气，三大石油公司全年的供应基本能够达到合同要求。

第三，截至 2008 年底，全国天然气管道总长度约 3.5 万公里，总供气量接近 900 亿立方米。但目前地下储气库总调峰能力只占全国天然气市场消费量的 2% 左右，约占中石油供应量的 3%。西气东输一线途经 10 个省市自治区，但一个储气库也没有。

第四，地下储气库作为天然气的主要调峰方式，受到地质条件的限制，选择地质条件较好的储气库址较难，储气工艺复杂。大容量储气库的建设投资巨大，运行费用也很高。储气库和调峰能力的建设一方面需要相关受益城市的支持甚至参与投资，另一方面也将提高终端用气成本，这对天然气销售形成了一定压力，因此发展速度滞后于天然气管道的建设。

"冰冻三尺，非一日之寒"，这个矛盾原本应该在天然气长输管网设计规划之初就可以预见到。管道所到之处，却没有相匹配的调峰能力，在用气低谷的季节和时间并不会显现出来，但遇到冬季用气高峰季节，遭遇天气突变，天然气用量骤增，"气荒"不可避免。

天然气存储和调峰能力建设并非一日之功，现有的调峰能力如此，紧急应对的办法除了增产增供之外，只能限制部分工业用气和与居民生活关联度不大的用气，以全力保证居民用气。但归根结底，还是要加快天然气存储和调峰能

力建设。

> 中石油已经投资修建了大张坨、金坛等几个地下储气库，环渤海地区储气库调峰能力已占该地区天然气市场需求的 13% 左右，中石油十一五期间将新建 20 亿立方米的调峰能力。

资料来源：张楠，《气荒折射天然气存储瓶颈 调峰能力与需求不匹配》，载于《中国证券报》，2009年 11 月 23 日。

2. 调整需求适应供应的变化

这通常被认为属于企业的营销战略范畴。即利用营销手段，在时间和空间的差异方面，制订提前预约、反季节销售、不同时期不同价位、不同地域不同优惠等限制性措施，对现有产能以及供应关系做出策略性安排。其共性特点是：以不变应万变！

如图 9-8 所示，企业在保持供应能力不变情况下，主动引导、安排、协调需求（图中以实线表示供应能力，虚线表示经过引导的需求量）。

- 方案 1：把过高的需求量调整到可供应能力线附近（如提价、预约方式）。
- 方案 2：把过低的需求量调整到可供应能力线附近（如降价、预约方式）。
- 方案 3：需求量基本上与供应能力相匹配。

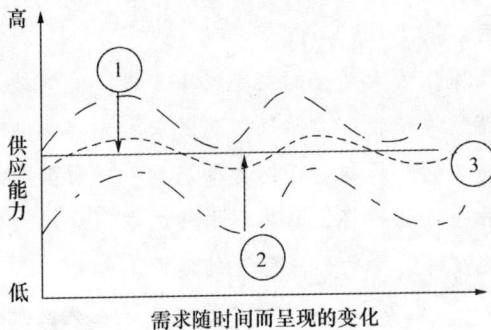

图 9-8　引导需求匹配供应的战略路径选择

对于此图的解读，这里需要明确一点：能否准确把握需求变化轴是考验核心企业与供应链上的战略伙伴信息共享从而利益一致的关键。

尤其是在旅馆、饭店、飞机、火车、轮船等提供消费的服务行业中，企业自身的供应"产能"有限而相对稳定。为了让现有产能利益最大化，通常需要研究如何有意识地引导需求，或者让不确定的需求尽量接近有限产能，甚至超过有限产能。这就是营销中的推销、促销之道。

现实中，有以下服务策略。

（1）提前预约制度：消费领域的各类企业根据不同时间段制订不同的价格优惠，目的在于提早稳定需求源于有限产能中。

（2）客户等级制度：消费领域的各类企业根据不同客户消费群制订不同的价格优惠，目的在于让有限产能使用具有优先级。

（3）反季节促销：消费领域的各类企业在销售淡季进行价格优惠活动，目的在于保持有限产能的不停顿使用。

（4）超售：航空公司利用消费者因各种原因不能按时履约的现象，制订超出座位数量某个百分比的机票销售计划，目的是保证飞机有限产能的满载率。

（5）联营航班：航空公司之间航班代码共享，目的是保证各自飞机航班座位有限产能的满载率。比如，一架国航 CA330 型飞机执行时是国航、港龙、国泰三家航空公司售出不同航班代码的机票任务。

（6）不同航线组合：航空公司根据同方向航线的不同航班转机，根据订票时间的早晚、路线长短在价格上安排某个折扣率（如红眼航班），目的是明确引导消费者的航行需求以满足有限产能。

9.3.2　匹配供需的方法论：界定供应链策略矩阵

全局优化的理念从供应链方法论的视角看，要应对供需不匹配，可以把供应与需求这两个因素作为两个轴，描绘出一个坐标图，这就是在第 1 章中提及的美国斯坦福大学商学院教授李效良博士（Hau L. Lee）的供应链决策矩阵图，见第 1 章图 1 – 11。

笔者通过对目前世界上著名企业实践的运行轨迹跟踪研究，归纳出以下特征。

（1）效率型供应链：供应和需求两个因素都是相对稳定的。这种供应链的"效率"特征是靠"功能性比较强的标准产品以及供需变动比较少"来实现的，适合于功能性标准产品在成熟期采用。

例如，20 世纪 70 年代的日资企业——丰田、日产等汽车企业的供应链。这些企业做到了保持上下游需求信息与生产计划、供应计划和销售计划同步共享（这意味着库存可以很小），虽然各自的汽车产品具有各自品牌功能特征，但在其各自的供应、生产、销售等链条上的合作伙伴们都执行统一的标准品要求，批量规模很小，且定期随需而变。

（2）风险防范型供应链：供应不确定性高而需求不确定性低。这种供应链的"风险防范"通常是靠"与上游资源型企业结成战略同盟，或者直接投资入股掌握上游资源的控制权"来实现的，适合于功能性非标准产品在成长期采用。

例如，20世纪90年代的石油化工企业——埃森哲、壳牌等企业的供应链。由于需求相对稳定，因此要防范的是上游资源的短缺风险或者上游企业的结构性风险（由于股权变更导致的财务、管理等经营类风险）。

（3）响应型供应链：供应不确定性低而需求不确定性高。这类供应链成功的关键在于"有能力迅速响应并满足客户需求"，适合于供应相对稳定的创新性产品在成长期和成熟期采用。

例如，2000年后零售行业中的沃尔玛以及服装行业中的ZARA等公司的供应链。面对个性化的需求变化比较快特征，这些公司通过把终端需求信息及时反馈给合作伙伴，按订单生产装配，从而从供应方面降低产能缺货风险，同时采取在中央配送中心的越库（Cross-ducking）作业模式，快速配送转运多品种多批次货物，减少中转时间和成本，迅速响应终端客户需求。

（4）敏捷型供应链：供应和需求两个因素的不确定性都很高。这类供应链的生命力在于"有组织地敏锐捕捉客户信息，并高效率地迅速转化为生产力去响应、满足客户需求"，适合于供需都变动的创新性产品在引入、成长、成熟期采用。

例如，2006年前后的IT以及电子消费品行业中的Dell、IBM、Nokia、Apple等企业。电子消费品的主要特征有两点：一是严格按照摩尔定律的速度行进，更新比较快，生命周期短暂；二是客户的个性化需求也变化快，具有时尚潮流特征。因此，这些公司通常采用"模块化生产+差异化定制"模式来也运作其供应链。即尽可能地用已经标准化的产品响应客户个性化需求，把差异化"延迟"到供应链的客户端。这种方式需要完善的库存水平及其信息流双向沟通上下游企业，因此被称为"敏捷"。

9.3.3 匹配供需的战略选择：谋略"推−拉"战略分界线

从供应链风险防范视角看，在全局优化的过程中，要应对供需不匹配，首先需要找到风险可能诞生的环节，其次需要明确解决风险的手段——考虑把资源（此时可理解为是不同形式的库存）放在供应链中哪个环节以求得全局优化。

纵观广义供应链上的企业们，可以把它们简化为四种性质：材料供应商、零件制造商、产品组装商、存储零售商。假设某核心企业处于产品组装商这个环节，见图9－9和9－10所示。

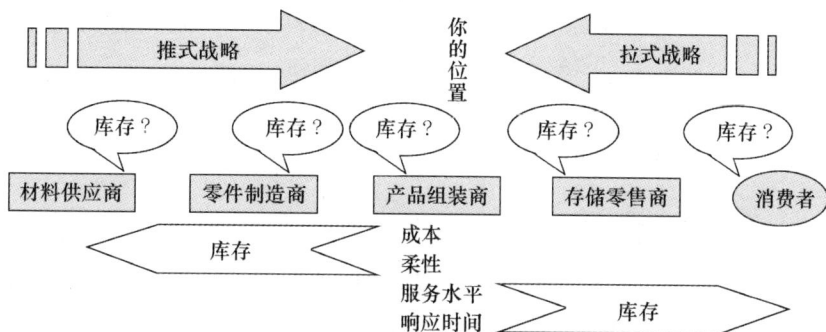

图9－9 供应链上的伙伴们如何协调资源（库存）

在图9－9中，需要解释以下几点。

1. 推式与拉式战略的特征

推式战略表示供应链上各企业的生产计划是根据对其下游市场的销售预测而做出的。如果该企业不调整其战略以适应其供应链上的下游企业的战略，那么其需求预测和生产计划就无法保持一致。在这种情况下，每一个企业都将会发现难于准确地估计并满足实际客户需求。

推式战略主要依赖于预测，如果预测与实际有偏差，可以用现有资源（库存）来避免供应中断、用户需求增加或退回、减少等不确定性情况出现。然而，保有资源（库存）就意味着成本支出。（虽然在财务上，库存是没有变现的资产，但从运营的额角度看，正是由于没有变现成现金，库存实际上是成本。）

拉式战略表示，供应链上各企业的生产计划是根据下游市场的客户需求（订单）而做出的。这意味着是直接的消费者（用户）向供应链提供需求信息。此时，供应链上的各企业们必须使其各自的生产过程、系统和战略保持一致，以确保能对变化的用户需求信息作出持续的快速响应。

拉式战略最大的益处在于：由于只在有订单的时候才生产，因此各企业的库存可以保持在一个最小单位水平，基本上没有库存成本；为了让信息在整个供应链上不断流动以保持响应，供应链成员之间能够密切协作。

这两种战略的适用条件见表9－1。

表 9 – 1	推式战略与拉式战略的适用情景
推式战略适合于下列情景	**拉式战略适合于下列情景**
· 产品是标准的，变化很小需求量很大 · 需求相对明确，而且不会有太大变化 · 用户希望即时"现货供应"	· 产品构造可变性很高，并经常变化 · 需求不确定，变化也很大 · 用户为了得到他们想要的定制产品准备等待较长时间

2. 核心企业对于战略的选择：推－拉式——延迟战略

从广义供应链的上游角度出发，原材料经过多级加工，最终成为下游直接消费者（用户）的"手中食、盘中餐"，这个过程是推－拉战略共同作用的结果。假设核心企业的位置于图 9 – 9 所示——隔着存储零售商一个环节而临近最终端用户，于是，其供应链的运营目标或者绩效度量方式，通常是先以客户的订单"拉"为主，带动上游伙伴们的"推"效应（如果是创新产品，还会先有个"推销"新产品以吸引用户订单的过程）。

于是，正如前面第 4 章所介绍的，关键的是要把延迟点放在距离用户最适当的环节上。比如，可以让存储零售商代为完成，也可以让用户自己在使用产品中"体验式"完成，还可以与上游供应商就某个步骤集成后一体化完成。换言之，这个延迟点（或者说是决策点）正是核心企业确定本身竞争优势（差异化）最后的延伸。从防范风险的角度出发，核心企业通常会从资源（库存）移动出发，考虑这些资源（库存）应该定位于供应链上的某些环节处。

3. 资源（库存）应该位于供应链上的哪些环节

基于四个获得竞争优势的要素——成本、柔性、服务水平、响应时间，图9 – 9 中箭头显示了"如何设计那些传递于各组织间的资源（库存）的基本原则"。

（1）如果核心企业需要即时响应客户需求，那么保持高的服务水平是必要的。此时，要考虑把资源（成品库存）保持在更靠近供应链下游的地方，接近最终端用户。

（2）如果核心企业需要降低成本，或者要满足客户的定制需求（转化为企业的供应柔性、灵活性），此时，要考虑把资源（原料库存）倾向于放在更靠近供应链上游的地方。

实际上，以上原则在供应链的运营实践中正是核心企业与上下游构建伙伴关系的全局优化过程。而这四类组织各自的库存量也不会凭空产生和消失，而是随着供应链这根绳"晃动"不断变换形式（原料、本成品、产成品），从上游往下游传递，直至最终端用户消费掉。

因此，供应链绩效度量，看的就是这些随绳而动的库存量减少了多少（各企业能负担多少），目标是整条链上的库存水平降低，而不是单个企业的库存量最低。可以看出，"全局优化"这个目标，在实践中也就形象地变成了每个企业对于资源（库存）的拥有、传递、再传递！

如果再深入一步考虑库存量多少合适，那么需要重新认识一个关于库存的基本表达式：

$$库存 = 服务水平 × 调节系数 + 某固定值（安全量）[1]$$

详细描述请看第 6 章相关内容。

4. 供应链上的伙伴们一般性战略选择原理

通常，在供应链上游存有不为特定用户生产的大宗商品，拥有这些大宗商品的上游供应商都倾向于运用推式战略进行生产和提供服务；另一方面，下游供应商，例如装配厂和成品制造商，则更倾向于运用拉式战略，在最终用户下订单时才根据用户需求进行生产和提供服务。

例如，在服装行业，生产的棉布直到后期的服装生产过程中（供应链下游工艺阶段）才染色或裁剪，或者按照最终客户的订单规格要求客户化。

而促使某供应商从使用"推—拉"（延迟）战略的动因（转换因素），就在于：

- 客户需求变化的速度快——拉式；
- 供应商自身预测的可靠性程度高——推式；
- 供应商所提供的产品种类及其差异化程度复杂——拉式；
- 供应商承诺的响应客户需求的时间短——推式。

换言之，如果客户需求变化频繁，并且难以预测（或者预测的可靠性程度不高），那么就应该在尽量靠近供应链上游的环节使用拉式战略（以提早避免用推式所产生的产销不对路情况）。如果产品种类多样化（差异化高），也使用拉式战略。如果首要条件是对客户需求的快速响应，那么就要在尽量靠近供应链下游的环节使用推式策略。图 9 - 10 显示了企业在运用推—拉战略影响下的决策特征和目标。

---

① 详细内容请查阅国内外有关库存管理和控制、仓储管理等方面的专业书籍，以及国际贸易中心（ITC）编著，中国物流与采购联合会（CFLP）译，《如何进行库存管理》，中国物资出版社 2005 年版。

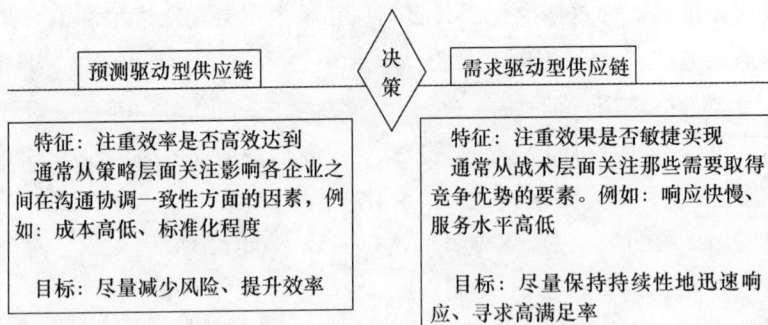

| 预测驱动型供应链 | 决策 | 需求驱动型供应链 |

特征：注重效率是否高效达到
通常从策略层面关注影响各企业之间在沟通协调一致性方面的因素，例如：成本高低、标准化程度

目标：尽量减少风险、提升效率

特征：注重效果是否敏捷实现
通常从战术层面关注那些需要取得竞争优势的要素。例如：响应快慢、服务水平高低

目标：尽量保持持续性地迅速响应、寻求高满足率

图 9 – 10　供应链中的核心企业决策侧重点

以下是希捷公司的实践，不妨作为借鉴。

案例　　推行 VMI 库存管理模式，打造需求驱动供应链

背景介绍

希捷公司是全球最大的磁盘驱动器制造商，年收入达到 80 亿美元。希捷每年硬盘驱动器的出货量高达 1 亿台，每天要消耗 9000 万个零部件，产品销售到全球各地，被广泛应用到 PC、笔记本电脑、游戏机、电视机、数码相机和汽车等多个领域。

希捷的制造策略是只关注给自己带来竞争力的关键技术和器件，而通用元器件和装配等由其供应商负责。希捷所面临的挑战是客户拥有广泛的产品线，而且这些产品的功能不断提升，产品生命周期越来越短。每周都有新产品推出，同时也有旧产品在不断淘汰。由此造成的结果是，希捷客户的需求变化越来越快，却很少提前通知，但是他们对希捷及时和准确出货仍抱有较高期望。

在传统按预测驱动的供应链里，这种需求波动导致库存过量、库存转移带来物流成本增加、流程、高流程成本、高设施和相关资产投资成本等一系列问题。为解决这一问题，希捷转移到"需求驱动型供应链策略"，其供应链转变为拉式（Pull）——完全根据客户实际需求制造和交付产品。在这条供应链中，希捷设立了两个 VMI/SMI 中心，一个位于希捷与其客户的供应链之间，称为 JIT 中心，由希捷自己负责管理；另一个设在希捷与其供应商之间，称为 VMI/SMI 中心，外包给第三方物流提供商管理。见图 9 – 11 所示。

在新的流程下，客户向希捷发出提货信号，从 JIT 中心提取硬盘产品，这个中心由希捷代表客户进行运作。当该中心库存量低于需求预测水平，就会自

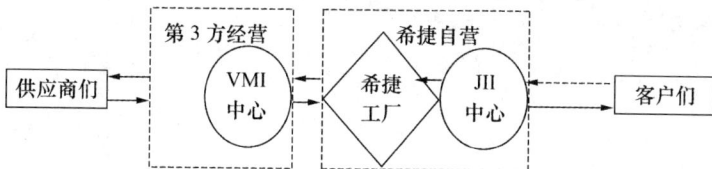

图 9 – 11　希捷公司的需求驱动型供应链模式

动产生一个信号，发给希捷工厂，希捷工厂向其 VMI/SMI 中心发出元器件需求信号，而该中心根据这一信号安排出货和向供应商发出新的采购需求。供应商根据采购需求交货到 VMI/SMI 中心库，由 VMI/SMI 中心根据实际生产需求送往希捷的工厂生产成品，最后送到希捷 JIT 中心，根据客户订单进行交货。

VMI/SMI 本质上的运作流程是供应商基于客户的预测需求，将库存分配给客户，并帮助客户进行库存管理，客户根据实际需求进行提货。

由于实现客户订单信息在整条供应链中的实时传递，希捷可以完全根据客户的订单安排生产，从而为生产制造带来更多弹性，并大幅减少库存量。

在流程改善前，希捷需要 30 天的补货周期，包括每周将客户订单手工输入 ERP 系统，然后，系统根据已有库存进行评估，手工进行计划安排。更新之后的计划发送到那些需要了解订单最新变化的工厂主管。工厂再对更新信息进行响应，制订一个 13 周交货承诺时间表。最后，工厂根据新的时间表生产、包装和运输产品到库存中心。重新设计流程和实现运作自动化之后，希捷 30 天的补货周期减少一半，而且由于消除了手工操作，供应链团队不仅可以很快获得信息，而且减少了大量人工成本。

比如改善以前，当希捷成品仓库收到一个客户订单信号时，希捷需要安排人员在 ERP 系统中输入销售订单，并产生出货副本，为保证及时输入，希捷安排一个全职团队，将每周超过两万个客户提货需求输入到 ERP 系统中，而且耗费大量纸张进行确认。借助自动化流程，希捷将人力和相关成本减少到 50% 以下。

总之，希捷希望 VMI/SMI 中心能起到以下四方面的作用：

- 消除供应链每个阶段的过量库存；
- 缩短库存周转时间；

- 向客户提供更优质的服务；
- 增强对于需求变化的应变能力。

实施 VMI/SMI 库存管理模式后，希捷实现完全按客户订单制造和交付产品，将产量从原来每季度 400 万台增加到 2500 万台的同时减少营运总人数达 50%，且年库存周转次数从原来的 8 次加快为 16 次。很好地消除了关键元器件短缺的状况；客户整体满意度得以大幅改进。

实施指南

1. 希捷的 VMI/SMI 实施条件

（1）原材料的交付基于真实需求的触动。

（2）供应商基于持续的预测数据分配、持有和管理库存。

（3）"VMI/SMI 中心"有多种形式，比如供应商现场仓库、第三方物流提供商仓库、供应商仓库等，但有一个关键的因素是仓库位置必须接近消费地点，满足及时出货的需求。

（4）客户与供应商签署的合约基于客户预测，并具有一定水平的灵活度和责任承担范围。合约必须包括新增或成熟条款，明确定义元器件在 VMI/SMI 仓库中将存储多长的时间，当出现需求波动造成元器件过期时，应该如何处置过期元器件。

（5）在任何一个地方，供应商均以进口商身份进入消费地的国家，在客户提取货物时物权才发生转移。

2. 希捷在 VMI/SMI 项目的执行流程

（1）"预测/承诺"流程，从客户进行物料需求预测到供应商进行交货承诺，形成一个持续进行的闭环反馈系统。

（2）库存调整流程，在双方协商的基础上，VMI/SMI 中心根据滚动预测动态调整最小/最大库存水平。

（3）供应商发货流程，供应商根据预测要求，将产品发货到 VMI/SMI 中心。

（4）提货流程，客户基于实际需求从仓库中提货，并触发发票和支付等相关流程。

3. 希捷运作 VMI/SMI 模式对供应商和客户的要求

成功运作 VMI/SMI，希捷要求其供应商和客户应该具备以下技术能力。

（1）单一共享的信息记录系统，用以记录和管理客户、供应商和第三方物流服务商之间的所有业务数据。该记录系统为流程的每一个环节提供清晰度，并使流程中的每一方都能根据他们在流程中各自扮演的角色进行协调。保障成功的关键在于对相关数据完整综合的可见性，避免信息的分散和决策方面的瓶颈。

（2）实现需求和供应同步的能力。在一些情况下，供应商会发现，要更加精确地评估需求，需要将客户的客户也整合到方案，以保证更加精确地获得需求信息，并通过系统自动完成供应与需求的同步。

（3）供应链所有参与者拥有对各地库存的实时可见度，包括物料进出和在不同仓库之间的移动。这可以帮助制造商和供应商在 VMI/SMI 中心出现缺货和过量库存之前，及时发现潜在的库存问题、交货延迟或供需不匹配等，并可问题未被扩大之前及时处理这些问题。此外，通过在 VMI/SMI 中心消耗和补货流程中设置自动监控点，还能减少供应链中错误的发生。

（4）实现大多数流程操作的自动化。这样一来，VMI/SMI 项目的参与者只需要在发生异常时进行人为干预，其余时候完成由系统自动完成，提高操作效率。

（5）具备一套有效的评估标准和工具，允许 VMI/SMI 项目中的每个参与成员有效地评估和优化其运作流程，提高对整个项目的贡献。

资料来源：佚名，《希捷推行 VMI 模式，打造需求驱动供应链》，见于 http：//www.esmchina.com，2007 年 5 月。以上资料经过整理。

>> 本章学习总结

从 IBM 发布的《2009 全球首席供应链官调查报告》指出的参会者们普遍关注的两个问题中可以总结出："如何促使供应链变得更快、更好、更经济"，需要的是供应链总监们具有"普及"、"分享"供应链流程管理的责任和义务。

《2009 全球首席供应链官调查报告》关注的两个主要问题

其一，"供应链管理透明性"——70% 的受访者认为，他们所面临的首要挑战是庞大而且分散的数据以及缺乏数据分析的能力。由于过于忙碌，改善数据的可视性问题的行动始终难以推进；

其二，"如何利用供应链的可视性与灵活性来管理风险"——60%的受访者认为，在过去的10年中，诸如有毒食品和玩具以及最近全球经济的大幅度下滑等风险不断地向人们发出挑战。伴随着贸易伙伴的萎缩，这些风险将加剧供应链的动荡。

首先要普及的是"不确定性"和"全局优化"观念：

- 不确定性无处不在。从哲学含义上讲，也不可能完全彻底地消除不确定性。然而，这并不妨碍我们解释、提醒、从而避免不确定性的发生；
- 供应链全局优化就是尽其所能，降低避免不确定性带来的风险，寻求更为合适的方案。

其次要赋予"分享"更多的新含义。对于供应链总监而言，分享的本质是要承担起贯彻利益共享、信息共知、风险共担的职责。如果放到供应链的运营实践中，则意味着核心企业要与战略伙伴们：

- 实现共同的期望和目标；
- 改善相互之间的交流障碍；
- 减少不必要的外在因素带来的不确定性及其造成的风险；
- 增强各组织发生目标冲突的解决能力；
- 减少中间环节（尤其是库存和积压资金流）从而减少管理总成本；
- 借助客户和供应商良好的信息进行创新，并可从双方获得技术资源。

古语说得好："欲致鱼者先通水，水积而鱼聚。"鱼者企业也，水者知识技术能力也。面对供应链中"可视性和灵活性"的双重挑战，"重视战略伙伴关系之间的信息共享程度和深度，从信息技术入手，让业务流程标准化，再让标准流程自动化，尽可能地弱化那些产生风险的隐患"等任务需要供应链总监学会分享，并从中受益。分享，犹如一道阳光，必将照耀着成功的供应链运营实践者。

第10章 未来

创新供应链模式，做贯彻企业运营策略的奉献者

路漫漫其修远兮，吾将上下而求索。

———屈原

如果我们在供应链运营实践中，不仅能够决断、协调、奉献，还能做一名乐观主义者，就会在困难中看到机会，在机会中迎接挑战，创新未来！

- 预见未来的供应链

  1. 智能供应链

  2. 绿化供应链

- 在学习中成长, 在实践中成功

  1. 知识结构

  2. 个人能力

  3. 职场经验

10.1 未来的供应链

10.1.1 智能化特征

"我们向西看的时候，世界在向东"。这是一家房地产公司的广告词，但又未尝不是经济全球化过程的写照呢？供应链就存在于现实的全球经济运行中，重视其绩效的企业们，将会从中获得致力于竞争优势的契机。

然而，随着金融危机所带来的动荡，供应链的未来又会怎样呢？据业界预测，目前全球每五家企业中就有一家会由于各种形式的供应链中断而受到影响，其中，60%会以倒闭而告终。因此，"如何挑战动荡时期的不确定性因素"，让供应链真正为企业带来快速的效率和稳固的效益，已经成为众多企业关注的重要问题之一。

不妨看一看 IBM 在 2009 年 6 月发布的《2009 全球首席供应链官调查报告》中提到的一个观点："智慧的未来供应链"。在这个报告里，IBM 呼吁①：

建立一个面向未来的供应链，使供应链具备更透彻的感应和度量，更全面的互联互通和更深入的智能洞察。它集中了人类的智慧和卓越的技术，能够最大限度地利用机器生成的数据——即产生于传感器、RFID 标签、仪表、驱动器和 GPS 的数据。整个供应链将不仅仅实现在用户、供货商和 IT 系统间建立连接，还可以用来建立供应链内的组件、产品和其他用于监测事件进程的智能体之间的连接。由此，供应链的决策将在以下的两方面更加智能化：

- 对一系列外部刺激做出实时的自动化反应；
- 提高反应的速度，增加决策者对行动结果的确定性。

换言之，动荡时期的供应链管理从优秀到卓越，就更要增强"可视性和灵活性"。那么，靠什么去执行呢？

FedEx（美国联邦快递）和 UPS（美国联合包裹服务公司）是全球著名快递

---

① 资料来源：http://www.scmcn.net。

公司，在速递这一行，"可视性和灵活性"靠的是实时监控信息、改进绩效度量与快速解决问题取胜。

不要小看这些连续性的实时信息的价值。因为，能监控到就意味着我们能看到办公室以外的公司们眼前正在发生的事情，而这些事情通常关系着本企业的绩效。用一句话来总结就是：企业将站在最新业务数据的基础上，快速地响应变迁中的环境。包括：快速解决生产线的产能安排；重新调整已经上路的存货运送路线，送到最有需要的地点；跨越时区、国家的生产计划；修正广告以适应新的调整。

事实上，正是由于实时信息（连续性的咨询流、信息流）技术帮助了那些在供应链中提供渠道服务的物流公司们（尤其是货代与运输公司）迅速"确定哪一种航程最合适、变更后如何配置补救方案、配送中心与转运站应该设置在哪里以及判定谁才是公司最忠诚的客户"等，才使得现在所有的行业都受相同的规则驱使，即：如何利用实时信息观测未来、采取行动。

此外，要增强供应链的"可视性和灵活性"，还有可能要转变角色，在正确的战略指引下，预测并满足客户需求从而高效灵活地运作。下面是 UPS 由单纯的包裹递送商向综合供应链服务提供商转型的历程，从中我们可以看到该公司让供应链"智能化"的身影。

案例   **UPS 的新角色**

UPS 是全球四大速递公司之一，公司于 1999 年将服务范围由最初的包裹陆运延伸到陆运、空运、技术支持和信息咨询。2002 年，UPS 供应链解决方案公司正式成立运作，进一步将业务扩展到以物流、快递、金融、供应链咨询为核心的全方位第四方物流管理。2003 年宣布更换公司标志，借此希望能把过去运输环节上供应链管理的优势逐步渗透到企业供应链服务的各个环节，从而获得更多的发展空间。这当中，转变经营角色成为 UPS 的一个成功之笔。

第一，做商务同步协调者。

在新的角色定位中，除了传统核心业务包裹递送外，UPS 还提供包括物流管理、全球货运代理、在线工具及金融服务等业务项目。目前，UPS 供应链集团由 UPS 资本公司、UPS 物流集团、UPS 货运服务公司、UPS 邮件业务创新公司与 UPS 咨询公司共同组成。

第二，"三流合一"打造统一解决方案。

由 UPS 倡导"三流合一"（货物流、信息流和资金流的统一）如今已成为供应链管理的最佳实践之一。UPS 分别通过运输、IT 系统和 UPS Capital（UPSC）来实现对"三流"的控制。而这其中，UPSC 主要为客户提供金融类的综合服务，在公司的战略架构中是扶持运输物流的运作。这是 UPS 为客户提供全方位服务的一大特色。举例来说，一般出口商接到订单之后进行生产，需要购料资金和生产流动资金。生产完之后成品运到海外的仓库，又存在压货时间，直至买主来应招。客户确认，产生应收账款，也要 60 天后才能回款。这期间任何一个环节出现问题，都意味着出口商将蒙受重大损失。而 UPS 通过 UPSC，可以从购料时候就帮助企业垫付，从工厂生产出产品一直转运到美国仓库，都可以做存货融资，最后客户交易完成，销售收入实现，可以进行应收账款买断，即保理业务。

　　对于 UPS 来说，因为抵押的货物在自己的仓库里，因此风险比较低。而借助 UPSC，客户可以压缩成本，同时，UPSC 还可以帮卖方做融资，帮助解决现金流的问题。

　　此外，UPS 的信息流则通过全球的货物跟踪系统，在工厂、海关、仓库等供应链每一个节点上，对库存进行追溯或跟踪，甚至会细化到货物在仓库里的具体位置。

　　UPS 首席运营官兼 UPS 航空公司总裁大卫·艾博尼表示，所谓的解决方案并不是一成不变，而是根据客户的需求来进行调整。通过为每个客户提供一份基础的"菜单"，包括仓储、空运、海运等等，客户可以根据自己的需求来选择不同的服务组合。"这样做的好处在于，客户可以避免为自己不需要的服务付出成本，而 UPS 则通过菜单式的服务灵活进行调整。"

　　资料来源：索佩敏，《UPS：单纯包裹递送到综合供应链服务商》，载于《上海证券报》，2007 年 9 月 7 日。以上资料经过整理。

　　可以这样理解，要增强供应链的"可视性和灵活性"，需要一个实时信息技术系统（以便"在正确的时间把正确的信息送到正确的人手上"），以及一个有效的物流设备群的配套支撑体系（以便"把正确的货物在正确的时间送到正确的门户"）——这就是未来"智能供应链"的目标之一。

　　再来看看 IBM 新近在"智慧的地球"栏目中对智能供应链运作模式的理想化描述，这正是"有梦想就了不起！未来在迎接挑战中也会赋予机遇"。

　　据 IBM 的调查，对于零售行业而言，促销产品的脱销率高达 17%，每年因库存不够造成的销售损失高达 930 亿美元。那么是恢复保持庞大的库存不脱销，还是建立一套灵活可见的补货系统？显而易见，向客户宣传的产品放上货架供客户选购而不脱销，做到"信任就是履行承诺"，必须要依靠其供应链有一个非常"智能"的运营模式。请想象一下零售商们的智能供应链的运作方式：它可以无缝地链接各个端点、实时分发数字信息，且以感知并响应方式工作。IBM 现在已经掌握了相关技术，也正在帮助有远见的零售商实现这一切。有燕莎（中国的一家区域零售商，主营高档品牌）为例，该公司的 1800 家供应商都使用了一流的基于 SOA 的供应链平台，将订货时间从 2.5 天降低至 4.5 小时。

资料来源：http：//www.enet.com.cn/enews/zhuanti/2009。

　　这里需要说明的是，上面提及的这个供应链平台，源于 2005 年 10 月 IBM 中国研发中心的"可视化驱动流程平台"，在当时的新闻发布会上燕莎总裁从商家的角度介绍了这个"蓝色供应链系统"（蓝色引擎）的基本功能和可实现目标。见下面的补充资料。

案例　　　北京燕莎友谊商城正式全面升级运行蓝色供应链系统

　　"蓝色引擎"的基本功能和可实现的目标如下。

　　第一，通过进货、退保、结算这三个主要的供应链管理活动中的可视化流程驱动的概念，使得流程的参与者，包括门店的补货人员、总部的采购人员，门店的收货人员，供货商的业务和财务人员，总部和门店的结算人员等等，能够对这三个流程进行全面、透明、可视化的监控，从而使这些流程更容易被管理、控制和优化。

　　第二，通过手机短信通知、电话工作列表等技术的导入，使流程的参与者能够更好地进行协作，提高协作的效率。也就是说，每一项流程在处理完了之后，都在下一个环节，就是流程框内，在电脑的屏幕上进行闪烁，闪烁的同时，手机短信也会传达到下一个环节所操作的负责人手机上，这就是我们的手机与流程驱动同步。

第三，由于抛弃了传统的基于菜单式的驱动模式，而采用流程驱动程序，使得涉及企业业务流程的众多企业参与人员能够更容易地了解流程和使用工具，用户需要做什么作业，查看什么数据，全部通过系统放到电脑桌面上，这些用户只需要桌面列表就可以依据标准流程完成作业。也就是说，我们现在每一个通过可视化的"蓝色引擎"供应链流动驱动程序的环节，每一个员工的工作，都可以在第一时间内通过工作列表处理订单、退货单、结算单等单据，完成供应链管理的任务。这些用户只需要按照桌面的工作列表就可以轻松地依据作业流程完成操作，这个作业流程是一环套一环，没有跳过的可能性，这一环不做下一环就做不了，这一环做了就会通知到下一环，这是一种驱动程序的概念。而作业的考核数据也直观地反映到一个仪表上，这不仅是一个流程的概念，同时流程的结果，也会反映在两个大的依据仪表盘上，反映我们的经营和一定时间内的销售结果。相关工作列表结合流程架构能够将具体工作发送到相关人员的工作台，降低人员对复杂软件的培训成本。

第四，通过对销售、采购两条线的效绩考核和数据分析，使得燕莎的采购人员和管理人员能够更好地选择供货商和商品列类别，从而提高经营效率，同时也便于供货商了解自己所经营的每一个单品、每一个小类在燕莎的销售情况和管理情况，以便做出精确的调整。这个"蓝色引擎"不仅仅只有一个工作列表和手机的功能，也不仅仅是可视化的流程，还有一个强大的分析功能。就是说，我们按照日、月、年、时各不同的门店和集团总部的一些 ABC 分析，一些成本分析和同类销售的分析，所有供货商都可以查到燕莎商城各个门店、各个品类的销售状况，以及其他品类的销售状况，便于自己的经营调整。

第五，"蓝色引擎"工程为燕莎与供货商之间的合作展示了丰富的信息，创建了规范的流程，提供了优质服务，消减了共同成本，提供了先进的技术应用平台。我们有很多信息，以前都是通过电话传真，或者一些信件进行传输的，通过我们这个系统，专门有 个发布信息，比如说十一放长假期间，燕莎商城结算系统要休息，这个消息就可以发布到网上，我们的供货商就可以另选时间到燕莎来结算，每个厂家结算的时间是相对固定的，顺延就可以通知，这样可以节省很多交通成本。

资料来源：佚名，《"蓝色引擎"全面提速燕莎腾飞——新闻发布会（节选）》，见于 http：//article. pchome. net，2005 年 10 月 31 日。

10.1.2 绿色化的趋势

"绿色供应链"的说法源于 1994 年韦伯提出的"绿色采购"概念，即：通过环境准则来选择合适的原材料，同时注重再生利用。1996 年，美国密歇根州立大学的制造研究协会从资源优化利用的角度考虑制造业供应链的发展问题时，提出应该从产品的原材料采购期开始进行追踪和控制，使产品在设计研发阶段就遵循环保的规定，从而减少产品在使用期和回收期给环境带来的危害。于是"绿色供应链"的概念就此诞生，它包含了环境保护和能源节约两层含义。

然而，让供应链真正成为具有象征生命意义的"绿色"，不仅仅是理念，更多的是供应链上的伙伴们相互之间、各环节之间（采购、产品设计、制造、装配、包装、运输、使用到报废后回收处理）由点到面的实践过程，谓之曰"绿化"，只有供应链的每个环节均充分考虑资源和环境问题，以实现最大限度地优化利用资源和减少环境污染，这样的供应链才有生命力。

案例　　　　　Nokia（诺基亚）公司的绿色行动

全球手机行业的领头羊 Nokia 公司，近几年一直在开展"把绿色注入公司的核心价值观"的绿色活动，目的在于让自己的产业链充满"绿色"，这意味着 Nokia 手机必须从设计、生产到包装完全融入并实现环保的要求。从 2005 年起，Nokia 中国公司就沿着"提高公众环保意识、节能减排、回收与循环利用、关注气候变化"，一步步地在贯彻"绿化产业链"思路。

比如首先确定与公司的管理主题相契合的绿色行动方向；与竞争对手携手合作，共同推出"绿箱子计划"[①] 以便回收旧手机供循环利用；实施基于产品生命周期的环保并与核心业务相结合；建立星网工业园[②]，聚集供应商、制造商和服务商，最终形成自身独特的环保高效的产业链。

又比如，公司研发人员经过仔细研究，发现真正耗电的是在手机充好电以

---

① "绿箱子计划"——公司出资把旧的手机和充电器收集起来，付运费把它们送到专业的废物处理场，由第三方对有毒有害的东西进行处理，并把材料粉碎、分类、提炼，之后再利用。

② 星网工业园，是一个以诺基亚工厂为核心而构建的工业园区。诺基亚公司选择了 20 多家座落在方圆 75 公顷的星网工业园里的厂商、零配件供应商，这样直线距离不到两公里，减少很多货车的来往，从而减少了二氧化碳排放、降低能源消耗、提高产品的可追溯性并减少了运输阻塞。同时，与供应商在园里共同进行产品研发，也省却了万水千山的旅途费用。

后不拔下来的空载耗电，它占整个手机生命周期 75% 的耗电量。而不是一般人认为的手机耗电主要是屏幕亮光。于是使节电比原来有效 94%，比美国"能源之星"的标准还高得多的新一代轻便充电器诞生了，伴随着一闪一闪的蓝色亮光，Nokia 公司新一代手机屏幕上显示出"你的手机已经充电完了，请拔掉"字样，千万不要以为这仅仅是手机在充电完成后的一句温馨提示，更重要的是它潜移默化地真实地"把绿色注入公司的核心价值观"落实在产品的设计和消费环节。

资料来源：http：//www. interscm. com/2009/03/20。

　　再来看零售业巨头沃尔玛公司于 2008 年 10 月在北京举办的可持续发展峰会的主题——沃尔玛宣布将建立一个对环境和社会发展负责任的全球供应链，并向供应商提出一系列与环保相关的要求，主要包括：①制订新的供应商协议，要求所有厂家必须承诺遵守所在地法规，达到严格的社会责任和环保标准，并提供相关的认证和证明。该协议将于 2009 年 1 月在中国的供应商范围内首先实行，2011 年推广至全球供应商；②与中国供应商合作，节约能源并减少对自然资源的消耗。

　　可以看出，沃尔玛的可贵之处在于，它不仅仅自己要做"绿色公司"，同时还"逼"它上游的供应商一起做"绿色公司"。沃尔玛企图在这里用"绿色"手段，找到降低大家（沃尔玛、供应商、消费者、社会）成本的方式。那么沃尔玛如何玩转绿色供应链呢？

案例　　　　　　　　沃尔玛如何玩转绿色供应链

　　早在 2005 年，时任沃尔玛全球总裁兼 CEO 的李斯阁就提出了沃尔玛可持续发展的三大目标：使用可再生能源、实现零浪费和出售对环境有利的商品——启动"绿色转型"战略。在 2008 年，公司发现"只有自己做绿色，省钱省得不够多，绿色之名也不够响亮"后又推出"绿色供应链"要点——包括供应商、配送中心、卖场等在内的所有环节必须既足够环保又足够经济，十足印证了一句话："绿色就是金钱"。

　　第一，与供应商一起改进包装，尽可能地降低包装成本

　　沃尔玛正通过鼓励供应商压缩包装成本等措施使其获得更大利益，这几年公司推出了环保包装竞赛（要求供应商们使用沃尔玛提出的七项指标 7'Rs 改进包装，并在短期内应用于产品包装，且要长期执行）、环保包装展览、供应商积分卡等活动。因为在包装方面采取一些节省材料措施，有利于供应商成本的节约，从而也有利于"天天平价"的承诺。结果是，联合利华送来了洗发水、

沐浴露、洗衣粉等可替代使用型包装设计，较先前节省了 67% 的包装成本。都乐用一款整改后的国产水果纸箱来打擂，简易的黑白色包装可循环使用，增加了 1/4 容量，减少 20% 碳排量，纸箱成本却下降 0.35 元；爱仕达将自己的铝压力锅间体包装，手柄拆开，减少包装体积 44%。

此外，沃尔玛最开始运输水果的纸皮包装箱是彩色印刷的，但是现在它们都变成了普通的素色印刷。更换包装的目的很简单：这样既减少了对环境的危害，同时从彩印换成普通印刷，每个纸箱可以节省 8 毛钱。按 200 万箱水果计算，公司便可以节省 160 万元，而节省的这部分钱可让利给顾客，使顾客最终受益。

又比如，沃尔玛与供应商比赛降低新鲜上市的无冠菠萝的包装成本：有冠菠萝所需纸箱长宽高是 60×40×14.5 厘米，无冠时包装缩小为 50×40×15.5 厘米；在流程上，仅多一道切头的工序，需要配置 Cut 的机器和相应人员，但在装运上，原来一个 40 尺集装箱可装运 1460 箱菠萝，现可装运 1620 箱。在综合考虑集装箱可装的数量和无冠菠萝的果肉重量，无冠菠萝对比有冠菠萝可节省运力约24%；无冠菠萝对比有冠菠萝使用的纸箱可减少 4% 的纸浆使用量；卖场和顾客不需要处理冠部产生的垃圾，冠部在产地可作为育苗用途，循环利用了资源。

为了将所有供应商纳入环保管理系统，2009 年沃尔玛又实施了"环保积分卡"项目，对供应商包装实行网络跟踪。这个积分卡实际上是连接在沃尔玛系统上的一种软件，以表格形式呈现，供应商输入每个商品的信息，包括商品名称、条形码号、运输距离、产品包装材料类型等方面信息，沃尔玛根据不同因素对环境影响的程度为其设定权重，再将各种因素的权重相加得出积分，进行排名。比如，从 1 到 5 是包装材料的环保指数，参数越小表明其可回收价值越高。金属的环保指数为 1，塑料的是 5，那么同样是一个饮料瓶，铝制的就要比用塑料做的更能获得沃尔玛采购人员的青睐。

而这样的做法究竟能为供应商带来怎样的好处？以沃尔玛供应商之一的大连兴业源公司为例，通过采用符合环保等优点的瓦楞纸箱作为外包装材料，以及在包装箱的制作上大力推行本色印刷取代彩印，不但降低了成本，还可减少彩色油墨对环境的污染。每个纸箱对比先前节约了 0.86 元。打个比方说，如果沃尔玛一年从兴业源采购 200 万箱的水果，兴业源公司仅在包装上就为企业节省成本 172 万元，量越大，节约的成本越多。

第二，建立新型环保商场和配送中心。

除了严格要求供应商，沃尔玛自己也在环保上下足了功夫，其环保配送中心就是一份不错的成绩。阳光墙、屋顶自然光采集、LVD 照明设备及太阳能热水器系统……位于嘉兴的沃尔玛配送中心里，采用了多项先进的可持续性措施，这样每年节能约 715 千瓦时，二氧化碳排放量每年减少约 679 吨，该排放减少量相当于中国一个普通家庭约 3018 个月的排放总量。

温和的亮光、适宜的温度、流通的空气——舒适的购物环境要耗费多少能源呢？沃尔玛的门店是属于新型节能环保商场，采取了多项节能措施来达到可持续发展：照明系统中采用 LED 灯、EMS 灯光控制系统；制冷系统中采用高效压缩机、压缩机变频、空调水泵加变频等节能措施。2005 年，北京望京环保店能达到省电 23.28% 以及节水 16.85% 的标准，而在沃尔玛将来的环保节能店可以达到节电 31.87%、节水 35.17%．

资料来源：刘艳艳，《沃尔玛如何玩转绿色供应链》，载于《南方都市报》，2009 年 5 月 18 日。

目前国内外学者对未来供应链设计的方向预期，已经从以提高产品的现货率（on-self availability）、降低成本和支持财务指标（投资回报率或品牌资产回报率）为目标，转向了减少二氧化碳排放、降低能源消耗、提高产品的可追溯性并减少运输阻塞等方面。参与绿色供应链管理，增加环境保护意识，把"无废无污"和"无任何不良成分"及"无任何副作用"贯穿于整个供应链中，正在成为企业可持续性发展的社会责任。换言之，"绿化供应链"就是绿色供应链管理的实践过程，这是未来十年的发展方向，更是可持续发展的支撑。

10.2　供应链总监的成长之路

10.2.1　现实的需求

应该强调的是，供应链总监是伴随着经济全球化浪潮而诞生的，看一看遍布互联网的人才招聘，不难发现各公司对这个职位的描述。

在百度百科（http://baike.baidu.com）输入"供应链总监"五个字，我们就可以看到对供应链总监这样的描述。

1. 职业概述

据调查，出色的供应链总监能够为企业节省 10% 左右的成本。供应链总监需要涉及从采购、生产到销售整个供应链流程的管理和优化，需要拥有丰富的生产管理、成本控制、质量管理、采购管理、物流管理方面的经验，并且对企业供应链管理具备深厚的专业背景与丰富的实操经验。

2. 工作内容

（1）参与制订公司发展战略与年度经营计划，组织制订并实施供应链战略规划。

（2）设计并改善公司供应链系统，制订并完善切实可行的采购、仓储、配送、生产等管理工作流程，实施监控和管理，确保产品质量，并根据业务的变化不断优化。

（3）建立和健全供应商、承运商的开发、维护、跟踪及评估体系，合理控制采购及运输成本并保证品质。

（4）提升供应链团队能力，确保供应链业务运作规范、高效。

（5）定期编制、执行分析和动态管理供应链的预算和费用，善于利用行业信息及新方式降低成本。

3. 职业要求

教育培训：物流管理或企业资源计划管理等专业大专以上学历。

工作经验：8 年以上供应链相关领域工作经验，至少 3 年以上供应链管理的工作经验。熟悉供应链管理，拥有丰富的生产管理、成本控制、质量管理、采购管理、物流管理方面的经验；对企业供应链管理具备深厚的专业背景与丰富的实操经验。

4. 薪资行情

一般年薪范围在 20 万 ~60 万元之间。

5. 发展路径

供应链总监整合并优化供应商、制造商、零售商的业务效率，并在战略和战术上对企业整个作业流程进行优化。基于该职位对企业影响之广泛，所以其就业前景很好，一般是由供应链经理发展而来。

在一些公司的网站上，也挂着对供应链总监这个职位的需求描述。

案例　　　　食品行业某公司供应链总监职位招聘说明

1. 岗位职责

（1）全面负责供应链中心所有管理工作及长期战略目标的制订。

（2）负责非食品与食品的采购管理与合同管理，并领导采购委员会对公司大宗采购进行决策。

（3）负责领导产品开发、引进、维护、采购、促销以及下市和淘汰，进行商品的全生命周期管理。

（4）负责组织实施供应商的评审和引进，选择合格供应商，实现供应商的优胜劣汰。

（5）负责审核监控供应链中心的管理及操作标准，完善各项制度和流程。

2. 任职资格

（1）本科以上学历，企业管理、经济类专业。

（2）10年以上工作经验，其中6年以上同岗位工作经验。

（3）具有较强的领导能力、判断与决策能力，具备较好的培训能力。

（4）熟悉连锁企业的商品管理体系和物流管理体系以及信息系统管理。

案例　　　化工行业某集团供应链总监招聘说明

1. 岗位概述与职责

（1）作为公司最重要的岗位之一，全面负责非原材料采购、运输、物流、仓储。

（2）详细制订科学、有效的采购物流及运输计划，以控制合理的成本。

（3）分析市场数据及变化，严格控制部门成本，并进行有效的监督。

（4）建立完善采购管理、仓储管理、车辆管理、运输管理、第三方物流管理标准及操作手册。

（5）全面优化供应链系统。

（6）有效选择供应商，谈判及全面管理。

（7）人员管理、预算制订及其他相关事项。

2. 岗位要求

（1）本科以上学历，10年以上采购、物流、仓储等供应链管理经验。

（2）熟悉大型物流、运输、仓储等环节的建设、管理及易耗品的大宗采购，熟悉相关的管理工作。

（3）具有丰富的供应商选择及管理经验。

（4）熟悉 ERP 系统（Oracle 或 SAP）的供应链管理系统。

（5）具有良好的判断和决策能力、沟通协调能力、计划与执行能力，有战略前瞻性思维，工作严谨。具备良好的职业操守和道德，能承受较大工作压力。

案例　　　机械行业某集团的供应链经理的招聘广告

工作性质：全职

工作地点：深圳/东莞/珠海/广州/浙江/长春/上海/天津

招聘人数：各一名

工作职责：

（1）供应链策略、管理系统、制度、流程的制订与执行。

（2）制造资源的协调各制造资源的合理分布和调配。

（3）全面负责生产计划、采购、订单履行环节的有效运作以及相关管理工作。

（4）负责公司供应商管理、采购、物料生产管理、配送、仓储工序流程的优化。

（5）实施供应商评审，负责原材料、成品供应的及时性和准确性；确保零部件/物料的采购质量、数量和及时运输的平衡性。

（6）供应商的管理支持和培训制度的建立与执行。

（7）供应链团队的管理。

任职资格：

（1）大学本科或以上学历；机械制造或相关专业毕业优先。

（2）具有10年以上大型制造工厂生产管理工作经验，熟悉单车/折叠单车/电动单车产品的生产流程和工艺，熟相关的生产设备、工艺和过程控制。5年以上供应链经理工作经历。

（3）熟悉机械制造型工厂的生产运作和管理，拥有丰富的生产管理、成本控制、物流管理/供应链管理方面的经验。

（4）具有优秀的计划、执行能力，沟通能力，谈判能力和分析解决问题的能力。

（5）熟悉供应链管理各环节的相关流程，能够对生产、采购、物流等方面资源进行有效规划、整合及优化。

（6）熟悉供应商的评估和询价系统，谈判能力强，有丰富的品牌机械类制造与销售企业供应商管理和运营经验。

（7）具良好的跨部门沟通协调能力和创新意识，责任心强。

（8）良好的敬业精神和职业道德操守，有很强的感召力和凝聚力，具有较强的工作责任心和事业心。

（9）良好的团队协作精神，能够接受同事的建议，并服从团队的统一指挥。

待遇：年薪20万～30万左右；具体面议。

……

还可以找出很多类似的看得见的招聘广告，笔者不再——列举。细究这些广告，于偶然中发现必然，这个职位描述显示出以下共性特征：

- 专业工作年限颇长——这大概意味着专业岗位经验的积累会多一些；
- 工作内容广泛，涉及采购、生产、物流、仓储等供应链中各职能——这意味着对这些环节的专业内涵积累多一些；
- 具备个人品质和团队合作能力——这意味着供应链管理中协调为主的环境特征。

本质上，透过这个职位明细，不仅可以看到企业身处供应链运营环境的特征，还可感知到这个职位非常明确地向应聘人所表达出的"潜台词"——你即将面临的工作环境颇有挑战性，你应该是一个具有坚强韧性的奉献者。

那么，如何应战、拿什么去"奉献"，笔者认为这不仅仅需要"你"已有的实践经验，更多地需要"你——未来的供应链总监"理顺思路，于规划中有所为有所不为。

10.2.2　成长的准备

在第 1 章中，笔者在图 1 - 16 表达了一种思想，即用三个维度——专业理论知识、个人能力、职场经验构建一个立体空间，指出任何一名供应链总监都可以通过这三个维度来建造自己工作内涵的"点—线—面—体"。换言之，这个空间体的形成，可谓是起点各异、路径多多——是知识为先、能力为后、职场为辅助，或者能力驱动、职场经验促使、知识补充，还是职场需要、能力促进、专业知识。这既是个实践议题，也是理论关注点。

在图 1 - 16 中，职场轴表示这个角色用能力把知识应用到的行业（企业）职场中形成职位经验之积累过程；知识轴表示这个角色所应接受的专业知识来源，是从事这个职业的专业背景之积累过程；能力轴表示这个角色把所学专业知识转化为在业务流程中的各种技能，是能做好这个职业的基本素质之积累过程。

这里，笔者尝试着用这三个维度，首先简要而抽象地描述了一个供应链总监的"几何人生"的成长路径，其次把每个轴所包含的内容——展开，分层、分阶段概括说明其内涵，最后凝练出一个供应链总监的职责角色。

1. 供应链总监的成长路径出发点

如图 10 - 1 所示，简单地旋转三个维度轴，从不同的正面去看，能得到不同的立方体。事实上，还可以结合两个面，从对角线去看。得出的就不一定是正方体、长方体，很可能是三角锥、圆柱、不规则几何体。——这些抽象的数学描述实在是有意思，它让我们认识到：供应链总监的"几何人生"丰富多彩。更为重要的是其中的启示：成长为一名供应链总监，可以从不同路径出发。

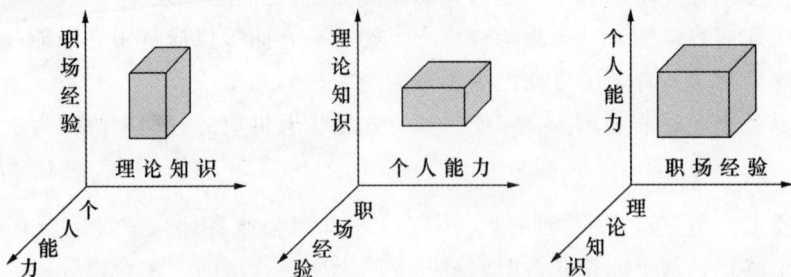

图 10 −1　不同角度看供应链总监的"几何人生"

鉴于现实中对这个职位的需求特征描述，以及考虑这个职位未来的前瞻性，笔者选择把个人能力和专业知识所构成的面作为"平面底"，以职场经验作为成长路径中的纵向轴，概括分成三个阶段，见图 10 −2 所示。

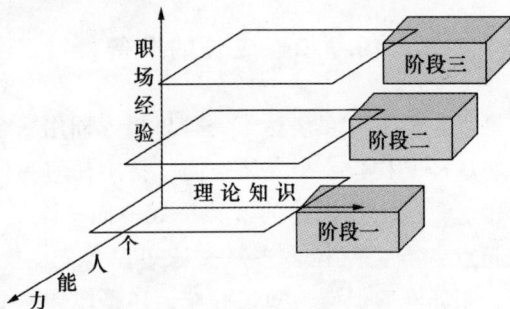

图 10.2　基于现实需求的供应链总监的成长之路

换言之，该图的基本思路是面向已经在职场中担任与这个职位有关联的管理者的群体，为其成长提供一个阶段性的指导原则。

2. 基于现实需求特征的成长阶段

客观地看现实中的管理者，任何经验的获得，不仅与个人能力的发挥有关，与掌握某些理论知识也是分不开的。要做供应链总监，尽管各位管理者的职场经验之取得可以"英雄不问出身"，但是如果能与供应和销售领域的业务活动范畴有所联系并有所积累，那么应该是一个比较有效率的起点。

这里，笔者用图 10 −3、10 −4、10 −5 分别显示出这三个阶段的特征。图中所列仅限于两个基本事实：基于界面所限，以及三个阶段是递增关系，从高到低

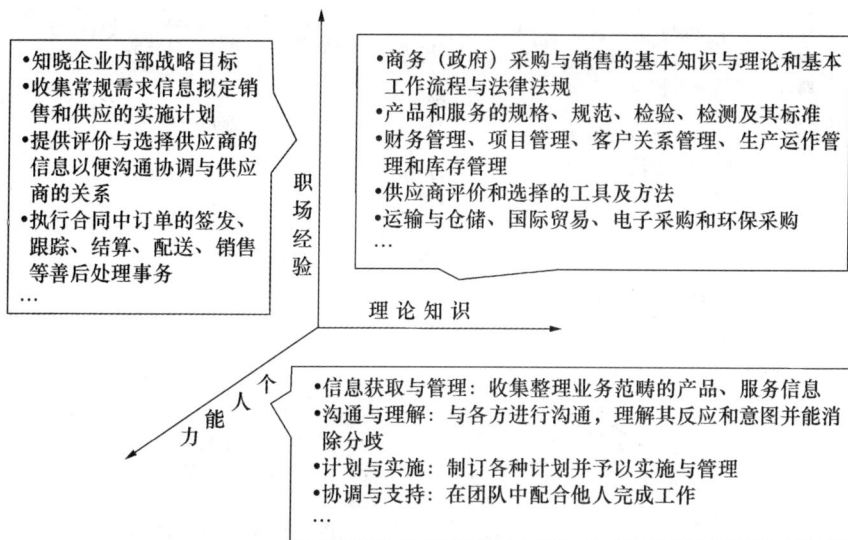

图 10 - 3　成长阶段一的"三维特征"

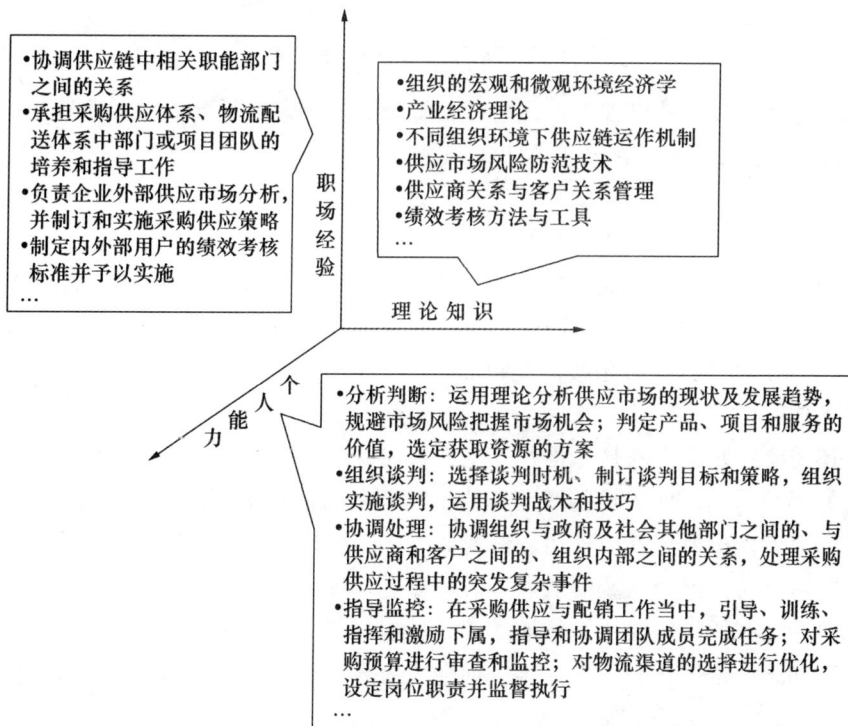

图 10 - 4　成长阶段二的"三维特征"

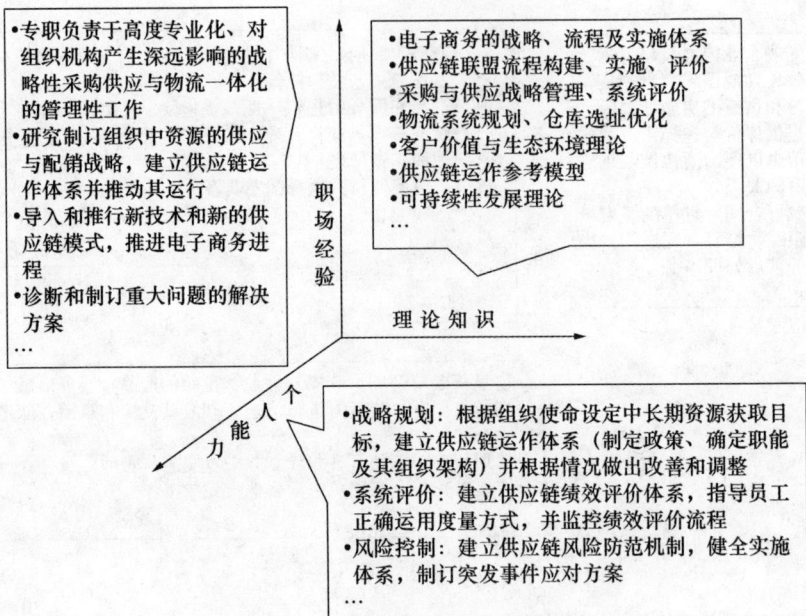

- 专职负责于高度专业化、对组织机构产生深远影响的战略性采购供应与物流一体化的管理性工作
- 研究制订组织中资源的供应与配销战略，建立供应链运作体系并推动其运行
- 导入和推行新技术和新的供应链模式，推进电子商务进程
- 诊断和制订重大问题的解决方案
- ……

- 电子商务的战略、流程及实施体系
- 供应链联盟流程构建、实施、评价
- 采购与供应战略管理、系统评价
- 物流系统规划、仓库选址优化
- 客户价值与生态环境理论
- 供应链运作参考模型
- 可持续性发展理论
- ……

职场经验

理论知识

能力个人

- 战略规划：根据组织使命设定中长期资源获取目标，建立供应链运作体系（制定政策、确定职能及其组织架构）并根据情况做出改善和调整
- 系统评价：建立供应链绩效评价体系，指导员工正确运用度量方式，并监控绩效评价流程
- 风险控制：建立供应链风险防范机制，健全实施体系，制订突发事件应对方案
- ……

图 10 - 5 成长阶段三的"三维特征"

的知识和能力要素是包含关系，所以在阶段二就没有把阶段一的内容列出，阶段三也没有把阶段一的内容一一列出。

（1）阶段一，一般是从按照企业既定的流程，从事采购供应、内外部物流配销等职能实施层面的活动开始的。

（2）阶段二，一般是按照组织的经营战略，从事采购供应与物流职能管理层面的工作，更多的是注重与协调、指导、考核等有关工作经历和知识的积累。

（3）阶段三，一般是按照组织的使命，从事采购供应与物流职能战略管理层面的工作。

还需要在此说明的是，这种思想的形成，源于三年前笔者参与的国家标准委员会关于《采购从业人员的职业资质》项目的调查研究①。在这项研究的初始报告中，笔者提出要从资质描述、专业职能、工作特征、知识储备、能力要求五个要素方面，对在这个领域的从业人员资质进行界定。并沿着由浅到深，由具体操作到总体把握的思路对此简洁地做了分层规划等。

正如第 1 章所言，供应链这个词会成为未来 5～10 年的流行语，供应链总监

---

① 笔者通过参与这个项目，结识了业界从事实际和理论研究工作的同仁：靖安奇、宋栎楠、武文红、史文月、郭希哲等，这是一个充满激励的团队，成员之间彼此坦诚交流、真诚分享、积极奉献。也正是这种经历和感悟，使笔者对于供应链总监一职有更多关注和思考，在此表示感谢。

的职业也会应运而生。笔者相信，对于这个成长中的职位，研究是开创而开放的。

3. 供应链总监角色的内涵

现实的职位明细描述不仅让求职者知晓未来工作的责、权、利，也提供了信息让笔者对这个职位关于"角色与使命"的理性思考——现在直至未来 5 年，在供应链运营实践中，供应链总监到底"扮演"着什么角色、个人能力的发挥应该包含怎样的内涵等。

让我们反复品味第 1 章图 1 - 17 所表达的含义：供应链总监的使命——构建高效的供应链体系，让企业价值与客户、供应商价值保持一致。于是，基于取得未来竞争优势所应具有的博学和分享之特长，在组织环境中"定位、瞭望、寻源、定夺、就势、改善、追踪"，有所为有所不为。

实际上，实现这个过程的内容已经包含在前面 9 章之中，而对能力的要求也体现在每章的建议中，提炼出来就是要看在"协调关系、分析机遇、选择伙伴、落实资源、把脉冷暖、设计结构、评价绩效、贯通环节、深悉精髓、创新模式等方面是否能做到以及怎样能做到。

因此，在考虑现实职位需求明细以及上面分析的供应链总监的成长阶段后，笔者总结出了关于供应链总监的 10 个角色如下：

- 导航者——提升企业竞争优势；
- 奠基者——规划企业供应战略；
- 执行者——宣扬企业价值文化；
- 促进者——规范企业供应流程；
- 护航者——维护企业合同关系；
- 筹划者——调配资源渠道效益；
- 探索者——创新企业客户价值；
- 拥簇者——推动可持续的发展；
- 传播者——增进企业内外共识；
- 奉献者——贯彻企业运营策略。

而每种角色的"扮演"，伴随着该职位的岗位说明要求，凸显出了其价值所在。如图 10 - 6 所示。

笔者把三维坐标结构作为度量和权衡其角色价值的标尺——用平衡观看，左右逢源统筹兼顾是一种度量；用流程观看，上下顺应把准方向又是另一种度量。没有最好只有更好，因为价值本身是弥漫在企业供应链管理氛围中的文化取向和影响力。换言之，只有角色扮演的无数细节到位了才能成就角色的成功。

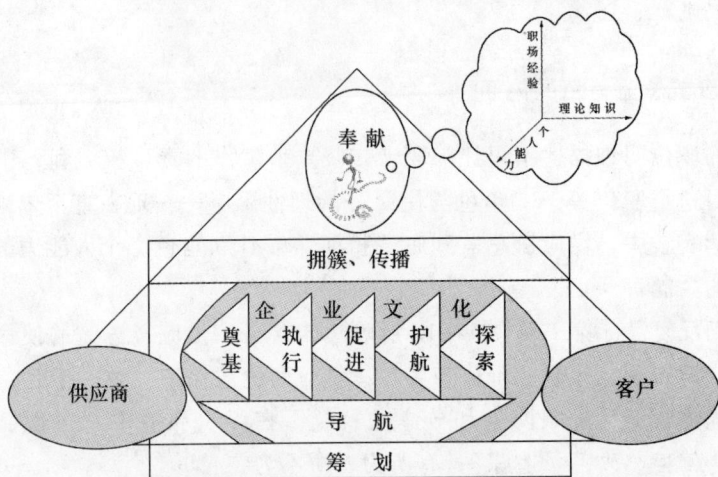

图 10 – 6　供应链总监的 10 个角色及相位

当笔者把这 10 个角色如此呈现出来时，一种使命感油然而生。接下来就是要问：什么样的"能人"可以扮演如此丰富多彩的角色？现实中的职位招聘说明对于供应链总监的技能要求是"过细"，还是"不足"？

在 IBM《2009 全球首席供应链官调查报告》相关调查数据中[①]笔者得到某种启示——领导者的职能将更具战略性。协商式谈判和管理利益相关者的技能将成为未来供应链总监们所必须具备的重要管理技能。

综上所述，我们看到了这样一个基本事实：供应链总监们任重而道远。如何评价供应链总监的角色扮演是否成功，笔者尝试着用图 10 – 7 来构建体系，但是具体的指标体系之明确，或许是下一本书的主题。有道是"路漫漫其修远兮，吾将上下而求索"，以此与供应链总监共勉。

---

①　参加此次调查的供应链主管们认为，他们中的大多数人仍然履行着诸如分销和物流（77%）、需求/供给规划（72%），以及采购（63%）等传统的职能。但其中的一些人正在向首席供应链官的位置提升，在如今日益多变的市场中掌控着复杂的全球供应链的战略实施。

未来首席供应链官的角色将发展成为"首席协调官"，将利益相关方甚至是那些供应链向外延伸的各方，如监管者、金融机构和政府等组织到一起，促进供应链内各方的联合规划，降低风险。

资料来源：http://www.scmcn.net。

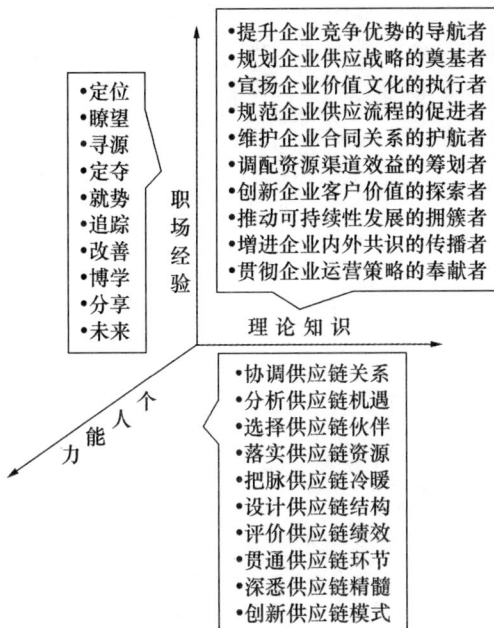

10 - 7　评价供应链总监的角色扮演之框架体系

>> 本章学习总结

从现实中各著名企业的供应链运行实践来看，未来的供应链至少应该具有两个特征：

- 智能化——可视性和灵活性，犹如管理的技术手段和执行艺术在共舞；
- 绿化——环保之可持续性，好比树木的常青之道以环境友好为代价。

面对市场对供应链专员、经理、总监等职位需求，重要的是要意识到"即将面临的工作环境颇有挑战性，要做好柔韧之准备，做奉献者。

做到供应链总监职位非一日之功，而是一个渐进过程，要有阶段性目标和规划。保持一种良好心态，从一个点出发，沿着一条线，逐渐形成一个面，成长为一个体，尽能发挥是关键。这个过程中存在着必然和无数偶然，让那些有意义的偶然成就必然，把握住，做到有价值就是成功。

评价供应链总监的资质及其业绩，都需要一套体系、方法、指标尺度。可以用"专业理论知识、个人能力、职场经验"构成一个三纬空间，分层明确、分级落实。

让供应链总监职位的角色富有使命感，本书凝练出 10 个词语，做到了便也有了可持续发展的价值。它们是：

- 导航者——提升企业竞争优势；
- 奠基者——规划企业供应战略；
- 执行者——宣扬企业价值文化；
- 促进者——规范企业供应流程；
- 护航者——维护企业合同关系；
- 筹划者——调配资源渠道效益；
- 探索者——创新企业客户价值；
- 拥簇者——推动可持续的发展；
- 传播者——增进企业内外共识；
- 奉献者——贯彻企业运营策略。